SAS Viya Workbench 기반의 SAS 머신러닝 입문

강봉주 지음

자유아카데미

PREFACE

SAS 프로시저 기반의 머신러닝은 그동안 거의 알려지지 않았었다. SAS의 머신러닝은 새로운 플랫폼인 SAS Viya 기반의 시각화 머신러닝(VDMML: Visual Data Mining and Machine Learning)과 SAS CAS(Cloud Analytics Service) 언어와 파이썬 및 R언어 기반으로 출시되었지만 일반 사용자들이 접근하기가 어려웠던 것이 사실이다.

이러한 접근성을 획기적으로 개선한 것이 SAS Viya Workbench for Learners이다. 특히 대학교 재학 중인 학생이나 교수들이 유용하게 활용할 수 있는 플랫폼이다.

SAS 사용자는 과거 통계 프로시저(PROC) 기반의 분석에 나름대로 자부심이 있었다. 그러나 급격히 인공지능 시대로 접어들면서 프로시저 기반의 인공지능 또는 머신러닝으로 자연히 이동하고자 했으나, 이에 걸맞은 환경과 프로시저가 제공되지 못했다.

머신러닝을 하고자 하는 데이터 과학자, 개발자 등의 일반적인 개발 환경은 현재 압도적으로 마이크로소프트 사가 제공하는 VS Code(Visual Studio Code)이다. SAS 사용자는 SAS Studio 또는 SAS Enterprise Guide 환경이다. 물론 전통적인 Program, Log, Output 윈도우를 갖는 환경도 다수 있다. 그러나 SVW(SAS Viya Workbench)는 시대적인 흐름에 발 맞춰 VS Code 방식의 개발 환경을 갖추고 있다.

SVW는 범용 개발 환경인 VS Code와 SAS 사용자에게 친숙한 프로시저 기반으로 무장하여 기존 SAS 사용자가 아주 쉽게 새로운 표준으로 이동할 수 있게 되었다. 물론 SVW는 파이썬 사용자도 자연스럽게 특별한 코드 변화 없이 sasviya.ml 패키지를 기존 개발 환경에서 이용할 수 있다.

본서는 기존 SAS 사용자가 프로시저 기반으로 머신러닝을 경험할 수 있도록 안내한다. 자연스럽게 VS Code를 경험하면서 보다 보편적인 개발 환경에도 접할 수 있게 하였다. 다양한 환경에서의 활용 가능성을 고려하여, 데이터 전처리 시 기존 데이터 스텝 이용보다는 데이터 과학자들의 또 다른 언어인 SQL(Structured Query Language)을 중심으로 활용하였다.

책의 구성은 예측 모델로 가장 많이 사용하는 10대 알고리즘, 예를 들어 결정나무 기반의 앙상블 모델인 포레스트(random forest), 그래디언트 부스팅(gradient boosting), 경량 그래디언트 부스팅(light GBM)을 포함하여 중점적으로 다뤘다. 실무에서 곧바로 활용할 수 있는 툴킷(toolkit)처럼 구성하였다.

조금 더 나아가 모델 해석을 위한 설명가능 머신러닝의 핵심인 샤플리(Shapley) 값에 대하여 추가적으로 수록하였다.

이 책은 SAS 사용자를 주 대상으로 하기 때문에 BASE SAS, SAS MACRO, DATA Step, PROC Step에 대한 지식이 있는 것으로 가정한다. 머신러닝에 대한 기본 지식은 필요로 하지 않지만 선형 회귀(linear regression)에 대한 지식은 있는 것으로 가정한다.

아무쪼록 SAS 사용자들의 기존 경험과 코드를 살리면서 성공적으로 머신러닝 개발자로 인도하는 기본 입문서가 되기를 바란다. 목차를 세분화하여 만들었기 때문에 따로 색인을 만들지 않았다.

좋은 책을 위해 최선을 다했지만, 오류나 부족한 부분이 있을 수 있다. 이에 대한 독자 여러분의 많은 조언을 구하며, 출간 후 나올 수 있는 수정사항 등은 자유아카데미 홈페이지 자료실(www.freeaca.com)을 통해 게시될 예정이니 참고 부탁드린다.

끝으로 나의 가족에게 감사의 말을 전한다.

CONTENTS

CONTENTS

CONTENTS

CONTENTS

1장

SAS Viya Workbench 시작하기

1.1 개요

SAS Viya Workbench(이하 SVW)는 SAS 사용자와 파이썬 사용자 모두에게 가장 친숙한 개발 환경이라고 할 수 있는 Visual Studio Code(이하 VS Code)와 주피터 노트북 환경을 구성하여 SAS 코드와 파이썬 코드를 전부 개발할 수 있도록 한 플랫폼이다.

SAS 사용자에게는 무엇보다도 SAS만의 개발 환경 가령, SAS Enterprise Guide 또는 SAS Studio 환경에서 벗어나 보다 일반적인 환경에서 개발할 수 있다는 점과 SAS 버전 9의 모든 프로시저를 사용할 수 있고 추가로 머신러닝을 할 수 있는 SAS Viya 신규 프로시저까지 한 번에 처리할 수 있는 환경을 갖게 된다. 더욱이 머신러닝 언어라고 할 수 있는 파이썬 언어를 직접적으로 동일한 환경에서 테스트해볼 수 있다. 특히 파이썬 언어 내에서도 SAS가 직접 제공하는 sasviya.ml 패키지를 통하여 보다 향상된 성능이 보장된 머신러닝 모델을 경험할 수도 있다.

가장 중요한 점은 기존 SAS 코드를 그대로 사용할 수 있다는 점도 중요한 장점 중의 하나일 것이다.

1.2 SAS Viya Workbench 환경 구성

SVW는 클라우드 기반의 개발 환경이므로 접속할 수 있는 서버가 필요하다. SVW는 상업용이므로 일반 사용자가 직접 테스트하기는 어렵다. 그런데 SAS에서 테스트를 해볼 수 있는 환경으로 SAS Viya Workbench for Learner를 제공해주었다. 해당 환경에 접속하여 다양한 기능을 확인해보기로 한다.

접속을 위하여, 구글에 아래의 키워드를 입력한 후 해당 사이트로 이동한다.

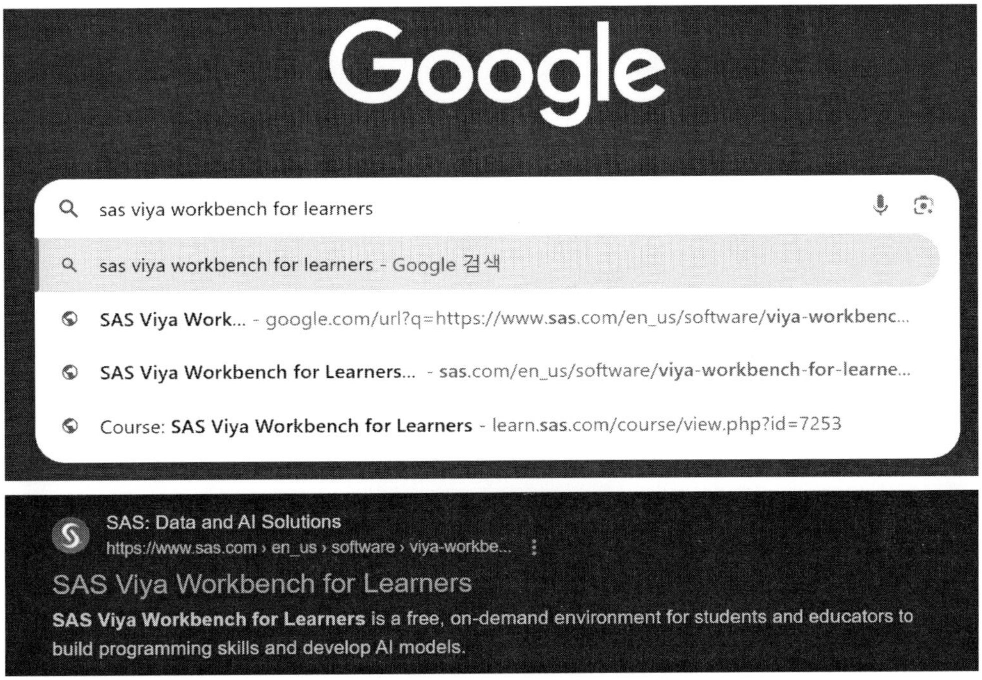

[그림1-1] SVW 검색

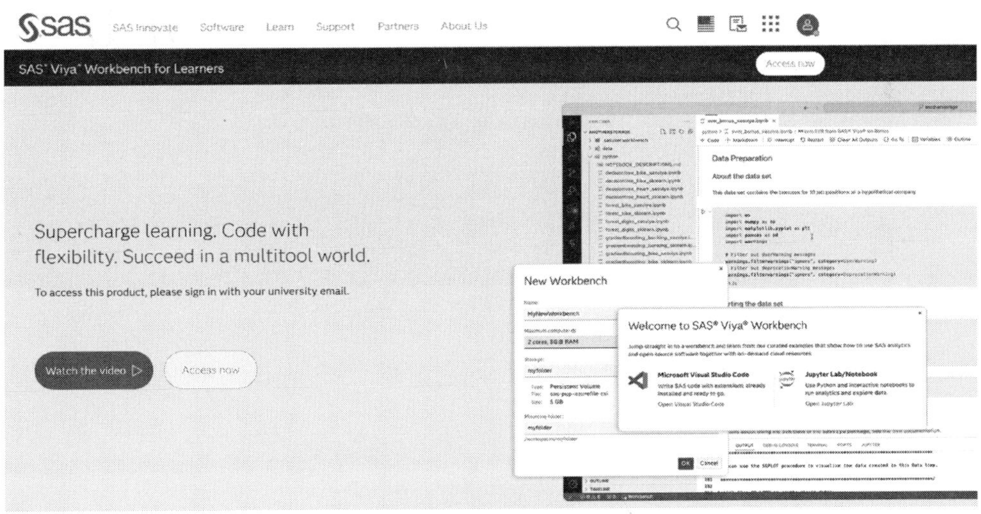

[그림1-2] SVW 접근

사이트(https://www.sas.com/en_us/software/viya-workbench-for-learners.html)에서 필요한 경우에 회원 가입 후 "Access now" 버튼을 클릭한다.

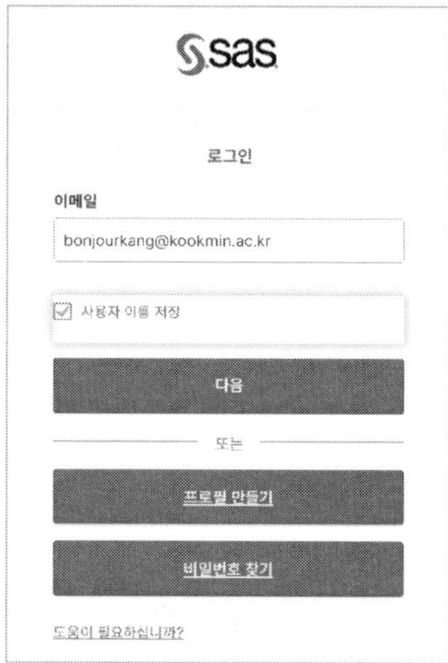

[그림1-3] SVW 로그인

필요한 정보를 입력 후 "Launch Software"를 클릭한다.

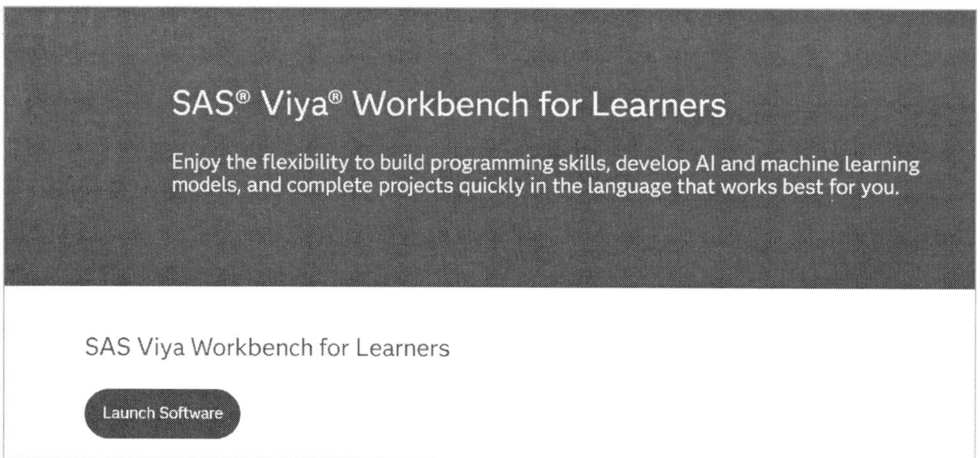

[그림1-4] SVW 시작

접속된 초기화면은 다음과 같다.

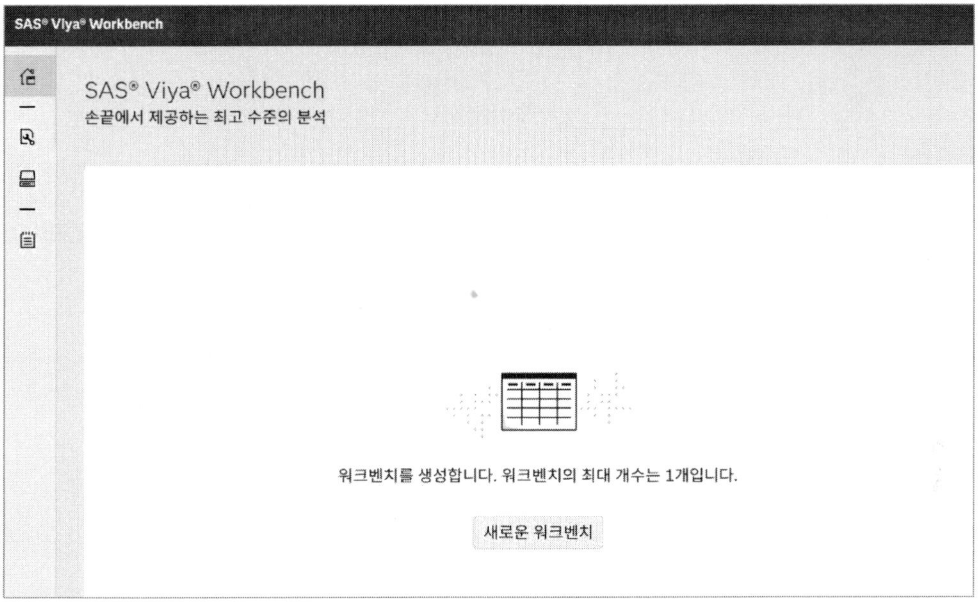

[그림1-5] SVW 초기 화면

새로운 워크벤치를 실행하기에 앞서 좌측 사이드 메뉴를 살펴보기로 하자.

[그림1-6] SVW 사이드 메뉴

사이드 메뉴의 순서는 홈, 워크벤치, 저장소, 활동로그이다.

먼저 저장소 메뉴를 살펴보도록 하자. 저장소 메뉴를 클릭하면 다음과 같은 기본 화면이 보인다.

[그림1-7] 저장소 메뉴 화면

저장소는 개인적으로 10GB만 제공되므로 만약 Home 저장소가 10GB를 다 채운다면 추가로 작업 저장소를 생성할 수 없으므로 더보기(⋮) 메뉴를 클릭 후 설정을 클릭하여 그 크기를 조정할 수 있다.

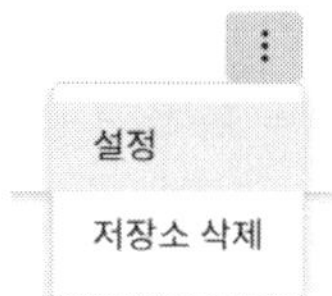

[그림1-8] 저장소 크기 설정

[그림 1-9] 저장소 정보 및 크기 설정

저장소 정보를 보면 계층이 EFS로 되어 있다. 이는 AWS(Amazon Web Services) 클라우드에서 제공하는 스토리지 서비스 유형이다.

저장소 유형	EFS (Elastic File System)	EBS (Elastic Block Store)
접근 방식	여러 인스턴스 동시 접근 가능	단일 인스턴스만 접근 가능
성능 수준	중간 수준, 파일 공유에 최적	높음, 성능 집중적 작업에 최적
주요 용도	협업 데이터 공유, 다수 사용자	빠른 데이터 처리, 머신러닝 등 개인 분석

일반적으로 Home 저장소는 autoexec.sas 파일 등의 있는 곳으로 다수의 워크벤치 인스턴스에서도 동일하게 적용되어야 하므로 EFS로 유형으로 설정하는 것이 필요하다.

추가로 개인 저장소를 설정해보자.

[그림1-10] 새로운 저장소 생성 이동

새로운 저장소 클릭 후 다음과 같이 설정한다. 단, 저장소 이름이나 크기는 사용자마다 다르게 설정할 수 있다.

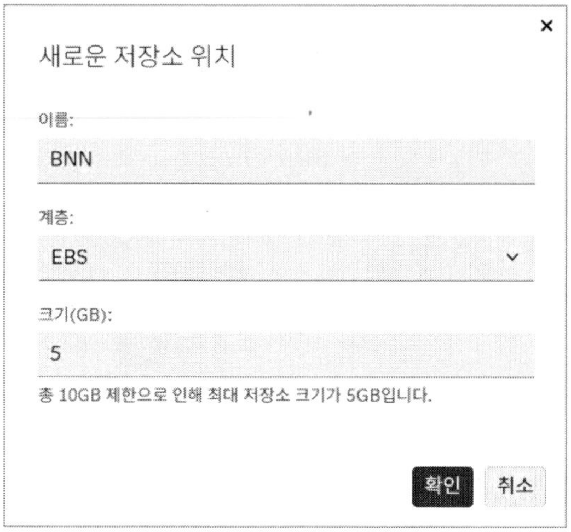

[그림1-11] 새로운 저장소 정의

저장소가 정의된 후 저장소 기반의 워크벤치 인스턴스를 생성해보자.

그림은 워크벤치 메뉴 클릭 후 초기 화면이다. 생성된 워크벤치가 없으므로 이와 같은 화면이 보이게 된다.

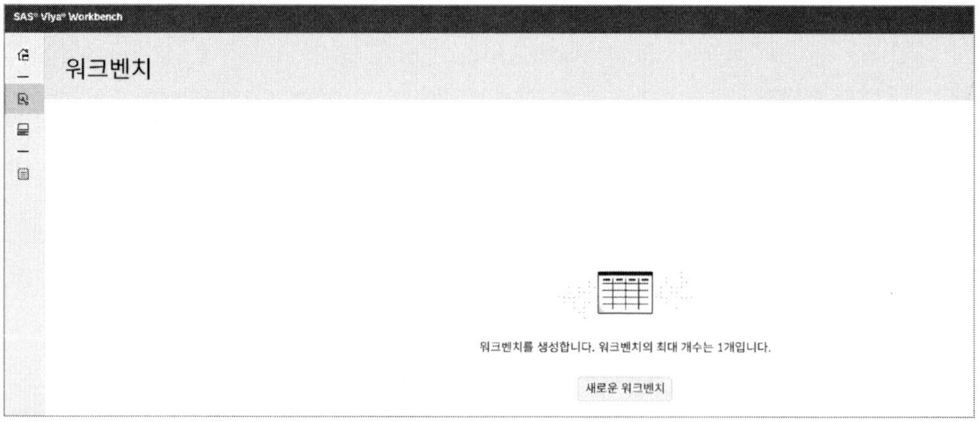

[그림1-12] 워크벤치 초기 화면

워크벤치 구성 화면에서 이름을 사용자 별로 다르게 정의할 수 있다. 단 최대 컴퓨팅은 해당 워크벤치 인스턴스가 가용할 수 있는 자원을 정의하는 것이다. 실제 상업용 버전에서는 사용자가 자기에게 맞는 자원을 필요한 만큼 할당 가능하도록 조정할 수 있다.

[그림1-13] 워크벤치 구성

워크벤치를 구성하기 위해서는 반드시 저장소가 정의되어야 한다. 만약 저장소가 없다면 워크벤치를 생성할 수 없으므로 저장소를 정의 후 시작한다. 참고로 홈 폴더가 정의되면 /home/sas 디렉토리에 SAS와 관련된 파일 등을 지정할 수 있다. 지정 후 확인을 클릭한다.

[그림1-14] 워크벤치 생성 후 화면

워크벤치를 정의하고 난 후 인스턴스 생성을 위하여 더보기 메뉴를 클릭 후 워크벤치 시작을 클릭한다.

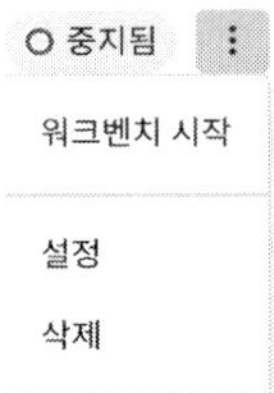

[그림1-15] 워크벤치 기동

워크벤치가 실행되면 상단 오른쪽에 실행 중인 상태가 된다. 추가적으로 개발환경의 편집기를 선택해야 하는데 주피터 노트북도 VS Code에서도 실행 가능하므로 Visual Studio Code 실행을 클릭한다.

[그림1-16] 워크벤치 편집기 선택

1.3 개발 환경

기본 개발 환경은 VS Code이다. VS Code는 가볍고 거의 모든 개발 언어를 지원하므로 현재 가장 범용적인 개발 편집기라고 할 수 있다.

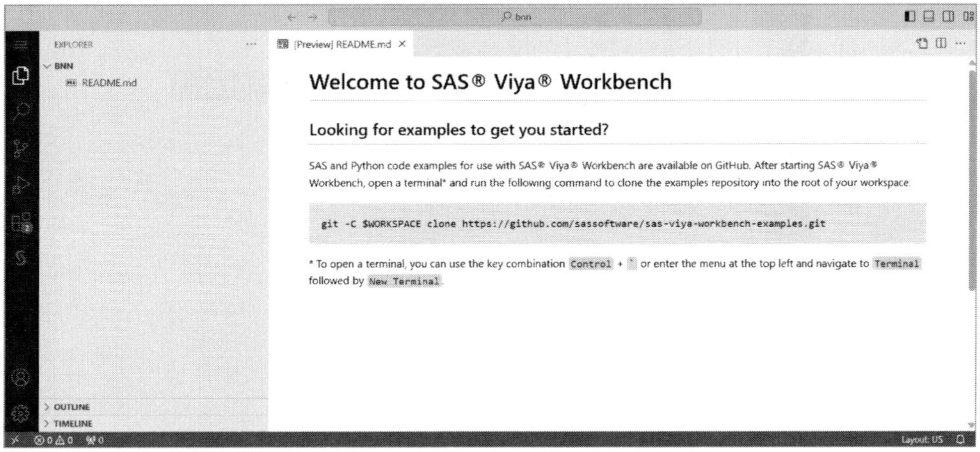

[그림1-17] VS Code 초기 화면

좌측 사이드 메뉴 각각에 대하여 간단히 알아보자.

1.3.1 탐색기

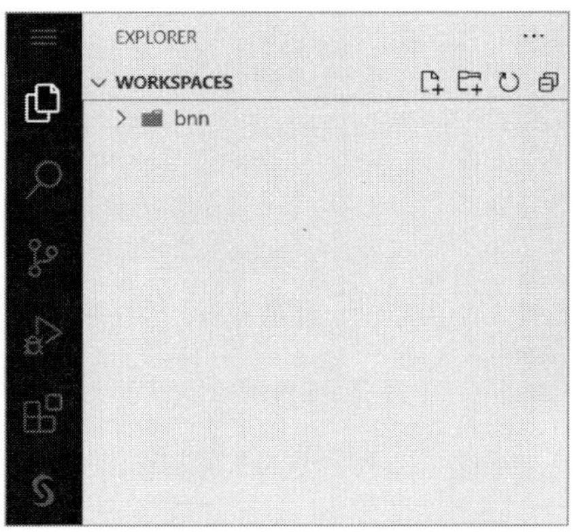

[그림1-18] 탐색기 메뉴

탐색기 메뉴는 파일 폴더내의 파일 등을 탐색하는 메뉴이다. 특정 폴더는 상단 좌측 햄버거 메뉴(☰)를 통하여 설정할 수 있다.

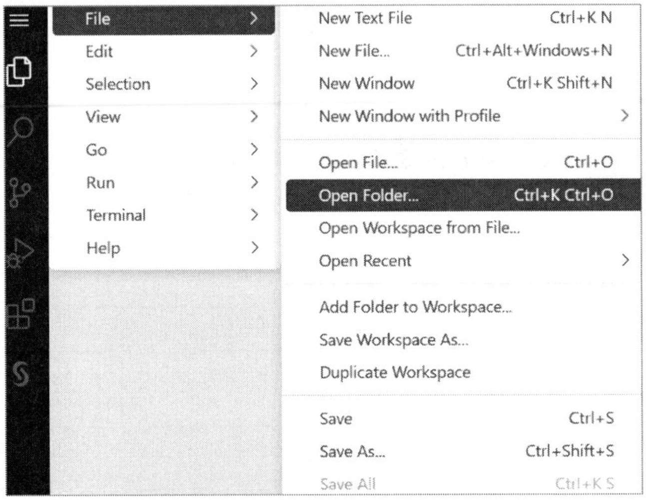

[그림1-19] 특정 폴더 선택 이동

1.3.2 검색 메뉴

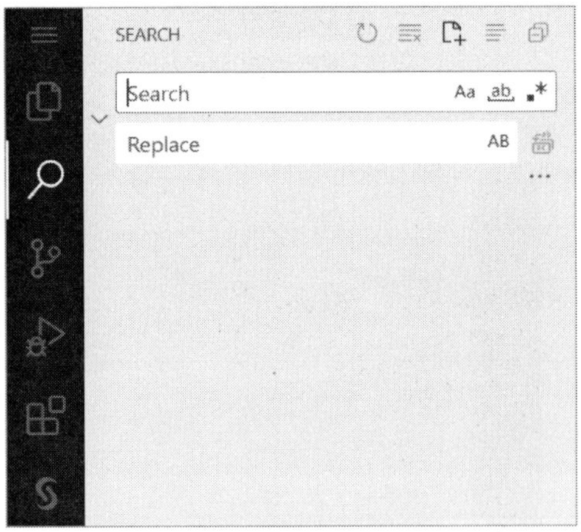

[그림1-20] 검색 메뉴

검색 메뉴는 모든 폴더내의 특정 문자열을 검색하기 위하여 사용된다.

1.3.3 소스 관리 메뉴

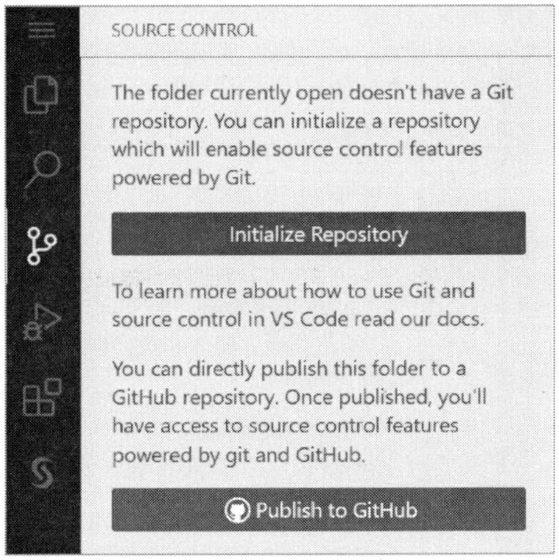

[그림1-21] 소스 관리 메뉴

소스 관리 메뉴는 Git 저장소와의 연동을 통하여 소스의 버전 등을 관리한다.

1.3.4 실행 및 디버그 메뉴

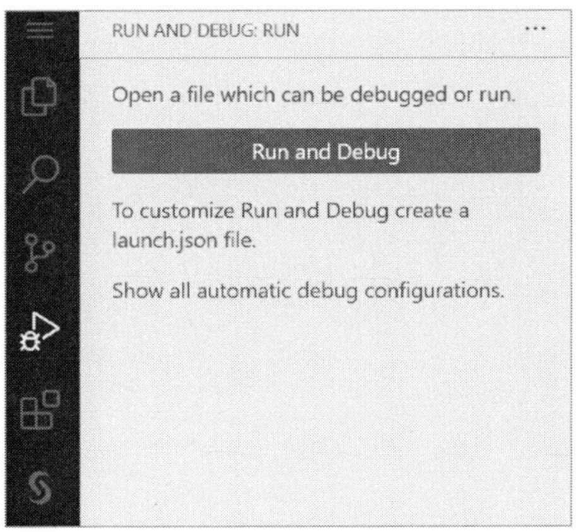

[그림1-22] 실행 및 디버그 메뉴

작성된 프로그램의 실행 및 디버그를 관리하는 메뉴이다.

1.3.5 확장 앱 메뉴

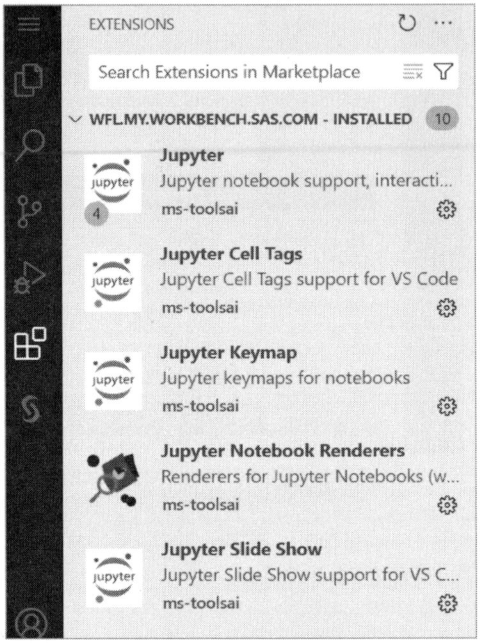

[그림1-23] 확장 앱 메뉴

VS Code에서 추가로 설치하는 확장 앱에 대한 관리 즉, 설치, 설정 및 제거 등을 담당하는 메뉴이다.

1.3.6 SAS 앱

[그림1-24] SAS 앱

SAS 앱은 SAS 라이브러리(library)를 관리하고 내용을 확인할 수 있는 메뉴이다.

1.4 개발환경 테스트

간단하게 개발 환경이 제대로 작동하는지 살펴보도록 하자.

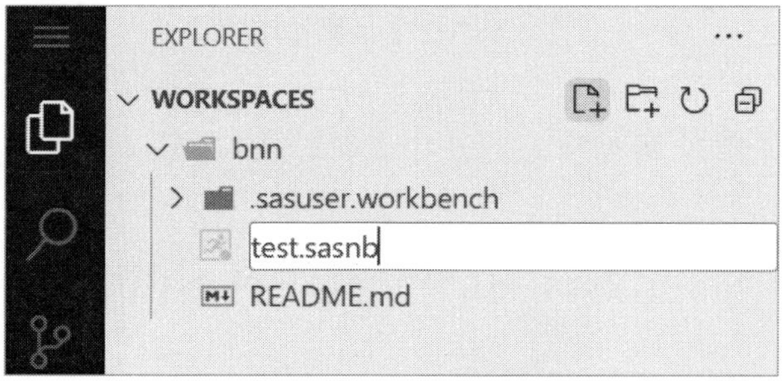

[그림1-25] 파일 생성하기

생성하고자 하는 파일은 SAS 노트북이다. 확장명은 sasnb이며 VS Code에서 노트북을 사용하는 것이다. 생성 후 다음의 코드를 실행해보자.

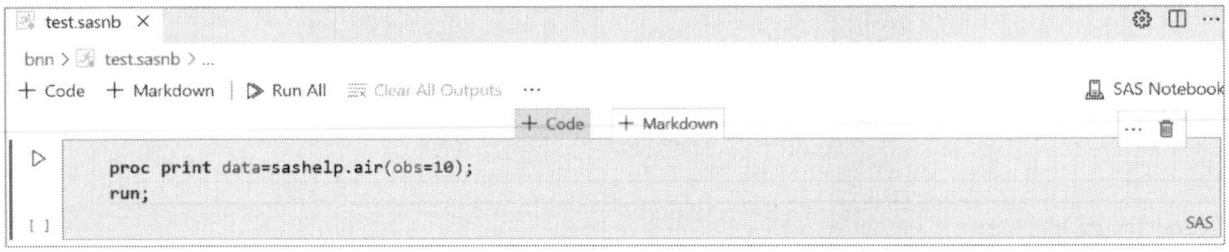

[그림1-26] SAS노트북 기반의 SAS 코드

작성된 코드는 왼쪽 상단의 RUN 아이콘(▷)을 클릭하거나 CTRL+ENTER 키를 누른다.

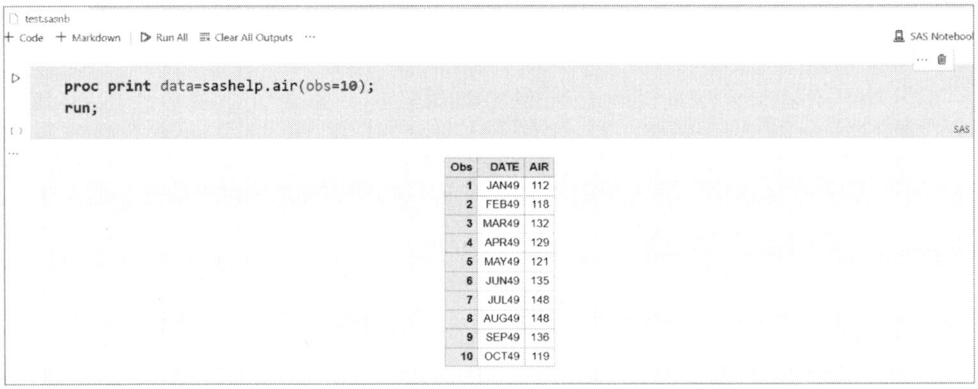

[그림1-27] 수행 결과

프로그램 수행 결과 특별한 문제없이 출력되었으므로 제대로 작동됨을 확인하였다.

자세한 기능은 이후 각 장에서 필요할 때마다 추가하여 설명하는 것으로 한다.

1.5 Autoexec.sas

SAS프로시저 기반의 개발 환경에서 중요한 것은 세션과 함께 자동 실행되는 파일인 autoexec.sas 파일의 구성이다.

해당 파일은 항상 "/home/sas" 밑에 위치한다. 해당 폴더로 이동해보자.

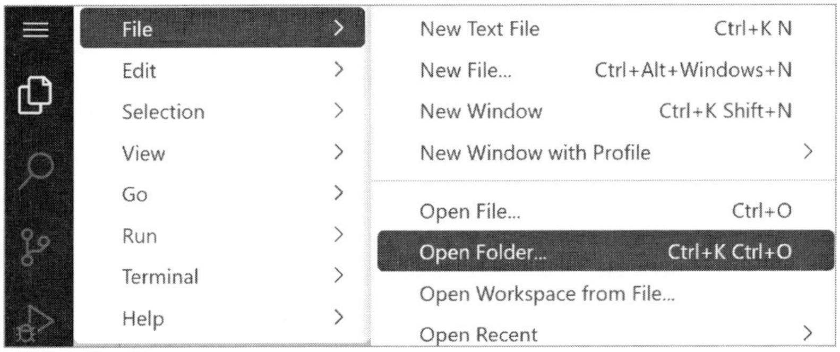

[그림1-28] 폴더 위치 이동

위 메뉴를 클릭한 후에 입력창이 나타나면 다음과 같이 입력한 후 OK를 클릭한다.

[그림1-29] 특정 폴더 이동 입력

클릭 후 탐색기는 다음의 폴더 정보를 보여준다.

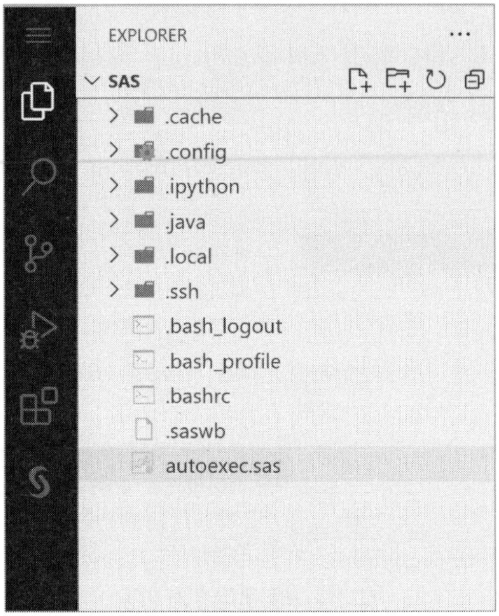

[그림1-30] /home/sas 폴더

해당 폴더의 autoexec.sas를 클릭하면 다음의 초기 파일 모습이 나타난다.

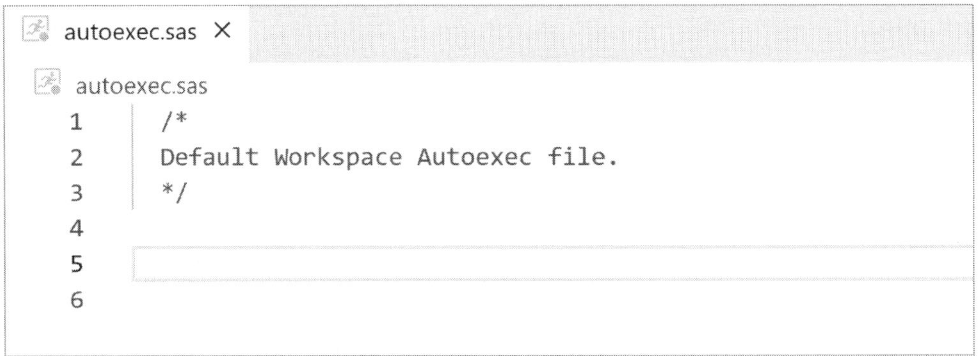

[그림1-31] autoexec.sas 초기 파일

여기서 다음과 같이 라이브러리 지정 및 매크로 파일 폴더 등을 지정할 수 있다.

```
/*
Default Workspace Autoexec file.
*/

/* 라이브러리 지정 */
libname bnn '/workspaces/bnn/data';
/* 매크로 폴더 지정  */
filename mymacros '/workspaces/bnn/macros';
options sasautos=(mymacros, sasautos);

/* 전역 매크로 확인 */
%put _global_;

/* 전역 매크로 변수를 이용한 라이브러리 지정 예 */
/* WORKSPACE_PATH */
%let mylib = "&workspace_path./data";
libname bnn &mylib;
```

이렇게 저장된 autoexec.sas는 SAS의 모든 세션이 시작될 때 마다 항상 실행된다.

여기서 주의할 사항은 디폴트 폴더가 아니면 사전에 생성되어야 하며 새로운 세션이 시작되어야 autoexec.sas는 실행된다.

2장

SAS 프로시저 기반의 머신러닝

2.1 개요

머신러닝(Machine Learning)은 인공지능(AI)의 한 분야로, 컴퓨터가 데이터를 통해 패턴이나 규칙을 학습하여 명시적인 프로그래밍 없이도 스스로 판단 또는 예측할 수 있도록 하는 기술을 의미한다.

● 대표적인 머신러닝의 유형은 다음과 같다.

종류	설명	대표적인 예시
지도 학습 (Supervised Learning)	입력 데이터와 정답(Label)을 이용하여 학습	이메일 스팸 필터, 신용 평가, 이미지 분류
비지도 학습 (Unsupervised Learning)	정답(레이블)이 없는 데이터를 통해 패턴 발견	고객 세분화, 추천 시스템, 군집 분석
강화 학습 (Reinforcement Learning)	행동에 따른 보상(Reward)을 통해 최적의 행동을 학습	게임 인공지능, 로봇 제어, 자율 주행 차량

[표2-1] 머신러닝 유형

이러한 유형 분류는 고정된 것이 아니라 하고자 하는 목적에 따라 서로 혼합하여 적용되기도 한다. 따라서 머신러닝을 적용할 때는 비즈니스 목적이 무엇인지 명확히 하고 단계마다 필요한 알고리즘을 적용하는 것이 필요하다.

이 중 가장 뜨거운 분야는 생성형 AI 분야이며, 이미 검증되어 누구나 다 사용해도 무방한 절정의 기술은 컴퓨터 비전이라고 할 수 있다.

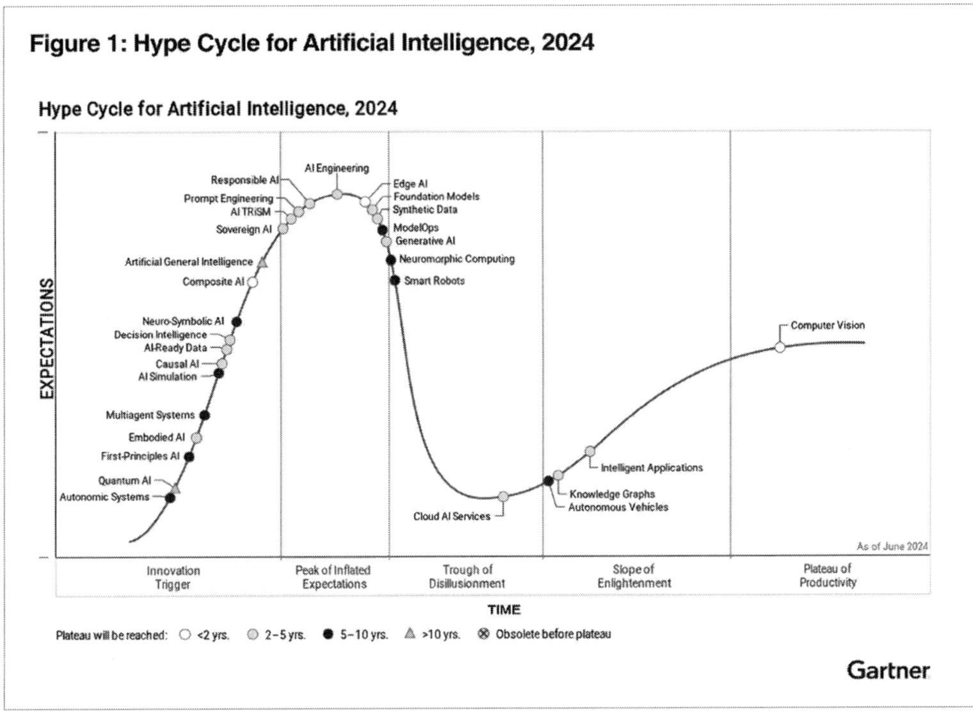

[그림2-1] 2024년 AI 하이프 사이클(hype cycle)

그림에서 보면 생성형 AI 분야는 실망 계곡(trough of disillusionment)으로 돌진 중이며 컴퓨터 비전 분야는 생산성 고원(plateau of productivity)에 안착되어 있음을 확인할 수 있다.

특히 머신러닝 분야의 각광받고 있는 많은 예측모델은 충분히 검증되어 있어 실제 비즈니스에서 많은 성과를 거두고 있다.

www.kdnuggets.com	www.analyticsvidhya.com	machinelearningmastery.com	bigdata-madesimple.com	www.simplilearn.com
1. 결정나무	1. 선형 회귀	1. 그래디언트 부스팅	1. 결정나무	1. 선형 회귀
2. 나이브 베이즈 분류	2. 로지스틱 회귀	2. 선형 회귀	2. 랜덤 포레스트	2. 로지스틱 회귀
3. 선형 회귀	3. 결정나무	3. 로지스틱 회귀	3. 로지스틱 회귀	3. 결정나무
4. 로지스틱 회귀	4. 서포트벡터 머신	4. 선형 판별 분석	4. 서포트벡터 머신	4. 서포트벡터 머신
5. 서포트벡터 머신	5. 나이브 베이즈 분류	5. 분류 및 결정나무	5. 나이브 베이즈 분류	5. 나이브 베이즈 분류
6. 앙상블 기법	6. K 최근접이웃	6. 나이브 베이즈 분류	6. K 최근접이웃	6. K 최근접이웃
7. 군집 알고리즘	7. K-평균 군집	7. K 최근접이웃	7. K-평균 군집	7. K-평균 군집
8. 주성분 분석	8. 랜덤 포레스트	8. 벡터 양자화	8. Adaboost	8. 랜덤 포레스트
9. 특이값 분해	9. 차원축소 기법	9. 서포트벡터 머신	9. 신경망	9. 차원축소 기법
10. 독립성분 분석	10. 그래디언트 부스팅	10. 부스팅 결정나무와 랜덤 포레스트	10. 마코브	10. 그래디언트 부스팅

표는 이미 널리 알려진 상위 10개의 머신러닝 알고리즘이다. 비즈니스에서 많이 검증되어 가장 많이 활용되는 알고리즘이라고 할 수 있다. 결정나무 기반의 앙상블(ensemble) 모델인 랜덤포레스트, 그래디언트 모델 계열의 예측 모델은 특히 성능이 좋은 것으로 확인된다.

2.2 프로세스

머신러닝을 적용하는 과정은 단계마다 많이 세분화할 수 있지만 대략 다음과 같은 과정으로 표현된다.

[그림2-2] 머신러닝 프로세스

머신러닝 과정은 크게 데이터 전처리(data preprocessing), 모델 구성(modeling), 모델 전개(model deployment)로 분류되며 각 세부 과정은 그림2-2와 같이 정의된다.

머신러닝 과정에서 중요성이 많이 간과되는 부분은 데이터 전처리 전 과정과 모델 등록 및 배포 과정이다. 이 부분이 전체 머신러닝 과정에서 상당한 부분을 차지하므로 해당 부분에 대한 기능의 지원 여부는 특히 상업적 플랫폼을 선정하는 중요한 기준이 될 것이다.

저자 경험의 상당 부분도 모델 생성 후 전개 과정에서 많은 어려움이 있음을 확인하였고, 특히 전사적인 모델 관리가 매우 취약함을 확인하였다.

SAS Viya Workbench(SVW)와 SAS Viya의 Model Manager 제품을 통하여 이러한 부분은 상당 부분 해결할 수 있기 때문에 SVW를 통한 전처리 및 모델 등록까지의 과정을 수행하면 이후 과정은 크게 신경 쓰지 않아도 된다. 이런 점이 SAS Viya 플랫폼을 사용하는 가장 핵심적인 이유이다.

SVW는 자체 REGISTERMODEL 프로시저를 통하여 생성된 모델의 배포를 위한 저장소에 등록할 수 있다.

2.3 모델 평가

머신 러닝의 많은 알고리즘 또는 기법이 특정한 데이터에 적용되는 경우에 어떤 모델이 또는 어떤 학습 방법이 우수한가를 평가하는 방법이다.

머신러닝에서 모델의 성능이 좋다는 것은 특히 예측 모델인 경우에는 미래의 상황에서 즉, 미래의 예측을 위한 입력 데이터가 있는 경우에 예측 성능이 좋다는 것을 의미한다.

그런데 모델을 구성할 때에는 미래의 데이터가 없으므로 현재의 데이터를 통하여 모델을 적합하게 된다. 따라서 모델을 구성할 때에 미래의 데이터라고 생각하는 현재의 데이터와 구분되는 독립적인 데이터를 구성한 후 모델을 평가해야만 미래의 데이터에 잘 적응하는 모델을 선정할 수 있을 것이다.

이런 의미에서 하나의 모델의 성능은 모델을 적합하고 선정할 때 관여한 데이터가 아닌 독립적인 데이터를 적용했을 때의 성능 결과이다. 이러한 모델 성능을 일반화(generalization) 모델 성능이라고 한다.

이런 의미에서 아래 표와 같이 머신러닝 모델을 적용할 때 훈련(training), 검증(validation), 평가(test) 데이터로 분할하는 이유이다.

데이터셋	사용 목적	특징	주요 역할
훈련 데이터	모델이 학습하는 용도	반복적으로 사용됨	모델 학습
검증 데이터	모델 선택 및 하이퍼파라미터 튜닝	모델 개선 및 과적합 방지	모델 튜닝
평가 데이터	최종 모델 성능 평가	한 번만 사용됨 (독립성 유지)	최종 성능 평가

2.3.1 일반화 모델 성능 예시

다음과 같이 정의된 데이터가 있다고 가정하자.

```
data education_income;
   input Education Income;
   datalines;
10        26.65884
10.40134  27.30644
10.84281  22.13241
11.24415  21.16984
11.64548  15.19263
12.08696  26.39895
12.48829  17.43531
12.88963  25.50789
13.29097  36.88459
13.73244  39.66611
14.13378  34.39628
14.53512  41.49799
14.97659  44.98157
15.37793  47.0396
15.77926  48.25258
16.22074  57.03425
16.62207  51.49092
17.02341  61.33662
17.46488  57.58199
17.86622  68.55371
18.26756  64.31093
18.70903  68.95901
19.11037  74.61464
19.51171  71.8672
19.91304  76.09814
20.35452  75.77522
20.75585  72.48606
21.15719  77.35502
21.59866  72.11879
22        80.26057
```

```
;
run;

proc print data=education_income(obs=10);
run;
```

데이터는 교육수준에 따라 소득 수준에 대한 모델 개발을 위하여 사용될 예정이다. 변수 간의 상관관계를 살펴보기 위하여 다음과 같이 산점도(scatter plot)로 확인해보았다.

```
proc sgscatter data=education_income;
   plot Income * Education /
      markerattrs=(symbol=circlefilled color=darkcyan size=8)
      grid;
   title "교육수준(년) 대 소득수준(금액) 산점도";
run;
title;
```

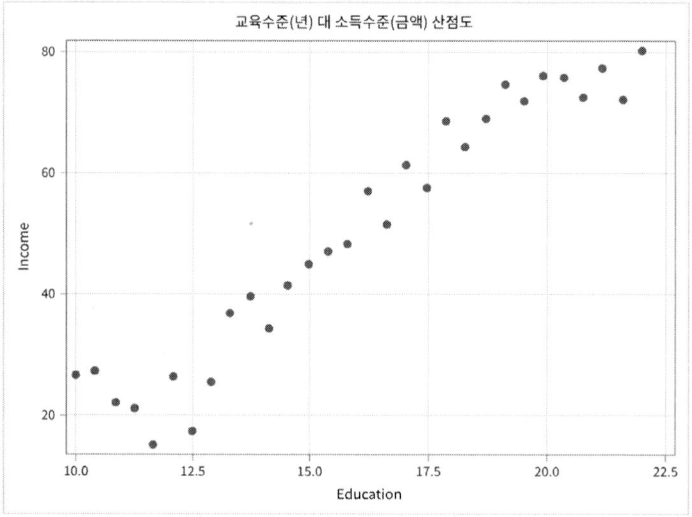

[그림2-3] 교육수준 대 소득수준 산점도

산점도를 본 후 다음과 같이 선형모델을 적합하기로 한다.

$$f(x_i) = \beta_0 + \beta_1 x_i,$$

$$y_i = f(x_i) + \epsilon_i$$

적합하기 위하여 훈련, 검증 및 평가 데이터를 각각 60%, 30%, 10%으로 정하였다.

```
proc partition data=education_income partind samppct=30 samppct2=10 seed=123;
   output out=edu_partitioned;
run;

proc freqtab data=edu_partitioned;
   tables _partind_;
run;
```

The FREQTAB Procedure

Partition Indicator				
PartInd	Frequency	Percent	Cumulative Frequency	Cumulative Percent
0	18	60.00	18	60.00
1	9	30.00	27	90.00
2	3	10.00	30	100.00

[그림2-4] 빈도표 출력

분할된 데이터 중 훈련 데이터를 통하여 모델을 적합한 후 검증 및 평가 데이터의 평균제곱오차(MSE)를 구해보자.

```
/* 모델 학습 */
proc regselect data=edu_partitioned(where=(_partind_=0));
   model Income = Education;
   selection method=none;
   code file="./chap02/regscore.sas";
run;
```

```
/* 점수 산출 */
data reg_scored;
   set edu_partitioned;
   %include "./chap02/regscore.sas";
run;

/* MSE 산출 */
proc sql;
   create table mse_by_part as
   select
      _partind_,
      count(*) as N,
      sum((Income - p_Income)**2) as SSE,
      calculated SSE / calculated N as MSE
   from reg_scored
   group by _partind_;
quit;

proc print data=mse_by_part;
   title "훈련(0), 검증(1), 평가(2) 데이터별 SSE 및 MSE";
run;
```

훈련(0), 검증(1), 평가(2) 데이터별 SSE 및 MSE

Obs	_PartInd_	N	SSE	MSE
1	0	18	370.686	20.594
2	1	9	193.023	21.447
3	2	3	404.368	134.789

[그림2-5] 평가 결과

결과를 보면 훈련 데이터 보다는 검증과 평가 데이터의 MSE가 크다는 것을 알 수 있다. 이는 항상 이렇게 나오는 것은 아니지만 일반적인 현상이다.

2.3.2 편향-분산 균형(Bias-Variance Trade-Off)

예를 들어 목표 변수가 숫자 형인 경우에 잘 알려진 모델 적합도(goodness of fit)는 다음과 같은 평균제곱오차(MSE: Mean Squared Error 또는 ASE: Average Squared Error)을 측정하여 가장 낮은 값을 주는 모델을 선택한다.

$$MSE = \frac{1}{n}\sum_{i=1}^{n}(y_i - \hat{f}(x_i))^2$$

위의 MSE는 훈련 데이터로부터 계산되므로 정확히 표현하면 훈련(training) MSE라고 할 수 있다. 그런데, 훈련 데이터로부터 계산된 MSE가 낮을수록 성능이 좋은 모델이라고 할 수가 있는가? 사실 훈련 데이터를 잘 예측하는 것은 현재 데이터를 잘 예측하는 것이지 독립적이고 미래에 발생할 목표 값을 잘 예측한다는 것은 아니다.

예측의 목적은 현재가 아니라 미래를 잘 예측해야 하는 것이다. 즉, 훈련 시 사용되지 않은 평가용 데이터인 (x_0, y_0)를 이용하여 $\hat{f}(x_0) \approx y_0$이길 원하는 것이다. 이러한 평가용 데이터가 많은 경우에는 아래와 같이 그 값의 평균으로 그 적합의 품질 즉, 적합도를 판단한다.

$$mean_{y_0 \notin TrainingSet}(y_0 - \hat{f}(x_0))^2$$

이런 이유에서 모든 모델의 평가는 평가 데이터 또는 떼어 둔(hold out) 데이터에 의하여 평가하는 것이 마땅하다.

모델을 선정할 때 사용한 MSE를 보다 심층적으로 살펴보자.

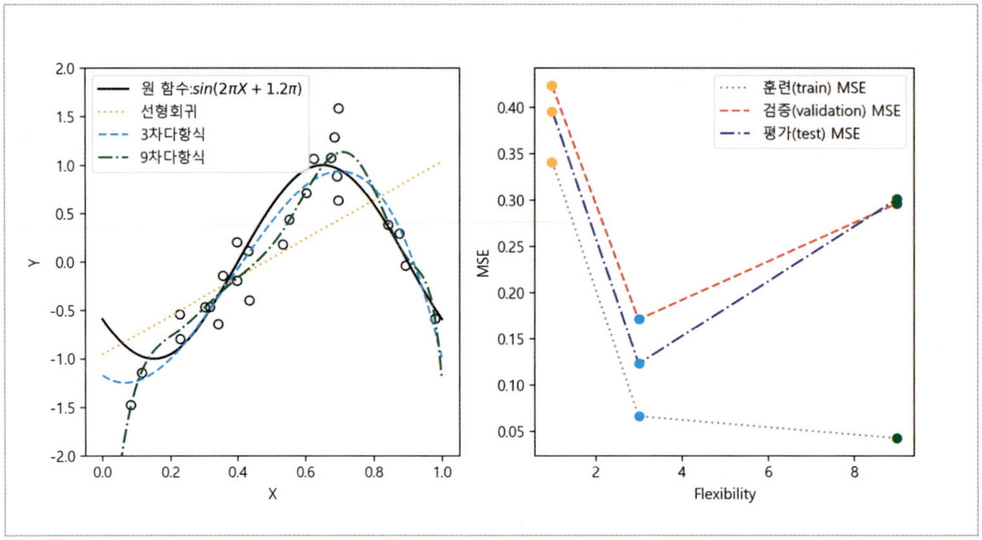

[그림2-6] 함수 적합 및 MSE

- 그림의 왼쪽: 훈련 데이터에 대하여 검은 곡선은 실제 시뮬레이션 함수(참값)이며 선형 회귀, 3차 다항식, 9차 다항식에 의한 적합을 한 결과이다.
- 그림의 오른쪽: 평균제곱오차를 적합 된 곡선들의 유연성에 따른 그래프이며, 회색 곡선은 훈련 데이터에 대한 평균제곱오차, 빨간색은 검증용 데이터에 대한 평균제곱오차, 파란색은 평가용 평균제곱오차 곡선이다.

그림을 해석하면 모수가 많을수록 평가 데이터에 대하여 잘 예측되는 것이 아니라, 적절한 유연성을 갖는 모델이 오히려 더 잘 예측됨을 확인할 수가 있다.

평균제곱오차는 일반적으로 아래와 같이 3개의 부분으로 분해된다고 알려져 있다.

$$\text{MSE} = E(y_0 - \hat{f}(x_0))^2 = \text{Var}(\hat{f}(x_0)) + [\text{Bias}(\hat{f}(x_0))]^2 + \text{Var}(\epsilon)$$

여기서, $E(y_0-\hat{f}(x_0))^2$은 평가 MSE의 기대 값을 의미하는 것이다. 즉, 훈련 데이터를 반복적으로 적용하여 적합하며 그 때마다 x_0에서 값을 구한다. 이러한 모든 x_0에 대하여 평균을 구한 값이라고 정의할 수 있다.

여기서 $Bias(\hat{f}(x_0)) = E(\hat{f}(x_0)) - f(x_0)$이다. 즉, 추정량의 기대값과 추정하고자 하는 값에 대한 차이이다. 여기서 $y_0 = f(x_0) + \epsilon$이다.

$Var(\hat{f}(x_0)) = E(\hat{f}(x_0) - E(\hat{f}(x_0)))^2$이다. 예측값과 예측값의 기대값과의 차이에 대한 변동을 표현하는 값이다.

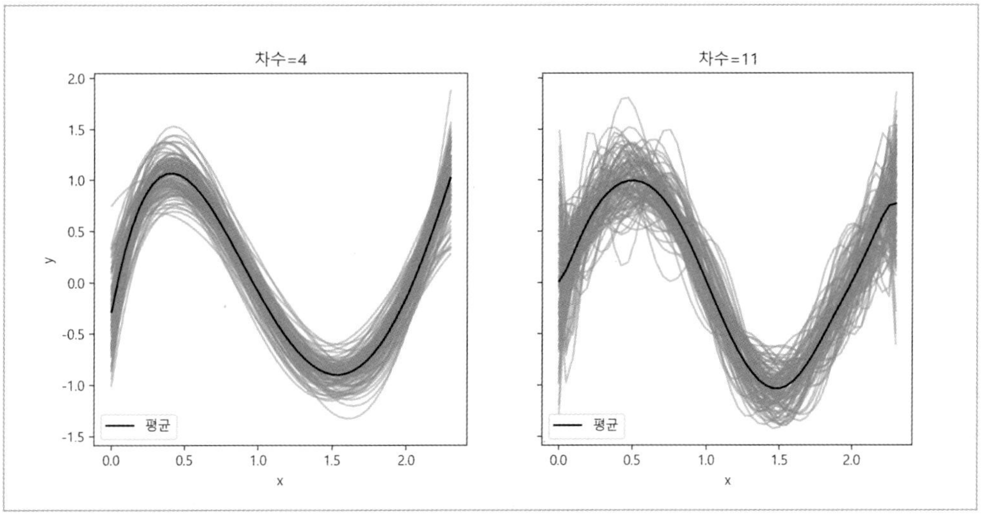

[그림2-7] 차수별 분산

그림은 특정 차수 즉, 차수가 4, 11인 경우 각각에 대하여 샘플의 변화에 따른 모델을 적합한 경우이다. 각 차수에 대해서 가령 평가 데이터 값이 1.5인 경우를 보면 차수가 4일 때의 평균 그래프와 적합된 모델 간의 차이가 차수가 11인 경우보다 작음을 알 수가 있다.

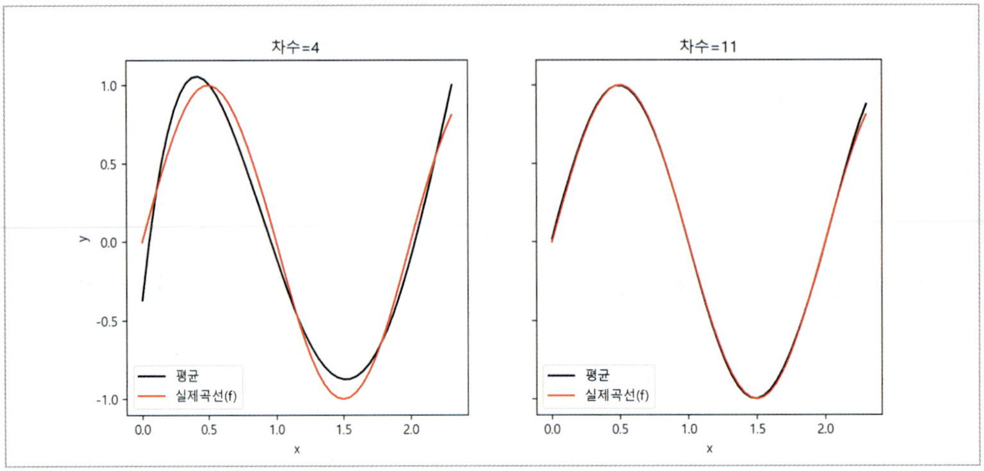

[그림2-8] 차수별 편향

그림은 차수가 4, 11인 경우의 적합된 모델의 평균선과 실제 곡선을 그린 것이다. 그림에서 보듯이 만약 평가 데이터가 1.5인 경우에 실제 곡선과의 차이가 차수가 4일 때가 큼을 알 수가 있다.

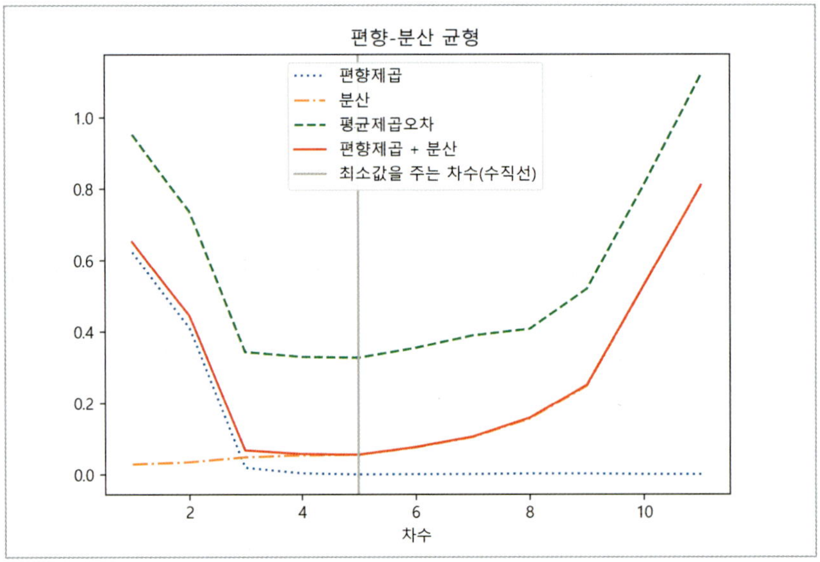

[그림2-9] 편향-분산 결합 그림

그림 2-9는 편향과 분산을 결합한 그림이다. 결국 우리가 보는 것은 평균제곱오차이고 그림과 같이 U자형의 모습을 일반적으로 갖기 때문에 적절한 차수를 선택하는 것이 일반화 오류를 최소화할 수가 있다. 이 때 X축의 의미는 모델의 유연성이라고 생각할 수가 있다. 즉, 다항 회귀 모델의 적합은 차수이거나 사용되는 독립변수의 개수일 수가 있고 결정나무에서는 나뭇잎의 개수, 신경망에서는 반복 횟수가 될 수가 있는 것이다. 훈련 데이터에서는 오류를 아주 작게 만들 수 있으나 검증 데이터에서는 반드시 U자 형의 모양을 갖기 때문에 이런 이유로 최적의 모델을 선택할 수가 있는 것이다.

2.4 머신러닝 구조

머신러닝의 예측 모델은 크게 회귀(regression) 문제와 분류(classification) 문제로 구분할 수 있다.

항목	분류 문제(Classification)	회귀 문제(Regression)
출력값의 형태	범주형(Categorical)	연속형(Continuous, 실수 값)
예측 목표	클래스(범주, 라벨)를 예측	수치(숫자)를 예측
대표 알고리즘	로지스틱 회귀, 결정나무, 랜덤 포레스트, SVM, KNN, 나이브 베이즈	선형 회귀, 회귀나무, 랜덤 포레스트 회귀, LASSO
평가지표	정확도(Accuracy), 정밀도(Precision), 재현율(Recall), F1 점수, AUC	MSE(평균제곱오차), RMSE, MAE, R^2(결정계수)
출력 예시	스팸 /정상, 질병 있음/없음, 고객 이탈 여부	주택 가격, 온도, 매출 예측 등
예시 질문	이 메일은 스팸일까? 이 검진자는 암에 걸렸을까?	내일의 기온은 몇 도일까? 집값은 얼마일까?

예측 모델의 유형을 확정하고 나면 어떤 모델을 가정하여 적합할지를 결정한다.

즉, 모델 함수 또는 가설 함수를 가정한다. 많은 문헌에서 다음과 같이 다양하게 사용한다. 여기서 w는 모델의 모수(parameter) 또는 가중값(weight)이다. 즉, 데이터로부터 추정해야 할 값이다.

$$h(x;w),\ h(x|w),\ h_w(x),\ f(x;w),\ f(x|w),\ f_w(x)$$

모델이 정의되고 나면 모델 평가의 기준인 비용 함수(cost function)가 정의되어야 한다.

$$J(w)$$

비용 함수는 데이터가 입력으로 이미 주어져 있으므로 온전히 모수에 대한 함수가 된다. 비용 함수는 추정해야 할 모수 값을 1번 갱신하기 위한 데이터에 대한 손실 함수의 합과 정칙항 또는 규제항(regularization term)의 합으로 정의할 수 있다. 다음은 손실 함수의 예이다.

- 제곱손실(square loss): $l(h(x_i|w), y_i) = (h(x_i|w) - y_i)^2$
- 경첩손실(hinge loss): $l(h(x_i|w), y_i) = \max(0, 1 - h(x_i|w)\, y_i)$
- 이항 교차엔트로피 손실(binary cross entropy):

$$l(h(x_i|w), y_i) = -(y_i \log h(x_i|w) + (1 - y_i) \log(1 - h(x_i|w)))$$

- 0-1 손실함수: $1(h(x_i) \neq y_i)$

이러한 손실함수와 추가적인 정칙항의 결합된 예는 $\|w\|^2 + C\sum_{i=1}^{n} \xi_i$으로 정의된 지지벡터 머신의 비용 함수이다. 정칙항은 규칙적이고 올바르게 모델을 단순화하는 과정이며 모델의 복잡성을 줄이는 과정을 위하여 추가하는 모수의 함수이다. 각각의 비용 함수는 해당 모델에서 설명하도록 하자.

마지막으로 비용 함수가 정의되고 나면 드디어 모수를 추정해야 하는데 이 때 사용하는 기법이 기울기 하강법(gradient descent)이다. 이는 예시를 통하여 확인해보기로 하자.

2.4.1 기울기 하강법 예시

예시를 위하여 다음의 데이터를 사용한다.

```
filename boston url
  'https://github.com/bong-ju-kang/data/raw/refs/heads/master/boston_housing.csv';

proc import datafile=boston
   out=boston_housing
   dbms=csv
   replace;
   guessingrows=MAX; /* 모든 행을 보고 변수 형 자동 추정 */
run;

proc print data=boston_housing (obs=10);
   title "보스턴 주택 데이터 일부 출력";
run;
title;
```

보스턴 주택 데이터 일부 출력

Obs	CRIM	ZN	INDUS	CHAS	NOX	RM	AGE	DIS	RAD	TAX	PTRATIO	B	LSTAT	MEDV
1	0.00632	18	2.31	0	0.538	6.575	65.2	4.09	1	296	15.3	396.9	4.98	24
2	0.02731	0	7.07	0	0.469	6.421	78.9	4.9671	2	242	17.8	396.9	9.14	21.6
3	0.02729	0	7.07	0	0.469	7.185	61.1	4.9671	2	242	17.8	392.83	4.03	34.7
4	0.03237	0	2.18	0	0.458	6.998	45.8	6.0622	3	222	18.7	394.63	2.94	33.4
5	0.06905	0	2.18	0	0.458	7.147	54.2	6.0622	3	222	18.7	396.9	5.33	36.2
6	0.02985	0	2.18	0	0.458	6.43	58.7	6.0622	3	222	18.7	394.12	5.21	28.7
7	0.08829	12.5	7.87	0	0.524	6.012	66.6	5.5605	5	311	15.2	395.6	12.43	22.9
8	0.14455	12.5	7.87	0	0.524	6.172	96.1	5.9505	5	311	15.2	396.9	19.15	27.1
9	0.21124	12.5	7.87	0	0.524	5.631	100	6.0821	5	311	15.2	386.63	29.93	16.5
10	0.17004	12.5	7.87	0	0.524	6.004	85.9	6.5921	5	311	15.2	386.71	17.1	18.9

[그림2-10] 보스턴 주택 데이터

보스턴 주택 데이터의 레이아웃은 다음과 같다.

#	변수	유형	설명	한글 설명
1	CRIM	Numeric	per capita crime rate by town	도시별 1인당 범죄율
2	ZN	Numeric	proportion of residential land zoned for lots over 25,000 sq.ft.	25,000 sq.ft. 이상의 로트용 구역토지 비율
3	INDUS	Numeric	proportion of non-retail business acres per town	도시별 비 소매 사업 땅의 비율
4	CHAS	categorical	Charles River dummy variable (= 1 if tract bounds river; 0 otherwise)	Charles River 경계여부
5	NOX	Numeric	nitric oxides concentration parts per 10 million	천만당 산화질소 농도
6	RM	Numeric	average number of rooms per dwelling	주거당 평균 방수
7	AGE	Numeric	proportion of owner-occupied units built prior to 1940	1940년 이전에 건설된 소유주 차지 비율
8	DIS	Numeric	weighted distances to five Boston employment centres	보스턴 고용 센터 5곳까지의 가중치
9	RAD	Numeric	index of accessibility to radial highways	방사형 고속도로 접근성 지수
10	TAX	Numeric	full-value property-tax rate per $10,000	$ 10,000 당 완전 가치 재산세 세율
11	PTRATIO	Numeric	pupil-teacher ratio by town	도시별 학생 - 교사 비율
12	B	Numeric	1000(Bk - 0.63)^2 where Bk is the proportion of blacks by town	100(도시별 흑인 비율-0.63)^2
13	LSTAT	Numeric	% lower status of the population	인구 감소 % 상태
14	MEDV	numeric	Median value of owner-occupied homes in $1000's	1000 달러 단위 주택 소유 주택의 중간 값

여기서 관심 있는 것은 주택값(MEDV)을 방개수(RM)로 예측하고자 하는 것이다. 예측하고자 하는 변수가 연속형 변수이므로 회귀 문제이다.

가설 함수는 단순 회귀 모델을 적합하기로 하자.

$$h_\theta(x) = \theta_0 + \theta_1 x$$

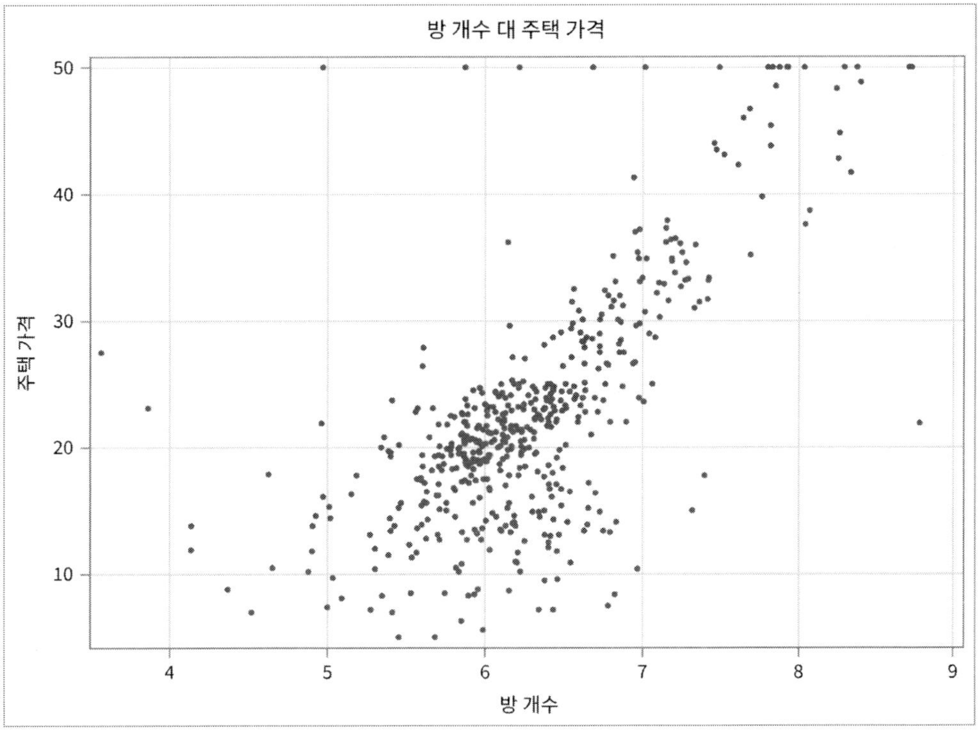

[그림2-11] 방 개수 대 주택 가격 산점도

비용 함수는 MSE를 사용하기로 하자.

$$J(\theta) = \frac{1}{2n} \sum_{i=1}^{n} (y_i - h_\theta(x_i))^2$$

이렇게 정의되고 나면 드디어 기울기 하강법으로 주어진 데이터를 최소화하는 모수(θ_0,θ_1)을 추정하게 된다.

순서	알고리즘 내용 및 순서	비고
1	모수에 대한 초기값을 준다.	· 초기값은 0에 가까운 값
2	아래 내용을 반복한다. $\theta_j := \theta_j - \eta \frac{\partial J(\theta)}{\partial \theta_j}$, for $j = 0,\ldots, p$	· 반복 탈출 조건은 비용 함수의 값이 가장 작을 때까지 이거나 정해진 반복 횟수까지 진행 · η는 학습률(learning rate)

기울기 벡터는 일반적으로 주어진 함수의 최대값을 주는 방향을 가리키므로 이에 대한 반대 방향인 음 기울기 방향으로 조금씩(학습률) 움직이면서 해당 값이 변화가 없을 때까지 움직이게 된다.

만약 데이터가 1개인 경우를 가정하면

$$\theta_j := \theta_j - \eta \frac{\partial J(\theta)}{\partial \theta_j} = \theta_j + \eta(y_i - h_\theta(x_i))x_{ij}$$

가 되며 여기서 $y_i-h_\theta(x_i)$은 일종의 잔차(residual)이며 해당 관측값을 주는 변수의 모수 값을 많이 움직이게 된다. 즉, 갱신의 폭이 커진다. 이때 데이터를 사용하는 건수에 따라 1건만 사용하여 갱신하는 경우는 온라인 처리(online processing), 모든 데이터를 다 사용하는 경우는 배치 처리(batch processing), 전체 데이터를 조금씩 잘라서 사용하는 경우는 미니 배치 처리(mini-batch processing)라고 한다.

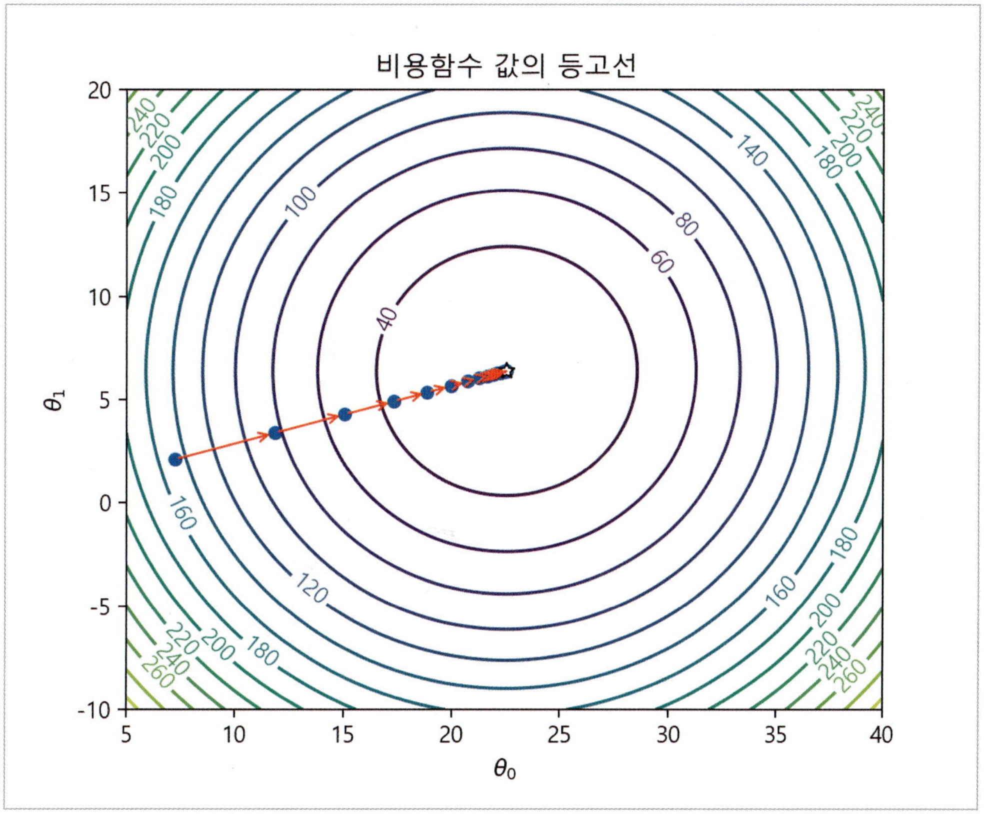

[그림2-12] 비용함수 등고선과 기울기 벡터의 움직임

그림을 보면 모수가 적절한 초기값에서 출발하여 정확히 비용함수가 최소가 되는 방향으로 값이 갱신됨을 알 수가 있다.

이 방법으로 추정된 모수 값은 [22.51538262, 6.38410563]이다. 이를 이용하여 추정된 모델 식은

$$h_\theta(x_i) = 22.52 + 6.38x_i$$

이다.

2.5 사용 데이터

이 책에서 사용하는 데이터의 레이아웃은 다음과 같다.

2.5.1 주택담보대출(HMEQ) 데이터

#	변수	유형	설명	한글 설명
1	BAD	categorical	1 = client defaulted on loan 0 = loan repaid	1 = 대출 채무 불이행 0 = 대출 상환
2	LOAN	numeric	Amount of the loan request	대출 요청 금액
3	MORT-DUE	numeric	Amount due on existing mortgage	기존 부동산 대출 금액
4	VALUE	numeric	Value of current property	현재 부동산 가치
5	REASON	categorical	DebtCon = debt consolidation HomeImp = home improvement	DebtCon = 부채 정리 HomeImp = 주택 개량
6	JOB	categorical	Six occupational categories	6가지 직업 분류
7	YOJ	numeric	Years at present job	현재 직업
8	DEROG	numeric	Number of major derogatory reports	부정적인 보고서(심각한 연체, 파산 등)의 수
9	DELINQ	numeric	Number of delinquent credit lines	연체된 신용 한도의 수
10	CLAGE	numeric	Age of oldest trade line in months	최장 거래 월수
11	NINQ	numeric	Number of recent credit lines	최근 신용 한도 수(최근 신용 한도 대출 건수)
12	CLNO	numeric	Number of credit lines	신용 한도 수(총 신용 한도 대출 건수)
13	DEBTINC	numeric	Debt-to-income ratio	소득 대비 부채 비율

2.5.1.1 데이터 구성

IMPORT 프로시저를 이용하여 데이터를 구성하고 관련 변수의 역할을 매크로로 지정해보자.

```
/* HMEQ */
filename infile url "https://github.com/bong-ju-kang/data/raw/refs/heads/master/
hmeq.csv";

/* SAS 데이터셋 구성 */
proc import datafile=infile
   out=hmeq
   dbms=csv
   replace;
   guessingrows=MAX;
run;

/* 결과 확인 */
proc fedsql;
   select *
   from hmeq
   limit 5
   ;
quit;

/* 분석시 사용할 역할 정의 */
%let target = BAD;
%let xvars = CLAGE CLNO DEBTINC DELINQ DEROG JOB LOAN MORTDUE NINQ
REASON VALUE YOJ;
%let cats = REASON JOB;
%let nums = CLAGE CLNO DEBTINC DELINQ DEROG LOAN MORTDUE NINQ VALUE
YOJ;
%let event = '1';
```

BAD	LOAN	MORTDUE	VALUE	REASON	JOB	YOJ	DEROG	DELINQ	CLAGE	NINQ	CLNO	DEBTINC
1	1100	25860	39025	HomeImp	Other	10.5	0	0	94.366666667	1	9	.
1	1300	70053	68400	HomeImp	Other	7	0	2	121.83333333	0	14	.
1	1500	13500	16700	HomeImp	Other	4	0	0	149.46666667	1	10	.
1	1500	.	.			.	.	.	.	.	.	.
0	1700	97800	112000	HomeImp	Office	3	0	0	93.333333333	0	14	.

[그림2-13] HMEQ 데이터셋

2.5.2 캘리포니아 주택가격 데이터(HOUSING)

#	변수	유형	설명	한글 설명
1	MedInc	Numeric	median income in block group	block group의 중간 소득
2	HouseAge	Numeric	median house age in block group	block group의 중간 주택 연식
3	AveRooms	Numeric	average number of rooms per household	가구당 평균 방 개수
4	AveBedrms	numeric	average number of bed-rooms per household	가구당 평균 침실 개수
5	Population	Numeric	block group population	block group 인구 수
6	AveOccup	Numeric	average number of household members	가구당 평균 거주자
7	Latitude	Numeric	block group latitude	block group의 위도
8	Longitude	Numeric	block group longitude	block group의 경도
9	MedHouseVal	Numeric	median house value for California districts	캘리포니아 지역의 중간 주택 가격

2.5.2.1 데이터 구성

```
/* HOUSING */
filename infile url "https://github.com/bong-ju-kang/data/raw/refs/heads/master/cal-
ifornia_housing.csv";

/* SAS 데이터셋 구성 */
proc import datafile=infile
   out=housing
   dbms=csv
   replace;
   guessingrows=MAX;
run;

/* 결과 확인 */
proc fedsql;
   select *
   from housing
   limit 5
   ;
quit;

/* 분석시 사용할 역할 정의 */
%let target = MedHouseVal;
proc sql;
   select name into :xvars separated by ' '
   from dictionary.columns
   where libname='WORK'
      and memname='HOUSING'
      and name ne "&target"
      ;
quit;
/* 확인 */
%put &xvars;
```

MedInc	HouseAge	AveRooms	AveBedrms	Population	AveOccup	Latitude	Longitude	MedHouseVal
8.3252	41	6.9841269841	1.0238095238	322	2.5555555556	37.88	-122.23	4.526
8.3014	21	6.2381370826	0.9718804921	2401	2.1098418278	37.86	-122.22	3.585
7.2574	52	8.2881355932	1.0734463277	496	2.802259887	37.85	-122.24	3.521
5.6431	52	5.8173515982	1.0730593607	558	2.5479452055	37.85	-122.25	3.413
3.8462	52	6.2818532819	1.0810810811	565	2.1814671815	37.85	-122.25	3.422

[그림2-14] HOUSING 데이터셋

2.6 데이터 분할

머신러닝의 모델을 구성할 때 일반적으로 모든 데이터를 훈련 데이터로 사용하지 않는다. 평가 데이터까지 만들지는 않아도 최소한 훈련 및 검증 데이터 구성은 필수적이다.

훈련 데이터와 검증 데이터를 각각 70%, 30%으로 분할해보자.

```
/* 검증 데이터 30% */
proc partition data=hmeq samppct=30 seed=12345 partind;
   by bad;
   output out=hmeq_partn;
run;

/* 결과 확인 */
proc freqtab data=hmeq_partn;
   table bad*_partind_;
run;
```

Frequency Percent Row Pct Col Pct	Table of BAD by _PartInd_			
		PartInd(Partition Indicator)		
	BAD	0	1	Total
	0	3340 56.04 70.01 80.06	1431 24.01 29.99 80.03	4771 80.05
	1	832 13.96 69.97 19.94	357 5.99 30.03 19.97	1189 19.95
	Total	4172 70.00	1788 30.00	5960 100.00

[그림2-15] 분할 결과

PARTITION 프로시저를 이용하여 분할하였다. 여기서 BY문을 사용한 이유는 목표 변수인 BAD의 값 별로 층화 추출을 한 것이다. 단순 임의 추출을 하는 경우에는 각 BAD의 값 그룹 별로 같은 비율로 추출될 가능성이 적어지므로 아예 처음부터 같은 비율로 분할되도록 한 것이다.

결과를 보면 목표변수의 값 그룹별로 분할 변수인 _partind_ 값이 0인 경우가 70%, 1인 경우(검증 데이터)가 30%으로 정확히 나누어져 있음을 확인할 수 있다.

만약 훈련, 검증, 평가 데이터를 각각 70, 20, 10%으로 분할하고자 하는 경우는 samppct2 옵션을 사용한다.

```
/* 검증 데이터 20% 평가 데이터 10% */
proc partition data=hmeq samppct=20 samppct2=10 seed=12345 partind;
   by bad;
   output out=hmeq_partn;
run;

/* 결과 확인 */
proc freqtab data=hmeq_partn;
   table bad*_partind_;
run;
```

Frequency Percent Row Pct Col Pct	Table of BAD by _PartInd_			
	PartInd(Partition Indicator)			
BAD	0	1	2	Total
0	3340 56.04 70.01 80.06	954 16.01 20.00 80.03	477 8.00 10.00 80.03	4771 80.05
1	832 13.96 69.97 19.94	238 3.99 20.02 19.97	119 2.00 10.01 19.97	1189 19.95
Total	4172 70.00	1192 20.00	596 10.00	5960 100.00

[그림2-16] 평가 데이터 포함 분할 결과

이후 분석에서 훈련 데이터를 사용하여 학습하고자 하는 경우는 DATA=hmeq_partn(where=(_partind_=0))을 사용한다.

2.7 데이터 전처리

2.7.1 전처리 예시

데이터 전처리(data preprocessing)는 모델 입력 데이터를 구성하는 과정이다. 이때 가장 많은 시간을 할애하는 것이 기초 데이터를 구성하는 것이다. 비즈니스 전문가, 데이터 과학자, 개발자 등이 서로 협업하고 브레인스토밍 작업과 가장 많이 고민하는 과정이라고 볼 수가 있다.

수축기 혈압과 이완기 혈압을 측정한 자료가 있다고 가정해보자.

```
filename bp3 url "https://github.com/bong-ju-kang/data/raw/refs/heads/master/bp3.
csv";

/* 자동으로 날짜가 변환됨 */
proc import datafile=bp3
   out=bp3
   dbms=csv
   replace;
   guessingrows=MAX;
run;

/* 결과 확인 */
proc fedsql;
   select *
   from bp3
   limit 5
   ;
quit;
```

ID	WRITE_DATE	SBP	DBP
36286884	21JUN22:00:00:00	141	84
98116671	14JAN22:00:00:00	150	80
23318767	21JAN22:00:00:00	137	75
92021603	13APR22:00:00:00	115	59
71007481	28JUN22:00:00:00	115	68

[그림2-17] bp3 데이터셋

결과를 보면 WRITE_DATE가 문자열임에도 불구하고 SAS에서 자동적으로 datetime20. 포맷으로 인식하여 SAS 날짜시간으로 변환되었다. 만약 자동적으로 변환되지 않았다면 이후 WRITE_DATE를 날짜시간으로 변환해야 한다.

우선적으로는 결측값 여부를 확인하여 데이터가 결측값이 있는지 여부를 확인한다.

```
/* 결측값 확인 */
proc fedsql;
   select
      count(*) as total,
      count(id) as id_not_missing,
      count(write_date) as write_date_not_missing,
      count(sbp) as sbp_not_missing,
      count(dbp) as dbp_not_missing
   from bp3;
quit;
```

TOTAL	ID_NOT_MISSING	WRITE_DATE_NOT_MISSING	SBP_NOT_MISSING	DBP_NOT_MISSING
1000	1000	1000	1000	1000

[그림2-18] 결측값 확인 결과

그런데 주어진 데이터를 탐색하다 데이터 중복 건이 있음이 확인되었다.

```
/* 중복 데이터 확인 */
proc fedsql;
   select id, write_date, count(*) as cnt
   from bp3
   group by id, write_date
   having count(*) > 1;
quit;
```

ID	WRITE_DATE	CNT
5062284	16MAY22:00:00:00	2
7246539	29APR22:00:00:00	2
11544902	22APR22:00:00:00	2
14281821	06APR22:00:00:00	2
23411676	28MAR22:00:00:00	2
28876569	10JAN22:00:00:00	2
41746079	12JAN22:00:00:00	2
56950641	17JAN22:00:00:00	2
57894175	16MAY22:00:00:00	2
64507261	12APR22:00:00:00	2
84133085	26APR22:00:00:00	2
86418550	10FEB22:00:00:00	2
92869059	13JUN22:00:00:00	2
92910049	12MAY22:00:00:00	2
99778570	09FEB22:00:00:00	2

[그림2-19] 중복 데이터

이 중 한 개의 예를 직접 확인해보자.

```
/* 중복 데이터 구체적으로 확인 */
proc fedsql;
   select *
   from bp3
   where id='5062284';
quit;
```

ID	WRITE_DATE	SBP	DBP
5062284	16MAY22:00:00:00	107	72
5062284	16MAY22:00:00:00	107	72

[그림2-20] 중복 건 확인

중복 이유가 데이터 중복 기재이거나 데이터 결합 시 잘못으로 인한 것임이 확인되었다. 이런 경우 1차적으로 중복 데이터를 제거한다.

```
/* 중복 건 제거 */
proc fedsql;
   drop table bp3_nodup force;
   create table bp3_nodup as
   select distinct *
   from bp3;
quit;

/* 중복 제거 후 데이터 재 확인 */
proc fedsql;
   select id, write_date, count(*) as cnt
   from bp3_nodup
   group by id, write_date
   having count(*) > 1;
quit;
```

모두 중복된 데이터가 제거되었음에도 불구하고 다시 중복 점검을 해보면 다음의 데이터가 있음을 확인하였다.

ID	WRITE_DATE	CNT
14281821	06APR22:00:00:00	2

[그림2-21] 중복 데이터 제거 후 결과

구체적으로 어떤 문제가 있는지 확인 해보자.

```
/* 중복 데이터 추가적으로 확인 */
proc fedsql;
   select *
   from bp3_nodup
   where id='14281821';
quit;
```

ID	WRITE_DATE	SBP	DBP
14281821	06APR22:00:00:00	125	77
14281821	06APR22:00:00:00	134	59

[그림2-22] 중복 데이터 추가 확인

이 유형은 같은 시각에 2번 측정을 한 것이다. 시간 상의 차이가 있는 것도 아닌데 중복하여 기재된 것이다. 이런 데이터를 어떻게 처리할 것인지를 판단해야 한다. 가령 이런 경우 SBP, DBP 값의 평균을 취할 것인지 등을 살펴보아야 한다.

지금까지 아주 간단한 데이터이어도 데이터 전처리 중 기초 데이터 구성 단계에서 고민해야 할 사항이 많다는 것을 예시하였다.

2.7.2 데이터 탐색

데이터 탐색의 범위는 생각한 것 보다 훨씬 범위가 넓지만 데이터 전처리 단계에서의 데이터탐색은 변수의 분포를 확인하는 것이 가장 우선이다. 데이터 분포의 기준은 정상(normal)이라고 주장하는 정규분포와의 편차를 살펴보는 것이다. 이런 과정에서 어느 만큼 정상에서 벗어나 있는지를 판단하는 기준들이 필요하다.

다음의 탐색 기준표는 그러한 기준과 벗어난 심각함의 정도에 대한 기본 값을 예시한다.

정책	적용 변수 유형	기본값	비고
missing	all	5, 25	결측값 비율(%)
cardinality	nominal	lowMediumCutoff=32, mediumHighCutoff=64	작은 경계값(low-medium), 큰 경계값(medium-high)
entropy	nominal	0.25, 0.75	표준화 엔트로피 기준으로 정의. 표준화 엔트로피는 0과 1사이의 값이며, 값이 크다는 것은 랜덤 값에 가까움을 의미함
IQV(index of qualitative variation)	nominal	highVariationRatio=0.5, highTopBottom=100, highTopTwo=10	변동비, 빈도 최상/최하 비율, 빈도 상위/차상위 비율. 디폴트는 변동비로 판정
cv	interval	lowMoment=1, lowRobust=1	기본값은 경계값(low-high)의 백분위수를 의미함. 해당 값보다 크면 모두 3등급으로 처리 |CV|*100의 경계값. 값이 클수록 평균대비 편차가 크다는 것을 의미
skewness	Interval	적률(2, 10), 분위수(0.75, 2)	적률기준, 분위수 기준 작은/큰 경계값. 정규분포는 0에 가까움. 양쪽 모두 평가 후 높은 등급으로 판정
kurtosis	interval	적률(5, 10), 분위수(2, 3)	적률기준, 분위수 기준 작은/높은 경계값. 정규분포는 0에 가까움. 양쪽 모두 평가 후 높은 등급으로 판정
outlier	interval	z(1, 2.5), IQR(1, 2.5)	z, IQR기준 이상값 백분위수. 양쪽 모두 평가 후 높은 등급으로 판정

탐색 기준표는 SAS에서 제공하는 일반적인 데이터 품질을 점검하기 위한 표이다. 표에서 정책은 탐색을 위한 기준이며 적용 변수 유형은 범주형인 경우는 nominal, 숫자형 또는 연속형인 경우는 interval, 관계없는 경우는 all이다. 기본값은 해당 기준의 심각도를 3등급으로 구분하며 기본값의 최소값보다 작은 경우는 1등급, 기본값 사이에 있는 경우는 2등급, 기본값의 최대값보다 큰 경우는 3등급으로 보고 등급이 클수록 해당 기준의 심각도가 큰 것으로 본다.

2.7.2.1 결측값

데이터 탐색 시 가장 우선해야 하는 것은 데이터의 결측값이 존재하는지 여부이다. 만약 결측값이 있다면 결측값의 유형과 그 원인을 반드시 규명해야 한다.

```
/* 데이터 일부 보기 */
proc fedsql;
   select *
   from hmeq
   order by rand('uniform')
   limit 5
   ;
quit;
```

BAD	LOAN	MORTDUE	VALUE	REASON	JOB	YOJ	DEROG	DELINQ	CLAGE	NINQ	CLNO	DEBTINC
0	15000	100000	115000	DebtCon	ProfExe	1	0	0	128.86666667	0	30	.
0	26600	140561	208775	HomeImp	ProfExe	5	0	0	197.52410245	1	27	36.878389116
1	40000	120000	159000	DebtCon	Other	0	0	1	314.5	6	52	.
0	11900	81318	105454	HomeImp	ProfExe	6	0	0	92.136821036	1	33	37.525751033
1	13300	67483	85454	DebtCon	ProfExe	16	0	2	335.98931518	1	14	30.37586285

[그림2-23] HMEQ 데이터 일부 보기

데이터 일부 보기만 해도 결측값이 확인됨을 알 수가 있다. 이러한 결측값 분포를 확인해보자.

```
/* 결측값 분포 */
proc mi data=hmeq nimpute=0 simple;
   class _char_;
   var _all_;
   fcs; /* 범주형 변수가 있으면 반드시 필요 */
run;
```

Univariate Statistics							
						Missing Values	
Variable	N	Mean	Std Dev	Minimum	Maximum	Count	Percent
BAD	5960	0.19950	0.39966	0	1.00000	0	0.00
LOAN	5960	18608	11207	1100	89900	0	0.00
MORTDUE	5442	73761	44458	2063	399550	518	8.69
VALUE	5848	101776	57386	8000	855909	112	1.88
YOJ	5445	8.92227	7.57398	0	41.00000	515	8.64
DEROG	5252	0.25457	0.84605	0	10.00000	708	11.88
DELINQ	5380	0.44944	1.12727	0	15.00000	580	9.73
CLAGE	5652	179.76628	85.81009	0	1168	308	5.17
NINQ	5450	1.18606	1.72867	0	17.00000	510	8.56
CLNO	5738	21.29610	10.13893	0	71.00000	222	3.72
DEBTINC	4693	33.77992	8.60175	0.52450	203.31215	1267	21.26

[그림2-24] 기초 통계량 및 결측 정보

그림 2-24는 SIMPLE옵션에 의하여 출력되었으며 기초 통계량과 결측 정보를 보여주고 있다.

Missing Data Patterns																										
																Group Means										
Group	BAD	LOAN	MORTDUE	VALUE	REASON	JOB	YOJ	DEROG	DELINQ	CLAGE	NINQ	CLNO	DEBTINC	Freq	Percent	BAD	LOAN	MORTDUE	VALUE	YOJ	DEROG	DELINQ	CLAGE	NINQ	CLNO	DEBTINC
1	X	X	X	X	X	X	X	X	X	X	X	X	X	3364	56.44	0.089180	19154	76250	107501	9.110285	0.146849	0.278835	180.993684	1.037455	22.114150	34.135451
2	X	X	X	X	X	X	X	X	X	X	X	X	.	883	14.82	0.611552	16054	68182	98526	8.669694	0.488109	0.862967	163.190774	1.691959	22.168743	.
3	X	X	X	X	X	X	X	X	X	X	.	X	X	35	0.59	0.142857	16554	73045	133271	14.371429	0.228571	0.371429	177.547658	.	16.714286	29.116786
4	X	X	X	X	X	X	X	X	X	X	.	X	.	8	0.13	0.625000	16475	79903	126699	9.800000	0.875000	0.875000	165.970833	.	14.750000	.
5	X	X	X	X	X	X	X	X	X	.	X	X	X	21	0.35	0.380952	17457	107051	133577	5.857143	1.047619	0	.	0.476190	6.285714	32.672827
6	X	X	X	X	X	X	X	X	X	.	X	X	.	16	0.27	0.875000	19200	76464	106466	5.981250	0.312500	0	.	0.375000	2.000000	.
7	X	X	X	X	X	X	X	X	.	X	X	X	X	12	0.20	0.333333	39683	56309	81685	4.416667	0.416667	.	166.775590	0.666667	18.083333	47.699580
8	X	X	X	X	X	X	X	X	.	X	X	X	.	6	0.10	0.833333	20900	71202	94733	4.666667	0.833333	.	128.700000	1.666667	22.000000	.
9	X	X	X	X	X	X	X	X	.	X	.	X	X	17	0.29	0	15865	39642	55897	2.588235	0.470588	.	118.145816	.	11.352941	30.338422
10	X	X	X	X	X	X	X	X	.	X	.	X	.	2	0.03	0	13000	38500	51980	3.300000	1.000000	.	114.550000	.	12.000000	.
11	X	X	X	X	X	X	X	.	X	X	X	X	X	125	2.10	0.040000	17206	76300	103522	10.928000	.	1.240000	197.668981	1.736000	25.456000	38.471992
12	X	X	X	X	X	X	X	.	X	X	X	X	.	27	0.45	0.481481	17637	71945	102066	13.896296	.	3.000000	199.299998	2.148148	26.074074	.
13	X	X	X	X	X	X	X	.	X	X	.	X	X	14	0.23	0	23357	172576	225482	3.857143	.	2.214286	427.336624	.	53.285714	34.418532
14	X	X	X	X	X	X	X	.	X	X	.	X	.	4	0.07	0.500000	19750	153000	194658	4.500000	.	3.750000	281.850000	.	48.500000	.
15	X	X	X	X	X	X	X	.	.	X	X	X	X	91	1.53	0.010989	19277	96116	124006	6.274725	.	.	184.890259	2.703297	26.758242	37.937296
16	X	X	X	X	X	X	X	.	.	X	X	X	.	14	0.23	0.142857	18014	85801	114511	8.285714	.	.	178.471657	3.214286	26.071429	.
17	X	X	X	X	X	X	X	.	.	X	.	X	X	87	1.46	0	18962	63112	89644	5.425287	.	.	163.549935	.	24.816092	33.397584
18	X	X	X	X	X	X	X	.	.	X	.	X	.	8	0.13	0	16600	60041	86893	5.900000	.	.	166.345833	.	25.875000	.
19	X	X	X	X	X	X	X	.	.	.	.	.	X	35	0.59	0.114286	9537.142857	60615	92588	3.285714	.	.	.	.	.	34.326286
20	X	X	X	X	X	X	X	.	.	.	.	.	.	19	0.32	0.842105	10447	72983	97896	6.773684	.	.	.	.	.	.
21	X	X	X	X	X	X	.	X	X	X	X	X	X	184	3.09	0.048913	21913	64420	102947	.	0.206522	0.125000	201.562848	0.581522	20.777174	35.321297
22	X	X	X	X	X	X	.	X	X	X	X	X	.	36	0.60	0.500000	19636	47744	86219	.	0.250000	0.444444	167.893646	1.083333	19.750000	.
23	X	X	X	X	X	X	.	X	X	X	.	X	X	4	0.07	1.000000	18050	52835	88885	.	0.750000	1.000000	93.892922	.	18.250000	40.568487
24	X	X	X	X	X	X	.	X	X	X	.	X	.	3	0.05	1.000000	19567	49500	82775	.	0.333333	1.333333	101.888889	.	22.000000	.
25	X	X	X	X	X	X	.	X	X	.	X	X	X	16	0.27	0	36794	35275	56565	.	0	0	.	6.562500	0	32.790503
26	X	X	X	X	X	X	.	X	X	.	X	X	.	1	0.02	0	35000	31000	50000	.	0	0	.	7.000000	0	.

[그림2-25] 결측 분포 일부 보기

그림 2-25는 전체 결측 분포 중의 일부만을 캡처한 것이며 결측 유형을 보여주고 있다.

결측 유형은 크게 MCAR(missing completely at random), MAR(missing at random), MNAR(missing not at random), 즉, 완전 임의결측, 임의결측 및 비임의결측으로 구분하여 각각에 맞는 결측치 대체(imputation)과정을 거치게 된다. 각각의 유형별 판단 기준이나 대체 방법은 생략하기로 한다.

다만, 결측치 분포를 보고나서 대략적으로 어떤 의도적으로 결측값이 나타났다고 볼 수 없다면 단순히 평균값, 중간값 또는 최빈값으로 대체해도 큰 문제가 없으나 이런 식의 대체는 전체 데이터의 변동성을 감소시키므로 이후 추론에 있어서 이를 감안하여 생각하는 것은 필요하다.

결측 건수 계산은 굳이 MI 프로시저를 통하지 않더라도 다음과 같이 쉽게 계산할 수 있다.

```
/* SQL 기반 결측치 건수 구하기 */
proc fedsql;
   select
      count(*) as total_count,
      count(*) - count(BAD)       as missing_BAD,
      count(*) - count(LOAN)      as missing_LOAN,
      count(*) - count(MORTDUE)  as missing_MORTDUE,
      count(*) - count("VALUE")    as missing_VALUE,
      count(*) - count(REASON)    as missing_REASON,
      count(*) - count(JOB)       as missing_JOB,
      count(*) - count(YOJ)       as missing_YOJ,
      count(*) - count(DEROG)     as missing_DEROG,
      count(*) - count(DELINQ)    as missing_DELINQ,
      count(*) - count(CLAGE)     as missing_CLAGE,
      count(*) - count(NINQ)      as missing_NINQ,
      count(*) - count(CLNO)      as missing_CLNO,
      count(*) - count(DEBTINC)  as missing_DEBTINC
   from hmeq;
quit;
```

TOTAL_COUNT	MISSING_BAD	MISSING_LOAN	MISSING_MORTDUE	MISSING_VALUE	MISSING_REASON	MISSING_JOB	MISSING_YOJ	MISSING_DEROG	MISSING_DELINQ	MISSING_CLAGE	MISSING_NINQ	MISSING_CLNO	MISSING_DEBTINC
5960	0	0	518	112	252	279	515	708	580	308	510	222	1267

[그림2-26] 결측치 건수

결측치가 발생하고 난 후 전체 건수의 비율이 25% 정도가 되면 좀 심각한 경우이며 5% 이하이면 경증의 심각도를 갖는다고 볼 수 있다. 이러한 기준은 일괄적으로 적용되는 것이 아니라 비즈니스 마다 나름대로 기준을 갖고 처리해야 한다.

2.7.2.2 카디널리티

특정 변수의 카디널리티(cardinality)는 그 변수가 갖고 있는 유일한 값의 건수, 즉, 유일 건수를 의미한다. 이 기준은 범주형 변수에만 적용되며 이 값이 크다는 것은 범주가 많다는 것을 의미하며 많은 범주는 데이터 품질 기준에서 보면 문제가 있다고 판단할 수 있다.

```
/* 모든 변수에 대한 유일건수 계산 */
proc cardinality data=hmeq
   outcard=card_hmeq outdetails=details_hmeq
   maxlevels=20;
   var _all_;
run;

/* 출력 데이터 컬럼 이해 */
proc contents data=card_hmeq order=varnum;
run;
```

Variables in Creation Order					
#	Variable	Type	Len	Format	Label
1	_VARNAME_	Char	32	$.	Variable name
2	_FMTWIDTH_	Num	8	BEST.	Width of the variable formatted value
3	_TYPE_	Char	1	$.	Type of the raw values
4	_RLEVEL_	Char	10	$.	Recommended level for analytics
5	_ORDER_	Char	8	$.	Variable sort order
6	_MORE_	Char	1	$.	Have more unreported levels
7	_CARDINALITY_	Num	8	BEST.	Number of levels
8	_NOBS_	Num	8	BEST.	Number of observations
9	_SUMFREQS_	Num	8	BEST.	Total summation of frequencies
10	_NMISS_	Num	8	BEST.	Number of missing values
11	_MISSFMT_	Char	32	$.	Format of the missing value
12	_VISIBLE_	Num	8	BEST.	Percentage of the visible part of the report
13	_MIN_	Num	8	BEST.	Minimum numeric value
14	_MAX_	Num	8	BEST.	Maximum numeric value
15	_MEAN_	Num	8	BEST.	Mean
16	_STDDEV_	Num	8	BEST.	Standard deviation
17	_SKEWNESS_	Num	8	BEST.	Skewness
18	_KURTOSIS_	Num	8	BEST.	Kurtosis
19	_MFREQ_	Num	8	BEST.	Maximum frequency
20	_MFREQFOUNDLEVEL_	Char	1	$.	Found maximum frequency in the visible part of the report
21	_MFREQNUM_	Num	8	BEST.	Numeric level with the maximum frequency
22	_MFREQCHR_	Char	32	$.	Character level with the maximum frequency
23	_MFREQCFMT_	Char	32	$.	Formatted level with the maximum frequency
24	_LASTNUM_	Num	8	BEST.	Last raw numeric value (cutoff)
25	_LASTCHR_	Char	32	$.	Last raw character value (cutoff)
26	_LASTCFMT_	Char	32	$.	Last formatted value (cutoff)

[그림2-27] 유일건수 출력 테이블 레이아웃

출력된 테이블은 총 26개의 속성을 갖고 있다.

실제 출력 테이블은 다음과 같다.

```
/* 출력 데이터 일부 보기 */
proc fedsql;
   select *
   from card_hmeq
   limit 5
   ;
quit;
```

Variable name	Width of the variable formatted value	Type of the raw values	Recommended level for analytics	Variable sort order	Have more unreported levels	Number of levels	Number of observations	Total summation of frequencies	Number of missing values	Format of the missing value	Percentage of the visible part of the report	Minimum numeric value	Maximum numeric value	Mean	Standard deviation	Skewness	Kurtosis	Maximum frequency	Found maximum frequency in the visible part of the report	Numeric level with the maximum frequency	Character level with the maximum frequency	Formatted level with the maximum frequency	Last raw numeric value (cutoff)	Last raw character value (cutoff)	Last formatted value (cutoff)
BAD	12	N	CLASS	ASC	N	2	5960	5960	0		100	0	1	0.1994966443	[illegible]	[illegible]	[illegible]	4771	Y	0		0	1		1
LOAN	12	N	INTERVAL	ASC	Y	20	5960	5960	0		1.17	1100	89900	[illegible]	11207.480417	[illegible]	[illegible]	5890	N				[illegible]		[illegible]
MORTDUE	12	N	INTERVAL	ASC	Y	20	5960	5442	518	.	9.02	2063	399550	73760.8172	44457.609458	[illegible]	[illegible]	5422	N	.			5200		5200
VALUE	12	N	INTERVAL	ASC	Y	20	5960	5848	112		2.21	8000	855909	[illegible]	57385.775334	[illegible]	[illegible]	5808	N				[illegible]		[illegible]
REASON	7	C	CLASS	ASC	N	2	5960	5708	252		100						.	3928	Y	.	DebtCon	DebtCon	.	HomeImp	HomeImp

[그림2-28] cardinality 출력 테이블

직관적으로 이해하기 어려운 출력 테이블 중 몇 가지 추가 설명을 해보자.

컬럼명	비고
RLEVEL	최대수준의 값보다 작은 유일 건수를 갖는 경우 변수 유형과 상관없이 범주형으로 추천함. 최대수준은 MAXLEVEL 옵션으로 지정 가능하며 기본값은 20임
CARDINALITY	유일 건수이며 최대수준보다 큰 경우는 최대수준으로 고정
VISIBLE	현재 지정된 카디널리티 값이 전체에서 차지하는 백분율

CARDINALITY 프로시저는 카디널리티 이외에도 OUTDETAILS 옵션을 통하여 각 범주별 건수를 비롯한 다양한 정보를 담고 있다.

```
/* 상세 출력 데이터 일부 보기 */
proc fedsql;
   select *
   from details_hmeq
   where _varname_ in ('REASON', 'JOB')
   ;
quit;
```

Variable name	Level index	Level frequency	Percentage of the frequency of current level	Percentage of non missing values	Raw numeric value	Raw character value	Width of the variable formatted value	Formatted value of a variable
REASON	1	3928	65.906040268	68.815697267	.	DebtCon	7	DebtCon
REASON	2	1780	29.865771812	31.184302733	.	HomeImp	7	HomeImp
JOB	1	767	12.869127517	13.501144165	.	Mgr	7	Mgr
JOB	2	948	15.906040268	16.687202957	.	Office	7	Office
JOB	3	2388	40.067114094	42.034853019	.	Other	7	Other
JOB	4	1276	21.409395973	22.46083436	.	ProfExe	7	ProfExe
JOB	5	109	1.8288590604	1.9186762894	.	Sales	7	Sales
JOB	6	193	3.2382550336	3.3972892096	.	Self	7	Self

[그림2-29] 상세 출력 데이터셋

범주형 데이터의 카디널리티의 절단 경계값은 (32, 64)이다. 64개 이상의 범주를 갖고 있으면 카디널리티 관점에서 심각하다고 보는 것이다. 이 때는 몇 개의 범주를 합치는 방법 등이 고려되어야 한다. 물론 절단 경계값은 항상 고정된 절대값은 아니다.

2.7.2.3 엔트로피

엔트로피(entropy)는 데이터의 불확실성을 나타내는 지표 중의 하나이며 값이 높을수록 더 예측하기 어렵고 무질서한 데이터라는 의미이다.

범주형 변수의 유일한 값을 각각 $x_1,\cdots,x_n$이고 각각의 확률이 $p_1,\cdots,p_n$이라고 하면 확률 변수 X의 샤논(Shannon) 엔트로피는 다음과 같다.

$$H(X) = -\sum_{i=1}^{n} p_i \log_2 p_i$$

SAS에서는 이 값보다 보다 표준화된 형식의 다음의 식을 사용한다.

$$H(X) = -\frac{1}{\log_2 c}\sum_{i=1}^{n} p_i \log_2 p_i$$

여기서 c는 범주의 개수를 의미한다.

유사한 형식으로 지니 불순도(Gini impurity)는 다음과 같다.

$$\frac{c}{c-1}\left(1 - \sum_j p_j^2\right)$$

표준화 엔트로피를 계산할 수 있는 프로시저는 현재 없으며 프로시저와 SQL를 이용하여 작성해보자.

```
/* 빈도 계산 */
proc freqtab data=hmeq;
   tables job / out=freq_hmeq;
run;

/* 데이터 확인 */
proc fedsql;
   select *
   from freq_hmeq
   ;
quit;
```

JOB	Frequency Count	Percent of Total Frequency
Mgr	767	13.50114
Office	948	16.6872
Other	2388	42.03485
ProfExe	1276	22.46083
Sales	109	1.918676
Self	193	3.397289

[그림2-30] JOB 빈도표

결과를 보면 비결측 건수에 대하여 각각의 범주의 비율이 있음을 알 수가 있다. 이를 이용하여 계산해보기로 하자.

```
/* 표준 엔트로피 계산 */
proc sql noprint;
   select count(*) into :num_cats
   from freq_hmeq
   ;
quit;

proc fedsql;
   select sum(-percent/100 * log2(percent/100)) * 1/log2(&num_cats) as entropy
   from freq_hmeq
   ;
quit;
```

ENTROPY
0.814633

[그림2-31] 엔트로피 계산 결과

위 프로그램은 1개의 범주형 변수에 대한 엔트로피를 계산하는 프로그램이면 매크로를 이용하여 모든 범주변수에 대하여 그 값을 계산할 수 있다. 아래는 간단한 매크로 프로그램 예시이다.

```
/* 매크로 함수 구성 */
%macro calc_entropy(vars=, data=);

  %let nvar = %sysfunc(countw(&vars));

  %do i = 1 %to &nvar;
    %let var = %scan(&vars, &i);

    /* 빈도 계산 */
    proc freqtab data=&data noprint;
      tables &var / out=freq_hmeq;
    run;

    /* 표준 엔트로피 계산 */
    proc sql noprint;
      select count(*) into :num_cats
      from freq_hmeq
      ;
    quit;

    title "&var";
    proc fedsql;
      select sum(-percent/100 * log2(percent/100)) * 1/log2(&num_cats) as entropy
      from freq_hmeq
      ;
    quit;
    title;
  %end;
%mend;
/* 사용 방법 */
%calc_entropy(vars=&cats, data=HMEQ);
```

표준화 엔트로피의 경계 기준은 (0.25, 0.75)이다. 엔트로피 값이 크다는 것은 범주별 확률 값이 거의 동일한 즉, 무작위(random)하다는 것이며 이는 매우 불확실한 상태를 의미한다.

2.7.2.4 정성 변동 지수

정성 변동 지수(IQV: index of qualitative variation)는 범주형 데이터에 적용되며 범주간의 비율에 대한 지수이다. 어떠한 지수가 있는지 살펴보자.

지수	내용	비고
변동비 (variation ratio)	$1 - \frac{f_{mode}}{n}$	fmode: 최대 빈도 n: 결측값 제외 건수 기준: 0.5
최상/최하 비율	$\frac{f_{mode}}{f_{min}}$	기준: 100
최상/차상위 비율	$\frac{f_{mode}}{f_{next\ mode}}$	기준: 10

의미를 간단히 살펴보면 변동비가 크다는 것은 최대빈도 값이 작다는 것을 의미한다. 즉, 최대빈도의 범주가 절반 이상을 차지하지 않은 경우, 최빈 건수가 최하 건수보다 100배 많거나, 최빈 건수가 다음 최빈 건수 보다 10배 많은 경우에 심각하다고 판단한다. 이러한 기준이 절대적이지 않지만 일종의 경험 법칙(thumb rule)으로 활용하면 된다.

```
/* proc fedsql;
   select *
   from dictionary.columns
   limit 5
   ;
quit; */

%let var = JOB;
/* Step 1: 범주별 빈도 계산 */
proc freqtab data=hmeq noprint;
   tables &var / out=freq_hmeq;
run;
```

```
/* Step 2: FEDSQL로 지표 계산 */
proc fedsql;
   drop table qvi force;
   create table qvi as
   select
      1 - (max(count) * 1.0 / sum(count)) as V1,
      (max(count) * 1.0 / min(count))      as V2,
      (max(count) * 1.0 /
         (select max(count) from (
            select count
            from freq_hmeq
            where count < (select max(count) from freq_hmeq)
         ) as a)
      ) as V3
   from freq_hmeq;
quit;

/* 결과 출력 */
title "정성 변동지수 계산 결과 (JOB 변수)";
proc fedsql;
   select
      V1   as "1 - f_max / n (다양성 지표)",
      V2   as "f_max / f_min (최빈/최소)",
      V3   as "f_max / f_next_max (1위/2위)"
   from qvi;
quit;
title;
```

정성 변동지수 계산 결과 (JOB 변수)

1 - f_max / n (다양성 지표)	f_max / f_min (최빈/최소)	f_max / f_next_max (1위/2위)
0.579651	21.90826	1.871473

[그림2-32] IQV 산출 결과

산출 결과의 각 지수 값을 확인하고 해당 값의 심각한 경우에는 실제 빈도 값 등을 확인한 후 별 문제가 없으면 해당 단계의 품질은 이상 없음으로 하고 다음 단계로 진행한다.

2.7.2.5 변동 계수

변동 계수는 숫자형 변수에 대해서만 적용하는 기준이다.

$$CV = \frac{s}{\bar{x}}$$

여기서 s는 표본 표준편차이고 $\bar{x}$는 표본 평균이다.

표준편차를 평균으로 나눈 개념으로 평균에 대한 상대적인 변동을 의미한다. 이 값이 크다는 것은 불안정하거나 변동이 크다는 것이며 작다는 것은 안정적이라는 것을 의미한다.

SAS에서는 다음의 값을 사용한다.

$$|CV| \times 100$$

경험적인 법칙으로 이 값이 1보다 크면 심각하다고 판단한다.

위와 같이 정의한 변동 계수는 적률(moment) 기반이며 로버스트(robust) 관점에서는 다음과 같이 정의된 통계량을 사용한다.

$$|CV_{IQR}| \times 100 = \left|\frac{IQR}{m}\right| \times 100$$

여기서 IQR=Q_3-Q_1 즉, 사분위수 범위(3사분위수-1사분위수)이며 m은 중간값이다.

로버스트 관점에서는 이상값(outlier)의 영향을 받지 않도록 설계되었기 때문에 표준편차 대신에 사분위수를 평균 대신에 중간값을 사용하는 것이다. 이 값도 마찬가지로 1보다 크면 심각하다고 판단한다.

```
%let out = out_cv;
%let data = HMEQ;

%macro gather_univariate_stats(vars=, data=, out=);

  /* 빈 데이터셋 생성 */
  proc fedsql;
    drop table &out force;
    /* &out 매크로 변수에 지정된 이름으로 테이블을 생성 */
    create table &out. (
      /* 변수명과 데이터 타입을 지정 */
      variable varchar(32),
      mean double,
      cv double,
      median double,
      iqr double,
      cv_robust double
    );
  quit;

  %let nvar = %sysfunc(countw(&vars));

  %do i = 1 %to &nvar;
    %let var = %scan(&vars, &i);
```

```
        proc univariate data=&data noprint;
            var &var;
            output out=_temp mean=mean median=median cv=cv qrange=iqr;
        run;

        data _temp;
            set _temp;
            length variable $32.;
            variable = "&var";
            cv_robust = abs(iqr/median)*100;
            cv = abs(cv)*100;
        run;

        proc append base=&out data=_temp force;
        run;

    %end;

%mend;

/* 매크로 프로그램 수행 */
%gather_univariate_stats(vars=&nums, data=&data, out=&out);

/* 결과 확인 */
proc fedsql;
    select *
    from &out
    order by cv desc
    ;
quit;
```

VARIABLE	MEAN	CV	MEDIAN	IQR	CV_ROBUST
DEROG	0.25457	33234.39	0	0	.
DELINQ	0.449442	25081.43	0	0	.
NINQ	1.186055	14575	1	2	200
YOJ	8.922268	8488.853	7	10	142.8571
MORTDUE	73760.82	6027.266	65019	45223	69.55352
LOAN	18607.97	6022.946	16300	12200	74.84663
VALUE	101776	5638.436	89235.5	53762.5	60.24788
CLAGE	179.7663	4773.425	173.4667	116.4716	67.14353
CLNO	21.2961	4760.935	20	11	55
DEBTINC	33.77992	2546.408	34.81826	9.863109	28.3274

[그림2-33] cv 출력 결과

각 변수에 대한 cv, cv_robust 값이 매우 크다는 것을 알 수가 있다. 특별히 큰 변수에 대하여 히스토그램으로 확인해보자.

```
/* 분포 확인 */
%macro PlotHistogramDensity(data=, varlist=);
 %local i num_vars current_var; /* 매크로 내에서 사용할 지역 변수 선언 */

 /* varlist에 있는 변수 개수 파악 */
 %let num_vars = %sysfunc(countw(&varlist));

 /* 각 변수에 대해 루프 실행 */
 %do i = 1 %to &num_vars;
  /* 현재 루프의 변수 이름 가져오기 */
  %let current_var = %scan(&varlist, &i);

  /* 현재 변수에 대한 SGPLOT 생성 */
  proc sgplot data=&data;
   /* 매크로 변수 current_var를 사용하여 히스토그램 생성 */
   histogram &current_var;
   /* 매크로 변수 current_var를 사용하여 밀도 곡선 생성 */
   density &current_var / type=kernel;
   /* 매크로 변수 current_var를 사용하여 동적 제목 생성 */
   title "&current_var 분포";
  run;
```

```
    /* 다음 그래프를 위해 제목 초기화 (선택 사항이지만 권장) */
    title;
  %end;

%mend PlotHistogramDensity;

/* 매크로 실행 */
%PlotHistogramDensity(data=&data, varlist=DEROG DELINQ NINQ);
```

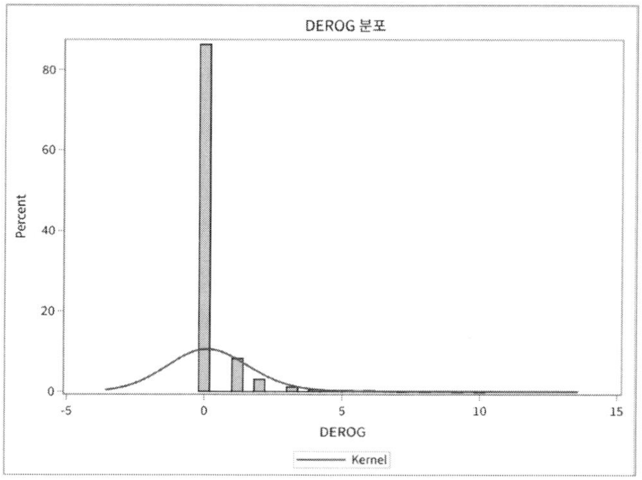

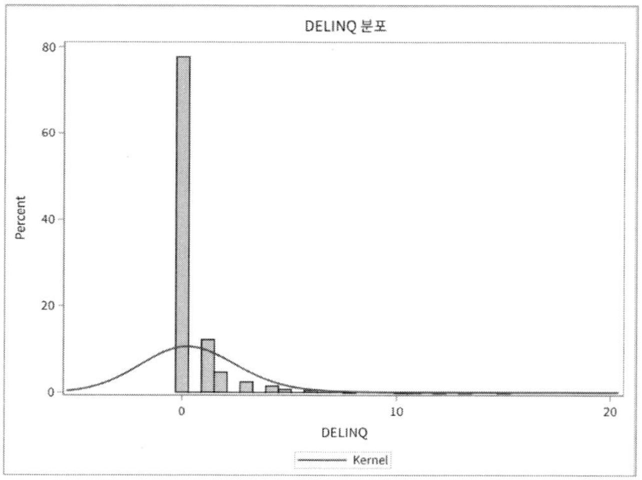

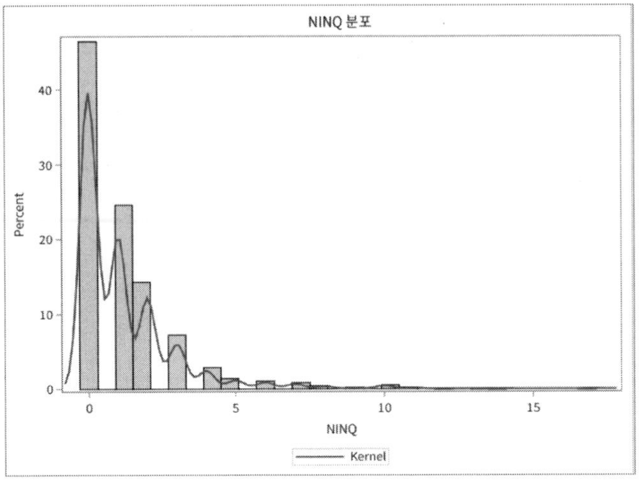

[그림2-34] 히스토그램

결과를 보면 모든 변수의 분포가 매우 긴 꼬리를 가지고 있음을 알 수가 있다. 무엇보다도 데이터의 변동성은 히스토그램을 통하여 실제 확인하는 작업이 매우 중요하다.

2.7.2.6 비대칭도

비대칭도(skewness)는 분포의 좌우 대칭도를 살펴보는 기준이다.

적률 관점으로는 다음과 같은 식을 사용한다.

$$\text{Skew} = \frac{n}{(n-1)(n-2)} \sum_i \left(\frac{x_i - \bar{x}}{s} \right)^3$$

로버스트 관점(Bowly-Galton skewness)에서는 다음의 식을 사용한다.

$$\text{Skew}_{BG} = \frac{(Q_3 - Q_2) - (Q_2 - Q_1)}{Q_3 - Q_1}$$

```
/* 비대칭도 계산 매크로 함수 */
%macro CalculateSkewnessStats(vars=, data=, out=);

   %local i nvar var; /* 매크로 내 지역 변수 선언 */

   /* 1. 최종 결과를 저장할 빈 출력 데이터셋 생성 */
   proc fedsql;
      drop table &out force;
      /* &out 매크로 변수에 지정된 이름으로 테이블을 생성 */
      create table &out. (
         /* 변수명과 데이터 타입을 지정 */
         variable varchar(32),
         skew double,
         q1 double,
         median double,
         q3 double,
         iqr double,
         skew_robust double
      );
   quit;

   /* 2. 입력 변수 목록(&vars)의 개수 파악 */
   %let nvar = %sysfunc(countw(&vars));

   /* 3. 각 변수에 대해 루프 실행 */
   %do i = 1 %to &nvar;
      %let var = %scan(&vars, &i); /* 현재 처리할 변수 이름 가져오기 */

      /* 4. PROC UNIVARIATE를 사용하여 필요한 통계량 계산 및 임시 저장 */
      proc univariate data=&data noprint;
         var &var; /* 현재 변수 지정 */
         output out=_temp_skew /* 임시 테이블 이름 */
            skew=skew         /* 표준 비대칭도 */
            median=median     /* 중앙값 */
            pctlpre=p_        /* 백분위수 접두사 지정 */
```

```
        pctlpts=25 75      /* 25번째(Q1), 75번째(Q3) 백분위수 계산 */
        ;
run;

/* 5. 임시 테이블에서 IQR 및 로버스트 비대칭도 계산, 변수 이름 추가 */
data _temp_skew_final;
   set _temp_skew; /* 이전 단계에서 생성된 임시 테이블 읽기 */
   length variable $32.; /* 변수 이름 저장할 컬럼 길이 지정 */
   variable = "&var";   /* 현재 처리 중인 변수 이름 저장 */

   /* Q1, Q3 이름 변경 및 IQR 계산 */
   q1 = p_25;
   q3 = p_75;
   iqr = q3 - q1;

   /* 로버스트 비대칭도 계산 (IQR이 0 또는 결측이면 오류 방지) */
   if (iqr ne 0) and ^missing(iqr) then do;
      skew_robust = (q3 + q1 - 2 * median) / iqr;
   end;
   else do;
      skew_robust = .; /* IQR이 0이거나 결측이면 로버스트 비대칭도는 결측 처리 */
   end;

   /* 최종 출력 테이블에 필요한 컬럼만 유지 */
   keep variable skew q1 median q3 iqr skew_robust;
run;

/* 6. 계산된 결과를 최종 출력 테이블(&out)에 추가 */
proc append base=&out data=_temp_skew_final force;
run;

/* 임시 테이블 삭제 (선택 사항) */
proc datasets lib=work nolist;
   delete _temp_skew _temp_skew_final;
quit;
```

```
   %end; /* 변수 루프 종료 */

%mend CalculateSkewnessStats;

/* 매크로 실행  */
%let out = out_skew;
%let data = HMEQ;
%CalculateSkewnessStats(vars=&nums, data=&data, out=&out);

/* 결과 확인 */
proc fedsql;
   select *
   from &out
   order by skew desc
   ;
quit;
```

VARIABLE	SKEW	Q1	MEDIAN	Q3	IQR	SKEW_ROBUST
DEROG	5.32087	0	0	0	0	.
DELINQ	4.02315	0	0	0	0	.
VALUE	3.053344	66069	89235.5	119831.5	53762.5	0.138191
DEBTINC	2.852353	29.14003	34.81826	39.00314	9.863109	-0.15141
NINQ	2.621984	0	1	2	2	0
LOAN	2.023781	11100	16300	23300	12200	0.147541
MORTDUE	1.814481	46268	65019	91491	45223	0.170732
CLAGE	1.343412	115.1032	173.4667	231.5748	116.4716	-0.00219
YOJ	0.98846	3	7	13	10	0.2
CLNO	0.775052	15	20	26	11	0.090909

[그림2-35] 비대칭도 계산 결과

비대칭도의 경계값은 각각의 값에 절대값을 취한 후 적률 기준으로는 (2, 10), 로버스트 기준으로는 (0.75, 2) 이다.

일반적으로 비대칭도의 값이 0보다 크면 오른쪽으로 길게 늘어진 분포이며 0보다 작으면 왼쪽으로 긴 꼬리를 갖는 분포가 된다. 정규분포인 경우에는 비대칭도의 값이 0이 된다.

2.7.2.7 첨도

첨도(kurtosis)는 분포의 꼬리 두께 또는 중심 집중도를 측정하는 지표로, 정규분포 대비 꼬리의 무거움(두꺼움) 정도를 평가한다.

$$\text{Kurt} = \frac{n(n+1)}{(n-1)(n-2)(n-3)} \sum_{i} \left(\frac{x_i - \bar{x}}{s}\right)^4 - \frac{3(n-1)^2}{(n-2)(n-3)}$$

로버스트 첨도는 다음과 같이 정의한다.

$$\text{Kurt}_{\text{robust}} = \frac{Q_{97.5} - Q_{2.5}}{Q_3 - Q_1}$$

여기서 $Q_{97.5}$은 데이터 분포에서 97.5%에 해당하는 분위수이다.

```
/*—- 첨도 계산 매크로 함수 —-*/
%macro CalculateKurtosisStats(vars=, data=, out=);

   %local i nvar var;

   /* 1) 빈 결과 테이블 생성 */
   proc fedsql;
      drop table &out force;
      create table &out (
         variable      varchar(32),
         kurtosis      double,
         p_2_5         double,
         p_25          double,
```

```
        p_75            double,
        p_97_5          double,
        iqr             double,
        kurt_robust     double
    );
quit;

/* 2) 변수 개수 파악 */
%let nvar = %sysfunc(countw(&vars));

/* 3) 변수별 루프 */
%do i = 1 %to &nvar;
    %let var = %scan(&vars, &i);

    /* 4) PROC UNIVARIATE로 첨도 및 백분위수 계산 */
    proc univariate data=&data noprint;
        var &var;
        output out=_temp_kurt
            kurtosis=kurtosis
            pctlpre=p_
            pctlpts=2.5 25 75 97.5
        ;
    run;

    /* 5) IQR 및 로버스트 첨도 계산, 변수명 추가 */
    data _temp_kurt_final;
        set _temp_kurt;
        length variable $32.;
        variable = "&var";

        /* 백분위수 이름 맞추기 */
        q1  = p_25;
        q3  = p_75;
        iqr = q3 - q1;
```

```
        /* 로버스트 첨도 */
        if iqr ne 0 and ^missing(iqr) then
            kurt_robust = (p_97_5 - p_2_5) / iqr;
        else
            kurt_robust = .;

        keep variable kurtosis p_2_5 q1 q3 p_97_5 iqr kurt_robust;
    run;

    /* 6) 결과 합치기 */
    proc append base=&out data=_temp_kurt_final force; run;

    /* 임시 테이블 삭제 */
    proc datasets lib=work nolist;
        delete _temp_kurt _temp_kurt_final;
    quit;
  %end;

%mend CalculateKurtosisStats;

/*—– 매크로 실행 예시 —–*/
%let out    = out_kurt;
%let data   = hmeq;           /* 분석할 데이터셋 */
%let vars   = &nums;          /* 숫자형 변수 목록 매크로 (&nums) */

%CalculateKurtosisStats(vars=&vars, data=&data, out=&out);

/*—– 결과 확인 —–*/
proc fedsql;
  select *
  from &out
  order by kurtosis desc;
quit;
```

VARIABLE	KURTOSIS	P_2_5	P_25	P_75	P_97_5	IQR	KURT_ROBUST
DEBTINC	50.50404	17.26353	.	.	43.79746	9.863109	2.690219
DEROG	36.87276	0	.	.	2	0	.
VALUE	24.3628	32907	.	.	244322	53762.5	3.932388
DELINQ	23.56545	0	.	.	4	0	.
NINQ	9.786507	0	.	.	6	2	3
CLAGE	7.599549	54.73333	.	.	350.7763	116.4716	2.54176
LOAN	6.93259	5000	.	.	50000	12200	3.688525
MORTDUE	6.481866	12750	.	.	191972	45223	3.963072
CLNO	1.157673	4	.	.	47	11	3.909091
YOJ	0.372072	0	.	.	27	10	2.7

[그림2-36] 첨도 계산 결과

정규분포인 경우는 첨도는 0이 되면 로버스트 기준인 경우는 대략 2.2~2.5 사이의 값이다. 이러한 기준 대비하여 첨도의 경계값은 (5, 10) 이며 로버스트 기준은 (2, 3) 이다.

DEBTINC는 첨도 값이 매우 크지만 로버스트 기준으로는 그 값이 작다. 그 이유는 오른 꼬리가 매우 길기 때문이다.

```
/* 히스토그램 생성 */
proc sgplot data=&data;
   histogram DEBTINC;
   density DEBTINC / type=kernel;
   title "DEBTINC 분포";
run;
```

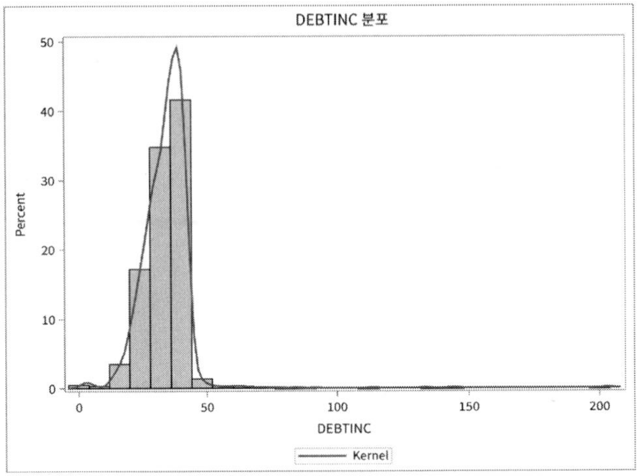

[그림2-37] 고 첨도 히스토그램

2.7.2.8 이상값

이상값(outlier)은 데이터의 전반적 패턴과 동떨어진 극단적인 관측값을 의미한다. 이상값에 대한 적절한 조치 없이 이후 추론을 전개하게 되면 대부분의 검증 통계량(test statistics)에 많은 영향을 주게 되므로 이에 대한 많은 주의가 필요하다. 머신러닝에서 결정나무 기반의 모델들은 큰 영향이 없으나 그 이외의 모델에서는 영향도가 심각할 수 있으므로 이에 대한 조치가 필요하다.

$$z = \frac{x_i - \bar{x}}{s}$$

이라고 할 때 $|z| > 2.5$인 비율을 계산한다.

로버스트 관점에서는

$$x < Q_1 - 1.5 \cdot IQR \text{ or } x > Q_3 + 1.5 \cdot IQR$$

인 비율을 계산한다.

```
/*—– 이상치 통계 매크로 함수 –—*/
%macro CalculateOutlierStats(vars=, data=, out=);

   %local i nvar var;

   /* 1) 결과를 담을 빈 테이블 생성 */
   proc fedsql;
      drop table &out force;
      create table &out (
         variable              varchar(32),
         total_nonmissing      double,
         z_outlier_count       double,
         robust_outlier_count  double,
         z_outlier_ratio       double,
         robust_outlier_ratio  double
      );
   quit;

   /* 2) 변수 수 계산 */
   %let nvar = %sysfunc(countw(&vars));

   /* 3) 변수별 루프 */
   %do i = 1 %to &nvar;
      %let var = %scan(&vars, &i);

      /* 4) 분위수·평균·표준편차 추출 */
      proc univariate data=&data noprint;
         var &var;
         output out=_temp_qtr
            n=n
            nmiss=nmiss
            mean=mean std=std
            pctlpre=p_ pctlpts=25 75
         ;
      run;
```

```
/* 5) 원본에 통계치 결합 후 이상치 플래그 생성 */
data _temp_outlier;
   length variable $32.;
   variable="&var";
   if _n_=1 then do;
      set _temp_qtr;
   end;
   set &data;
   nonmiss = n - nmiss;
   /* zscore 이상치 */
   z = (&var - mean)/std;
   z_outlier    = (not missing(&var) and abs(z)>2.5);
   /* IQR 기반 로버스트 이상치 */
   iqr          = p_75 - p_25;
   lower        = p_25 - 1.5*iqr;
   upper        = p_75 + 1.5*iqr;
   robust_outlier = (not missing(&var) and (&var<lower or &var>upper));
run;

/* 6) 요약 통계(개수·비율) 계산 */
proc fedsql;
   drop table _temp_sum force;
   create table _temp_sum as
   select
      variable,
      mean(nonmiss) as total_nonmissing,
      sum(z_outlier) as z_outlier_count,
      sum(robust_outlier) as robust_outlier_count,
      sum(z_outlier) * 1.0 / mean(nonmiss) as z_outlier_ratio,
      sum(robust_outlier) * 1.0 / mean(nonmiss) as robust_outlier_ratio
   from _temp_outlier
   group by variable;
   ;
quit;

/* 7) 결과 테이블에 추가 */
proc append base=&out data=_temp_sum force; run;
```

```
    /* 8) 임시 테이블 정리 */
    proc datasets lib=work nolist;
       delete _temp_qtr _temp_outlier _temp_sum;
    quit;

  %end;

%mend CalculateOutlierStats;

/*—- 매크로 실행 예시 —-*/
%let out  = out_outliers;
%let data = hmeq;
%let vars = &nums;

%CalculateOutlierStats(vars=&vars, data=&data, out=&out);

/* 결과 확인 */
proc fedsql;
  select *
  from &out
  order by z_outlier_ratio desc
  ;
quit;
```

VARIABLE	TOTAL_NONMISSING	Z_OUTLIER_COUNT	ROBUST_OUTLIER_COUNT	Z_OUTLIER_RATIO	ROBUST_OUTLIER_RATIO
NINQ	4940	177	177	0.03583	0.03583
DELINQ	4800	168	1201	0.035	0.250208
MORTDUE	4924	161	234	0.032697	0.047522
LOAN	5960	181	256	0.030369	0.042953
DEROG	4544	130	725	0.028609	0.159551
CLNO	5516	155	219	0.0281	0.039703
YOJ	4930	126	91	0.025558	0.018458
VALUE	5736	145	319	0.025279	0.055614
DEBTINC	3426	72	94	0.021016	0.027437
CLAGE	5344	65	47	0.012163	0.008795

[그림2-38] 이상값 결과

이상값 기준의 경계값은 백분율 관점에서 (1, 2.5)이다.

2.7.2.9 연속형 변수 데이터 탐색 요약

연속형 변수인 경우는 변동계수, 비대칭도, 첨도, 이상값 등을 살펴보게 되는데 기준 내용을 보면 다분히 정규분포와 어느 만큼 벗어나 있는지를 중점적으로 확인하는 것이다.

가령 LOAN 변수의 정규분포와의 유사성은 히스토그램이나 분위수-분위수 그래프(QQ plot) 등으로 살펴보는 것이 훨씬 더 직관적이다.

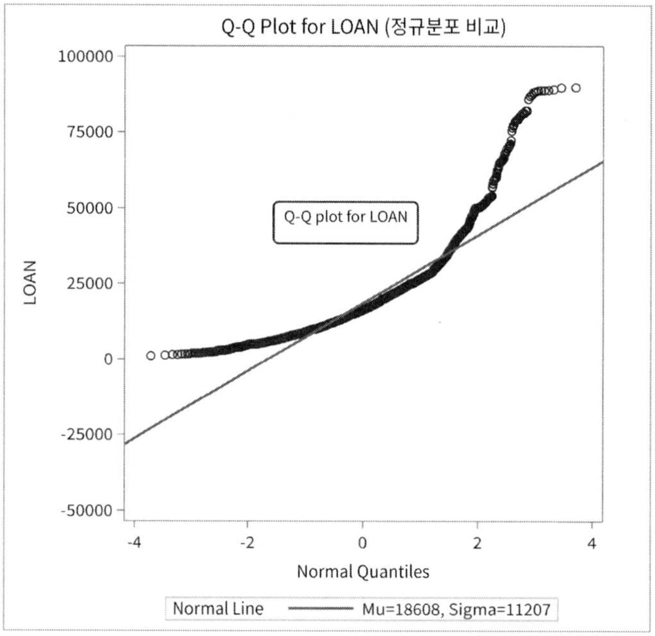

[그림2-39] 분위수-분위수 그래프

QQ 그래프는 다음의 과정을 통하여 생성된다.

우선 데이터를 정렬한다.

$$y_{(1)} \leq y_{(2)} \leq \cdots \leq y_{(n)}$$

정렬된 데이터 각각에 대하여 분위수를 계산한다.

$$q_i = \frac{i - 0.375}{n + 0.25}$$

분위수에 대한 비교하고자 하는 분포 예를 들어 정규분포인 경우는 다음의 값을 계산한다.

$$z_{(i)} = \Phi^{-1}\left(\frac{i - 0.375}{n + 0.25}\right)$$

여기서 $\Phi(\cdot)$ 은 표준 정규분포의 분포함수이다. 여기서 숫자는 RANKADJ, NADJ 옵션을 통하여 수정할 수 있다.

$$(z_{(i)}, y_{(i)})$$

값을 표시하게 되면 그래프의 점들이 된다. 이때 가운데 직선과 가까울수록 보다 정규분포와 같아지게 된다.

실제 그래프는 다음과 같다.

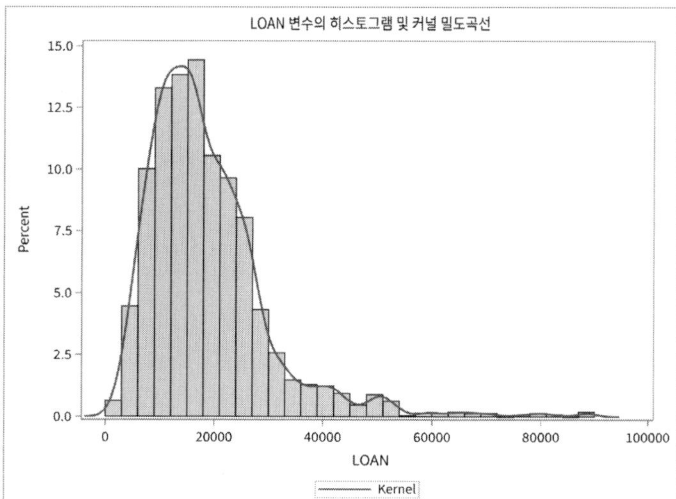

[그림2-40] 히스토그램

2.7.3 데이터 변환

데이터 탐색을 통하여 상태나 품질에 대한 이해가 되었다면 각 문제에 대한 처리 방안을 강구해야 한다.

2.7.3.1 결측값 처리

결측값이 발생하였다면 우선적으로 발생한 이유와 이유별 처리 방안이 필요하다. 결측값 처리는 앞서 열거한 다양한 이유에서 발생한 것이며 이유에 따른 대처 방안도 다양하다. 가장 간단한 방법은 결측값이 있는 행 즉, 관측값을 삭제하는 것이다. 다만, 모든 변수가 서로 겹치지 않게 결측값이 발생하게 된다면 분석에 사용되는 데이터는 매우 작게 될 것이다.

2.7.3.1.1 행 결측

먼저 전체 비율을 살펴보기로 하자.

```
/* 행 결측값 점검 */
proc fedsql;
   select
      count(*) as total_rows,
      sum(
         case
            when
               BAD      is null or
               LOAN     is null or
               MORTDUE  is null or
               "VALUE"  is null or
               REASON   is null or
               JOB      is null or
               YOJ      is null or
               DEROG    is null or
               DELINQ   is null or
               CLAGE    is null or
```

```
            NINQ     is null or
            CLNO     is null or
            DEBTINC  is null
         then 1
         else 0
      end
   ) as rows_with_missing,
   sum(
      case
         when
            BAD      is null or
            LOAN     is null or
            MORTDUE  is null or
            "VALUE"  is null or
            REASON   is null or
            JOB      is null or
            YOJ      is null or
            DEROG    is null or
            DELINQ   is null or
            CLAGE    is null or
            NINQ     is null or
            CLNO     is null or
            DEBTINC  is null
         then 1
         else 0
      end
   ) * 1.0 / count(*) as missing_row_ratio
  from hmeq;
quit;
```

TOTAL_ROWS	ROWS_WITH_MISSING	MISSING_ROW_RATIO
5960	2596	0.43557

[그림2-41] 관측값 결측 비율

결과를 보면 약 43%의 데이터가 하나라도 결측값을 갖는다고 볼 수 있다. 이 때 모든 결측값을 제거하면 실제 분석을 위한 데이터는 모두 없어지게 된다.

2.7.3.1.2 열 결측

앞서 예처럼 결측 비율이 높은 경우는 특정 컬럼이 결측 비율이 높은 경우가 있다.

```
/* 열 결측값 점검 */
proc fedsql;
   /* create table missing_by_column as */
   select
      'BAD'      as variable,
      count(*) as total,
      sum(case when BAD is null then 1 else 0 end) as n_missing,
      sum(case when BAD is null then 1 else 0 end) * 100.0 / count(*) as missing_pct
   from hmeq

   union all

   select
      'LOAN',
      count(*),
      sum(case when LOAN is null then 1 else 0 end),
      sum(case when LOAN is null then 1 else 0 end) * 100.0 / count(*)
   from hmeq

   union all

   select
      'MORTDUE',
      count(*),
      sum(case when MORTDUE is null then 1 else 0 end),
      sum(case when MORTDUE is null then 1 else 0 end) * 100.0 / count(*)
   from hmeq

   union all
```

```
select
    'VALUE',
    count(*),
    sum(case when "VALUE" is null then 1 else 0 end),
    sum(case when "VALUE" is null then 1 else 0 end) * 100.0 / count(*)
from hmeq

union all

select
    'REASON',
    count(*),
    sum(case when REASON is null then 1 else 0 end),
    sum(case when REASON is null then 1 else 0 end) * 100.0 / count(*)
from hmeq

union all

select
    'JOB',
    count(*),
    sum(case when JOB is null then 1 else 0 end),
    sum(case when JOB is null then 1 else 0 end) * 100.0 / count(*)
from hmeq

union all

select
    'YOJ',
    count(*),
    sum(case when YOJ is null then 1 else 0 end),
    sum(case when YOJ is null then 1 else 0 end) * 100.0 / count(*)
from hmeq

union all
```

```
select
    'DEROG',
    count(*),
    sum(case when DEROG is null then 1 else 0 end),
    sum(case when DEROG is null then 1 else 0 end) * 100.0 / count(*)
from hmeq

union all

select
    'DELINQ',
    count(*),
    sum(case when DELINQ is null then 1 else 0 end),
    sum(case when DELINQ is null then 1 else 0 end) * 100.0 / count(*)
from hmeq

union all

select
    'CLAGE',
    count(*),
    sum(case when CLAGE is null then 1 else 0 end),
    sum(case when CLAGE is null then 1 else 0 end) * 100.0 / count(*)
from hmeq

union all

select
    'NINQ',
    count(*),
    sum(case when NINQ is null then 1 else 0 end),
    sum(case when NINQ is null then 1 else 0 end) * 100.0 / count(*)
from hmeq

union all
```

```
    select
      'CLNO',
      count(*),
      sum(case when CLNO is null then 1 else 0 end),
      sum(case when CLNO is null then 1 else 0 end) * 100.0 / count(*)
    from hmeq

    union all

    select
      'DEBTINC',
      count(*),
      sum(case when DEBTINC is null then 1 else 0 end),
      sum(case when DEBTINC is null then 1 else 0 end) * 100.0 / count(*)
    from hmeq
    ;
quit;
```

VARIABLE	TOTAL	N_MISSING	MISSING_PCT
BAD	5960	0	0
LOAN	5960	0	0
MORTDUE	5960	518	8.691275
VALUE	5960	112	1.879195
YOJ	5960	515	8.64094
DELINQ	5960	580	9.731544
REASON	5960	252	4.228188
NINQ	5960	510	8.557047
DEROG	5960	708	11.87919
CLAGE	5960	308	5.167785
CLNO	5960	222	3.724832
JOB	5960	279	4.681208
DEBTINC	5960	1267	21.25839

[그림2-42] 컬럼별 결측 비율

BAD, LOAN 변수를 제외하고는 대부분의 변수에서 1~10% 정도의 결측률을 갖고 있다. 이런 이유로 각각은 결측률이 낮지만 모두 합친 데이터는 43%의 결측률이 나올 수 있는 것이다.

2.7.3.1.3 결측값 대체

행 또는 열을 삭제하는 것이 해답이 아닌 경우는 적절히 대체를 할 필요가 있다. 대체 방법은 단순 대체와 다중 대체(multiple imputation)와 같은 고급 대체 기법이 있으나 이 책에서는 단순 대체 기법만을 사용하기로 하자.

```
/* 결측값 대체 모델*/
proc varimpute data=hmeq_partn(where=(_partind_=0)) seed=1234;
   input &cats / ntech=mode;
   input &nums / ctech=median;
   output out=impute_hmeq copyvars=(&target);
   code file='/workspaces/bnn/model/code_impute_hmeq.sas';
run;
```

Imputed Values for Interval Variables					
Variable	Imputation Method	Result Variable	N	Number of Missing	Imputed Value
CLAGE	Median	IM_CLAGE	3942	230	174.03
CLNO	Median	IM_CLNO	4016	156	20
DEBTINC	Median	IM_DEBTINC	3266	906	34.847
DELINQ	Median	IM_DELINQ	3774	398	0
DEROG	Median	IM_DEROG	3676	496	0
LOAN	Median	IM_LOAN	4172	0	16300
MORTDUE	Median	IM_MORTDUE	3809	363	64888
NINQ	Median	IM_NINQ	3823	349	1
VALUE	Median	IM_VALUE	4096	76	89061
YOJ	Median	IM_YOJ	3811	361	7

Imputed Values for Nominal Variables					
Variable	Imputation Method	Result Variable	N	Number of Missing	Imputed Value
REASON	Mode	IM_REASON	3992	180	DebtCon
JOB	Mode	IM_JOB	3982	190	Other

[그림2-43] 결측값 대체 정보

VARIMPUTE 프로시저를 이용하여 대체한 결과이다. VARIMPUTE 프로시저는 각 변수별로 대체가 가능하다.

CTECH는 연속형 변수인 경우의 대체 방법을 의미하며 특정한 값 중 임의로 선택하여 대체하는 경우는

ctech = value cvalues=5, 20

와 같이 지정할 수 있고 MEAN, MEDIAN, RANDOM(최소~최대값 중 임의 선택) 방법으로 대체할 수 있다.

범주형 자료는 NTECH 옵션을 사용하여 대체할 수 있으며 특별한 문자로 대체하고자 하면

ntech = value valuescharter=unknown

와 같이 지정할 수 있다, 물론 MODE 방법으로도 대체할 수 있다.

결측값 대체에서 주의할 점은 현재 데이터에는 결측값이 없으나 이후 평가나 실제 적용 데이터에는 발생할 가능성이 높기 때문에 반드시 관련된 모든 변수에 대한 결측값 대체 정보를 갖고 있는 것이 중요하다.

향후 결측값 정보는 코드 파일 형태로 데이터 스텝에서 사용할 수 있는 구조이며,

만약 같은 형식의 데이터에 대하여 결측값 대체를 하고자 하면 다음과 같은 형식으로 사용하면 된다.

```
/* 결측값 대체 */
%let codefile = '/workspaces/bnn/model/code_impute_hmeq.sas';
data impute_hmeq_partn;
   set hmeq_partn;
   %include &codefile;
run;
```

대체 프로그램에서 output 데이터를 구조를 살펴보자.

```
/* 결측 데이터 구조 */
proc contents data=impute_hmeq_partn varnum;
run;
```

Variables in Creation Order					
#	Variable	Type	Len	Format	Label
1	BAD	Num	8	BEST12.	
2	LOAN	Num	8	BEST12.	
3	MORTDUE	Num	8	BEST12.	
4	VALUE	Num	8	BEST12.	
5	REASON	Char	7	$7.	
6	JOB	Char	7	$7.	
7	YOJ	Num	8	BEST12.	
8	DEROG	Num	8	BEST12.	
9	DELINQ	Num	8	BEST12.	
10	CLAGE	Num	8	BEST12.	
11	NINQ	Num	8	BEST12.	
12	CLNO	Num	8	BEST12.	
13	DEBTINC	Num	8	BEST12.	
14	_PartInd_	Num	8		Partition Indicator
15	IM_CLAGE	Num	8	BEST12.	

16	IM_CLNO	Num	8	BEST12.	
17	IM_DEBTINC	Num	8	BEST12.	
18	IM_DELINQ	Num	8	BEST12.	
19	IM_DEROG	Num	8	BEST12.	
20	IM_LOAN	Num	8	BEST12.	
21	IM_MORTDUE	Num	8	BEST12.	
22	IM_NINQ	Num	8	BEST12.	
23	IM_VALUE	Num	8	BEST12.	
24	IM_YOJ	Num	8	BEST12.	
25	IM_REASON	Char	7	$7.	
26	IM_JOB	Char	7	$7.	

[그림2-44] 대체 결과

결측값이 대체된 변수는 IM_ 의 접두사가 붙어 있음을 알 수가 있다. 이후 분석에서는 대체된 후의 변수 이름을 사용해야 한다.

```
/* 매크로 변수 재정의*/
%macro addPrefix(vars=, prefix=);
  %local i word n;
  %let n = %sysfunc(countw(&vars));

  %do i = 1 %to &n;
    %let word = %scan(&vars, &i);
    &prefix.&word
  %end;
%mend;

/* 사용 방법 */
%let im_cats=%addprefix(vars=&cats, prefix=IM_);
%let im_nums=%addprefix(vars=&nums, prefix=IM_);

/* 결과 확인 */
%put &im_cats;
%put &im_nums;
```

```
>> %put &im_cats;
IM_REASON        IM_JOB
>> %put &im_nums;
IM_LOAN         IM_MORTDUE         IM_VALUE         IM_YOJ         IM_DELINQ         IM_
NINQ        IM_DEROG        IM_CLAGE
  IM_CLNO        IM_DEBTINC
```

위와 같은 결과를 확인할 수 있다.

2.7.3.2 숫자형 데이터 변환

숫자형 데이터의 변환 기준은 정규분포와 가급적 유사하게 만드는 것이다. 정규분포와 유사하게 해야 하는 이유는 적합하고자 하는 모델이 변수의 분포에 민감한 경우가 많기 때문이다. 예를 들어 선형회귀는 정규성 가정을 하고 있고 신경망에서는 정규분포일수록 가중치 학습이 안정적이기 때문이다. 또한 가급적 이상값에 덜 민감하고자 하는 이유이다.

예를 들어 소득인 경우는 $\log(x+1)$, 거래 건수인 경우는 $\sqrt{(x+1)}$ 등의 방법을 취하는 경우가 많다.

대표적인 변환 기법 중에는 박스-칵스(Box-Cox)변환, 여-존슨(Yeo-Johnson) 변환 등이 있다. 이 중 데이터 값이 음수인 경우도 사용할 수 있는 일반적인 변환이 여-존슨이므로 이 방법을 사용해보기로 하자. 주어진 x의 조건에 따라 아래 식을 다양한 λ 값을 적합 후 가장 정규분포와 유사한 최적의 λ 값을 구하는 것이다.

$$f(x,\lambda) = \begin{cases} \dfrac{(x+1)^{\lambda}-1}{\lambda} & \text{if } x \geq 0 \text{ and } \lambda \neq 0 \\ \ln(x+1) & \text{if } x \geq 0 \text{ and } \lambda = 0 \\ \dfrac{(-x+1)^{2-\lambda}-1}{2-\lambda} & \text{if } x < 0 \text{ and } \lambda \neq 0 \\ -\ln(-x+1) & \text{if } x < 0 \text{ and } \lambda = 2 \end{cases}$$

실무에서는 다음과 같은 사전 정의된 변환을 통하여 이중 가급적 이상값에 둔감한 가급적 정규분포에 가까운 변환을 선택한다.

방법	내용
구간화 변환 Binning	등간격 구간화(bucket binning), 등빈도 구간화(quantile binning)
중심화 변환 Centering	$x_i - \bar{x}$
지수 변환 Exponential	$\text{if } \max(x_i) \le 100 \text{ then } e^{x_i} \text{ else } e^{x_i - \max(x_i) + 1}$
역 변환 Inverse	$\text{if } x_i \ge 0 \text{ then } \frac{1}{x_i+1} \text{ else } \frac{1}{x_i-1}$
역 제곱 변환 Inverse Square	$\frac{1}{x_i^2+1}$
역 제곱근 변환 Inverse Square Root	$\text{if } x_i \ge 0 \text{ then } \frac{1}{\sqrt{x_i+1}} \text{ else } \frac{1}{\sqrt{x_i+\lvert\min\{x_i\}\rvert+1}}$
로그 변환 Log	$\text{if } x_i \ge 0 \text{ then } \log(x_i+1) \text{ else } \log(x_i+\lvert\min\{x_i\}\rvert+1)$
상용로그 변환 Log10	$\text{if } x_i \ge 0 \text{ then } \log_{10}(x_i+1) \text{ else } \log_{10}(x_i+\lvert\min\{x_i\}\rvert+1)$
제곱 변환 Square	x_i^2
제곱근 변환 Square Root	$\text{if } x_i \ge 0 \text{ then } \sqrt{x_i+1} \text{ else } \sqrt{x_i+\lvert\min\{x_i\}\rvert+1}$
표준화 변환 Standardization	$\frac{x_i-\bar{x}}{s}$
범위 표준화 변환 Range Standardization	$\frac{x_i-\min\{x_i\}}{\max\{x_i\}-\min\{x_i\}}$

2.7.3.2.1 구간화

구간화(binning)는 데이터의 복잡성을 줄이고 패턴이나 분포를 쉽게 파악할 수 있고 무엇보다도 이상값의 영향을 줄일 수 있다. 또한 일부 통계 분석이나 기계 학습 모델에서는 범주형 데이터로 변환하는 것이 더 효과적일 수 있으며, 구간화는 데이터의 비선형성을 보완하거나 변수 간의 관계를 명확하게 해 줄 수 있다.

구간화의 방법 중 대표적인 것은 등간격, 등빈도 구간화이다.

2.7.3.2.1.1 등간격 구간화

등간격 구간화는 $\min(x) = \min_{i \in \{1,\dots,n\}} \{x_i\}$, $\max(x) = \max_{i \in \{1,\dots,n\}} \{x_i\}$, $\text{range}(x) = \max(x) - \min(x)$이라고 하면 구간화 길이는 $L = \frac{\max(x) - \min(x)}{n}$이고, 분할점(split point)은 $s_k = \min(x) + L \times k$ 이며 여기서 $k = 1,2,\dots,\text{numbin} - 1$ 이다. NUMBIN은 사전에 정의되어야 하며 기본 값은 16이다.

```
/* 등간격 구간화 */
proc binning data=hmeq_partn(where=(_partind_=0))
   numbin=16 method=bucket;
   input mortdue;
   code file="/workspaces/bnn/chap02_prep/code_bucket.sas";
   output out=out_bucket copyvars=(bad mortdue);
run;

proc fedsql;
   select * from out_bucket
   limit 5;
quit;
```

Bin Details									
Variable	Bin ID	Lower Bound	Upper Bound	Bin Width	Number of Observations	Mean	Standard Deviation	Minimum	Maximum
MORTDUE	Missing				363				
	1	-Infty	26906		383	17134	6310.9	2063	26889
	2	26906	51749	24843	860	41402	7156.2	26908	51740
	3	51749	76592	24843	1142	63644	7027.5	51758	76561
	4	76592	101435	24843	709	87261	7246.6	76599	101412
	5	101435	126278	24843	285	112019	7321.0	101520	126254
	6	126278	151121	24843	239	137806	6971.3	126316	150773
	7	151121	175964	24843	67	160381	7663.3	151328	175225
	8	175964	200807	24843	56	188456	7125.5	176000	199232
	9	200807	225649	24843	26	210993	7844.4	201877	225000
	10	225649	250492	24843	30	235179	4779.0	226152	247500
	11	250492	275335	24843	0				
	12	275335	300178	24843	1	290000		290000	290000
	13	300178	325021	24843	0				
	14	325021	349864	24843	1	331000		331000	331000
	15	349864	374707	24843	9	365848	3303.4	362000	371003
	16	374707	Infty		1	399550		399550	399550

[그림2-45] 등간격 구간화 기준

결과를 보면 총 16개의 구간으로 나누어져 있고 분할점들이 명시되었다. 각 구간의 폭(Bin Width)이 일정함을 알 수가 있다. 여기서 결측값은 별도 구간인 Missing으로 처리하고 있다.

BAD	MORTDUE	BIN_MORTDUE
1	25860	1
1	13500	1
1	.	0
0	97800	4
1	28502	2

[그림2-46] 출력 데이터

출력 데이터를 보면 새로운 변수의 접두사는 BIN_ 이며 결측값은 0으로 표시하고 있다.

2.7.3.2.1.2 등빈도 구간화

등빈도 구간화는 먼저 분위수 테이블 $P = \{p_k\}, k = 1,2,\ldots,numbin$ 구성한다.

$$p_k = \text{if } 0 < k < numbin \text{ then } \frac{1.0}{numbin} + p_{k-1}; \quad \text{if } k = numbin \text{ then } 1.0$$

분위수 테이블을 구성한 후 해당 분위수에 대응하는 값을 할당하게 된다. 등빈도 구간화의 목적은 각 구간별로 동일한 수의 데이터가 들어가는 것을 목표로 한다.

```
/* 등빈도 구간화 */
proc binning data=hmeq_partn(where=(_partind_=0))
   numbin=16 method=quantile;
   input mortdue;
   code file="/workspaces/bnn/chap02_prep/code_quantile.sas";
   output out=out_quantile copyvars=(bad mortdue);
run;

proc fedsql;
   select * from out_quantile
   limit 5;
quit;
```

Bin Details									
Variable	Bin ID	Lower Bound	Upper Bound	Bin Width	Number of Observations	Mean	Standard Deviation	Minimum	Maximum
MORTDUE	Missing				363				
	1	-Infty	20479		238	13201	4582.2	2063	20370
	2	20479	31000	10521	236	25612	3040.7	20479	30972
	3	31000	39609	8609	240	35260	2602.4	31000	39452
	4	39609	46093	6484	238	43194	1826.9	39609	46000
	5	46093	50655	4562	238	48416	1329.7	46093	50636
	6	50655	55584	4929	238	53160	1437.1	50655	55579
	7	55584	60279	4695	238	58020	1348.5	55584	60264
	8	60279	64888	4609	238	62742	1260.1	60279	64862
	9	64888	70730	5842	238	67770	1702.4	64888	70717
	10	70730	76407	5677	238	73497	1656.0	70730	76390
	11	76407	82638	6231	238	79302	1770.8	76407	82597
	12	82638	90900	8262	238	86267	2451.0	82638	90823
	13	90900	101520	10620	238	95988	3015.6	90900	101412
	14	101520	120527	19007	238	109746	5680.3	101520	120070
	15	120527	145127	24600	238	132988	6777.4	120527	145000
	16	145127	Infty		239	189305	49302	145127	399550

[그림2-47] 등빈도 구간화 기준

결과를 보면 각 구간별 관측값의 개수가 일정함을 알 수가 있다.

이외에도 결정나무 기반의 구간화가 있다. 이 방법은 목표변수를 지정하면 입력변수를 기준하여 결정나무를 적합하면서 구간화를 실시한다. 즉, 1개의 입력변수와 목표변수를 기준으로 하여 결정나무를 적합하며 이 때 각 마지막 노드인 나뭇잎의 결정되는 분할점을 기준으로 하여 구간화를 진행한다. 결정나무 기법은 이후 장에서 설명하기로 한다.

```
/* 결정나무 기반 구간화 */
proc binning data=hmeq_partn(where=(_partind_=0))
   method=tree;
   target bad/level=nom;
   input mortdue/level = int;
   code file="/workspaces/bnn/chap02_prep/code_binning_tree.sas";
```

```
    output out=out_tree copyvars=(bad mortdue);;
run;

proc fedsql;
    select * from out_tree
    limit 5;
quit;
```

Bin Details										
Variable	Bin ID	Lower Bound	Upper Bound	Bin Width	N Levels	Number of Observations	Mean	Standard Deviation	Minimum	Maximum
MORTDUE	Missing					363				
	1	-Infty	37837			661	23589	9197.6	2063	37750
	2	37837	73611	35774		1606	56289	9693.2	37858	73567
	3	73611	81560	7949.7		314	77435	2223.7	73624	81546
	4	81560	145158	63598		990	105380	18481	81590	145127
	5	145158	Infty			238	189490	49322	145324	399550

[그림2-48] 결정나무 기반 구간화 기준

결과를 보면 구간 폭도 일정하지 않고 각 구간 내의 관측값 개수도 일정하지 않다. 예측 문제인 경우는 목표 변수의 설명력을 높이기 위한 구간이므로 추천할 만한 방법이다.

2.7.3.2.2 정규 변환

숫자형 변수의 정규 변환은 원 데이터에 대하여 일대일 대응으로 변환하는 것이다. 앞서 요약한 대로 로그 변환, 지수 변환, 표준화 변환 등이 이에 해당한다.

이중 몇 가지 변환이 어떻게 구현되는지 살펴보자.

2.7.3.2.2.1 로그 변환

금융 데이터의 금액 또는 건수 등은 오른쪽으로 긴 꼬리 형태의 분포가 많다. 이런 경우 일반적으로 로그 변환을 많이 하게 된다.

```
/* 상용 로그 변환 */
proc fedsql;
   drop table out_log10 force;
   create table out_log10 as
   select
      a.*,
      case
         when a.mortdue is null then a.mortdue
         when a.mortdue >= 0 then log10(a.mortdue + 1)
         when a.mortdue < 0 then log10(a.mortdue + abs(b.min_mortdue) + 1)
      end as log10_mortdue
   from
      hmeq_partn as a,
      (select min(mortdue) as min_mortdue
         from hmeq_partn
         where _partind_ = 0) as b
   where a._partind_ = 0;
quit;
/* 결과 확인 */
proc fedsql;
   select mortdue, log10_mortdue
   from out_log10
   limit 5
   ;
quit;
```

MORTDUE	LOG10_MORTDUE
25860	4.412645
13500	4.130366
.	.
97800	4.990343
28502	4.454891

[그림2-49] 상용 로그 변환 결과

변환 후 히스토그램의 변화를 살펴보자.

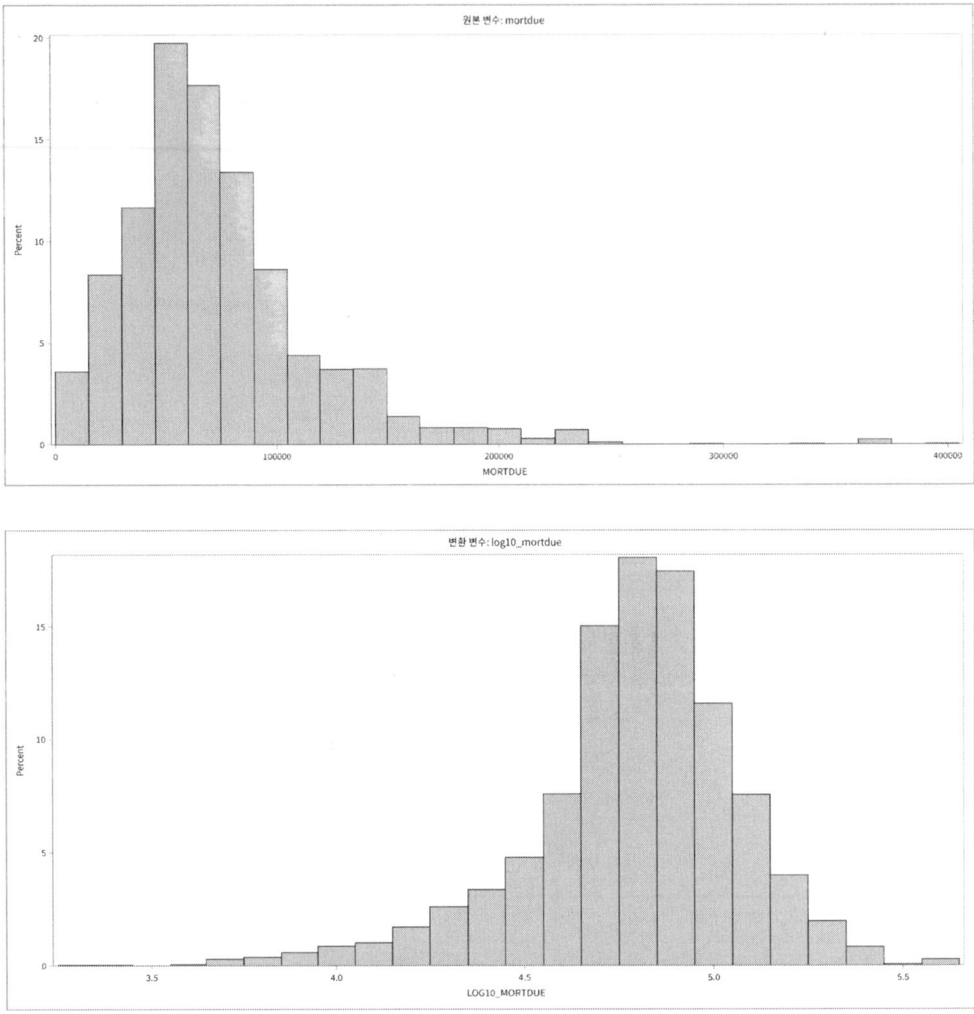

[그림2-50] 변환 전/후 히스토그램

그림 2-50을 보면 변환 후 보다 정규분포에 가까운 모습임을 확인할 수 있다.

2.7.3.2.2.2 표준 변환

이외에도 표준 변환은 다음과 같이 구현할 수 있다.

```
/* 표준화 변환 */
proc fedsql;
   drop table out_std force;
   create table out_std as
      select a.*,
         (a.mortdue - b.mean) / b.std as std_mortdue
   from hmeq_partn as a,
   (select avg(mortdue) as mean, std(mortdue) as std
      from hmeq_partn
      where _partind_=0) as b
   where _partind_ = 0;
quit;
/* 결과 확인 */
proc fedsql;
   select mortdue, std_mortdue
   from out_std
   limit 5
   ;
quit;
```

MORTDUE	STD_MORTDUE
25860	-1.07513
13500	-1.35442
.	.
97800	0.550456
28502	-1.01543

[그림2-51] 표준화 결과

2.7.3.3 범주형 데이터 변환

범주형 데이터를 변환하는 방법은 대략 다음과 같다.

방법	식	접두사
희귀 범주 변환 Bin rare nominal levels	희귀 범주 비율 이하는 모두 "_OTHER_"으로 분류	BIN_, 희귀 범주의 기준, 즉, 비율은 지정 가능함
범주 정수 변환 Level encoding	1, 2, …, K으로 인코딩	LEVENC_
범주 빈도 변환 Level frequency encoding	범주별 빈도로 인코딩	LEVFRQ_
범주 비율 변환 Level proportion encoding	범주별 비율로 인코딩	LEVPRP_
원핫 인코딩 One-hot encoding	각 범주별 0과 1 값을 갖는 신규 변수 생성	variable name + category name
목표변수 평균값 변환 Target encoding	범주별 목표변수의 평균값으로 인코딩	TARGENC_
증거 가중값 변환 WOE encoding	증거 가중값(weight of evidence)으로 인코딩	WOEENC_

각각의 경우에 대하여 구체적으로 살펴보자. 이후 예시에서 범주형 변수는 JOB을 사용하기로 하자.

2.7.3.3.1 희귀 범주 변환

희귀 범주는 경험적으로는 5% 미만의 비율을 갖는 범주이다. 그러나 업무 관점에서 희귀 범주 자체가 의미가 있는 경우는 경험 규칙이 아무런 의미가 없다. 또한 희귀 범주를 일괄적으로 묶어서 "기타"와 같은 의미 없는 범주로 두는 것보다는 보다 의미적으로 가까운 범주와 합치는 것이 더 타당하다.

여기서는 구현 관점에서 빈도 비율을 구하고 5% 이하인 범주를 확인한 후 모두 모아서 "_OTHER_" 범주로 만드는 방법에 대하여 살펴보자.

```
/* 1. job 변수별 freq 및 두 기준 비율 계산 */
proc fedsql;
  drop table job_freq_full force;
  create table job_freq_full as
  select job,
        count(*) as freq,
         count(*) * 1.0 / (select count(*) from hmeq_partn where _partind_ = 0) as ratio_
total,
        count(*) * 1.0 / (select count(*)
                      from hmeq_partn
                      where _partind_ = 0
                        and job is not null
                        and job <> '') as ratio_nonmissing
  from hmeq_partn
  where _partind_ = 0
    and job is not null
    and job <>  ''
  group by job;
quit;

/* 2. 결과 출력 (비율 내림차순 정렬) */
proc fedsql;
  select job, freq,
        ratio_total as freq_ratio_total,
        ratio_nonmissing as freq_ratio_nonmissing
  from job_freq_full
  order by ratio_nonmissing desc;
quit;
```

JOB	FREQ	FREQ_RATIO_TOTAL	FREQ_RATIO_NONMISSING
Other	1691	0.405321	0.424661
ProfExe	866	0.207574	0.217479
Office	671	0.160834	0.168508
Mgr	542	0.129914	0.136113
Self	135	0.032359	0.033903
Sales	77	0.018456	0.019337

[그림2-52] 범주별 빈도와 빈도 비율

빈도 비율을 보면 Self, Sales 가 미리 정한 경험 비율인 0.05 보다 작다는 것이 확인되었고 이를 새로운 범주 "_OTHER_"으로 묶을 수 있다. 여기서 주의할 사항은 결측값 건수를 전체 건수에 포함 여부에 따라 전체 비율이 변할 수 있다.

```
/* 희귀범주 결합 */
proc fedsql;
   drop table hmeq_job_bin_rare force;
   create table hmeq_job_bin_rare as
   select *,
          case
             when job is null or job in ('Self', 'Sales') then '_OTHER_'
             else job
          end as BIN_job
   from hmeq_partn
   where _partind_ = 0;
quit;

/* 결과 확인 */
proc fedsql;
   select job, bin_job
   from hmeq_job_bin_rare
   limit 5
   ;
quit;
```

JOB	BIN_JOB
Other	Other
Other	Other
Office	Office
Other	Other
Other	Other
Sales	_OTHER_
Office	Office
Other	Other

[그림2-53] 범주 결합 결과

2.7.3.3.2 범주 정수 변환

범주 정수 변환(level encoding)은 범주형 변수의 각 값에 정수 값을 부여하는 것이다. 일종의 정수값 변환이라고 할 수 있다.

각 범주변수의 값 별로 원하는 값을 지정할 수 있고 알파벳 순서대로 자동으로 부여할 수도 있다. 단, 범주형 데이터의 결측값은 이런 방식이면 항상 0이 된다.

```
/* 수준 변환 */
proc fedsql;
   drop table job_int force;
   create table job_int as
   select *,
         case
            when job is null or job = '' then null
            when job = 'Other'   then 1
            when job = 'ProfExe' then 2
            when job = 'Office'  then 3
```

```
            when job = 'Mgr'     then 4
            when job = 'Self'    then 5
            when job = 'Sales'   then 6
            else 99  /* 새로운 범주의 경우 99로 할당 */
          end as LEVENC_JOB
   from hmeq_partn
   where _partind_ = 0;
quit;
/* 결과 확인 */
proc fedsql;
   select job, LEVENC_JOB
   from job_int
   limit 5
   ;
quit;
```

JOB	LEVENC_JOB
Other	1
Other	1
	.
Office	3
Other	1

[그림2-54] 수준 변환 결과

수준 변환에서 결측값은 그대로 결측값으로 변환하였다. 실무에서는 JOB 변수의 결측값의 처리 방안을 결정 후 정수값 변환하는 경우가 흔한 경우이다.

2.7.3.3.3 범주 빈도 변환

범주 빈도 변환은 각 범주를 범주 빈도 기준으로 변환하는 것이다.

```
/* 범주 빈도 변환 */
proc fedsql;
   drop table job_encfrq force;
   create table job_encfrq as
   select a.*,
          b.freq as LEVFRQ_JOB
   from hmeq_partn as a
          left join job_freq_full as b on a.job = b.job
   where a._partind_ = 0;
quit;
/* 결과 확인 */
proc fedsql;
   select job, LEVFRQ_JOB
   from job_encfrq
   limit 5
   ;
quit;
```

JOB	LEVFRQ_JOB
Other	1691
Other	1691
	.
Office	671
Other	1691

[그림2-55] 범주 빈도 변환 결과

2.7.3.3.4 범주 빈도 비율 변환

범주 빈도 비율 변환은 각 범주를 빈도 비율 값으로 변환하는 것이다.

```
/* 빈도 비율 변환 */
proc fedsql;
   drop table job_encprp force;
   create table job_encprp as
   select a.*,
         b.ratio_nonmissing as LEVPRP_JOB
   from hmeq_partn as a
         left join job_freq_full as b
         on a.job = b.job
   where a._partind_ = 0;
quit;
/* 결과 확인 */
proc fedsql;
   select job, LEVPRP_JOB
   from job_encprp
   limit 5
   ;
quit;
```

JOB	LEVPRP_JOB
Other	0.424661
Other	0.424661
	.
Office	0.168508
Other	0.424661

[그림2-56] 빈도 비율 변환 결과

변환 결과에서 각 비율은 전체 건수가 아니라 비결측 데이터 건수 대비 비율이다. 만약 전체 건수 대비 비율을 계산하고자 하면 job_freq_full 테이블의 ratio_total 컬럼을 이용하면 된다.

2.7.3.3.5 원핫 인코딩

원핫 인코딩(one-hot encoding)은 각 범주별로 변수를 생성하는 것이다. 예를 들어 a, b, c값을 갖는 범주 변수(x)가 있다고 하면 x_a, x_b, x_c 변수가 생성되며 각 변수는 해당 범주가 존재하면 1 아니면 0 값을 갖는 변수이다. 해당 범주가 결측값이면 모든 변수의 값을 마찬가지로 결측값으로 구성해야 한다. 즉, 원핫인코딩을 하기 전에 먼저 결측값 대체 후 원핫 인코딩을 하는 것이 적절한 순서이다.

```
/* 원핫 인코딩 */
proc fedsql;
   drop table job_onehot force;

   create table job_onehot as
   select *,
      case when job is null or job = '' then null
           when job = 'Mgr'      then 1 else 0 end as JOB_MGR,
      case when job is null or job = '' then null
           when job = 'Office'  then 1 else 0 end as JOB_OFFICE,
      case when job is null or job = '' then null
           when job = 'ProfExe' then 1 else 0 end as JOB_PROFEXE,
      case when job is null or job = '' then null
           when job = 'Sales'    then 1 else 0 end as JOB_SALES,
      case when job is null or job = '' then null
           when job = 'Self'     then 1 else 0 end as JOB_SELF,
      case when job is null or job = '' then null
           when job = 'Other'    then 1 else 0 end as JOB_OTHER
   from hmeq_partn
   where _partind_ = 0;
quit;
```

```
/* 결과 확인 */
/* 1. JOB_로 시작하는 컬럼명을 매크로 변수에 저장 */
proc sql noprint;
  select name into :job_vars separated by ', '
  from dictionary.columns
  where libname = 'WORK'
    and memname = 'JOB_ONEHOT'
    and upcase(name) like 'JOB_%';
quit;

/* 2. 생성된 매크로 변수로 출력 */
proc fedsql;
  select &job_vars
  from job_onehot
  limit 5;
quit;
```

JOB	JOB_MGR	JOB_OFFICE	JOB_PROFEXE	JOB_SALES	JOB_SELF	JOB_OTHER
Other	0	0	0	0	0	1
Other	0	0	0	0	0	1
	.	.	.	.	.	.
Office	0	1	0	0	0	0
Other	0	0	0	0	0	1

[그림2-57] 원핫 인코딩 결과

2.7.3.3.6 목표변수 평균값 변환

예측 문제인 경우는 레이블(label) 또는 목표변수가 존재하므로 이를 이용하여 범주변수의 특정 범주를 해당 범주에 속하는 목표변수 관측값의 평균값으로 변환할 수 있다. 이런 변환을 목표변수 평균값 변환이라고 한다. 이때 목표변수의 관측값의 평균값을 구해야 하므로 일반적으로 회귀(regression) 문제에 적합한 방법이다. HMEQ 데이터는 분류(classification) 문제이지만 목표변수가 1과 0으로 코딩되어 있으므로 이를 이용하도록 하자.

먼저 범주별 목표변수의 평균값을 구해보자.

```
/* 목표변수 평균값 인코딩 */
/* 1. job 별 bad 평균값 계산 */
proc fedsql;
   drop table job_target_avg force;

   create table job_target_avg as
   select job,
          avg(bad) as avg_bad
   from hmeq_partn
   where _partind_ = 0
     and job is not null
     and job <> ''
   group by job;
quit;
/* 데이터 확인 */
proc fedsql;
  select *
  from job_target_avg
  ;
quit;
```

JOB	AVG_BAD
Mgr	0.243542
Office	0.132638
Other	0.231224
ProfExe	0.152425
Sales	0.350649
Self	0.311111

[그림2-58] 범주별 목표변수 평균

다음 단계는 원 데이터와 결합하여 각 범주별 값을 적용하는 것이다.

```
/* 2. 원본 데이터와 조인하여 TARGENC_JOB 생성(결측값은 그대로 null 유지) */
proc fedsql;
   drop table job_targenc force;

   create table job_targenc as
   select a.*,
         b.avg_bad as TARGENC_JOB
   from hmeq_partn as a
       left join job_target_avg as b
       on a.job = b.job
   where a._partind_ = 0;
quit;
/* 데이터 확인 */
proc fedsql;
  select job, TARGENC_JOB
  from job_targenc
  limit 5
  ;
quit;
```

JOB	TARGENC_JOB
Other	0.231224
Other	0.231224
	.
Office	0.132638
Other	0.231224

[그림2-59] 범주별 목표변수 평균 변환 결과

2.7.3.3.7 증거 가중값 변환

증거 가중값(WOE: weight of evidence) 변환은 분류 문제이고 보통은 목표 변수가 2개의 값만을 갖는 이진(binary) 분류인 경우만 적용한다.

각 범주 내의 이벤트 건수(예를 들어 1의 건수), 비 이벤트 건수를 각각 e_i, h_i이고 전체 이벤트 건수, 비 이벤트 건수를 각각 e, h 이라고 할 때

$$WOE_i = \log\frac{\frac{h_i}{h}}{\frac{e_i}{e}} = \log\frac{q_i}{p_i}$$

이 때 p_i, q_i 중 하나라도 0이면

$$WOE_i = \log\frac{\frac{h_i + woeAdj}{h}}{\frac{e_i + woeAdj}{e}} = \log\frac{q_i}{p_i}$$

으로 수정한다. 여기서 $woeAdj = \frac{1}{2}$을 기본값으로 정한다.

증거 가중값은 통계적으로 보면 로그 오즈(odds)이다. 이벤트 그룹의 범주별 분포와 비이벤트 그룹의 범주별 분포를 살펴보는 것이다.

```
/* 증거 가중값 변환 */
/* 1. job별 이벤트/비이벤트 수 계산 (결측 제거) */
proc fedsql;
  drop table job_evtcnt force;

  create table job_evtcnt as
  select job,
        sum(case when bad = 1 then 1 else 0 end) as e_i,
        sum(case when bad = 0 then 1 else 0 end) as h_i
  from hmeq_partn
```

```
  where _partind_ = 0
    and job is not null
    and job <> ''
  group by job;
quit;

/* 2. 전체 이벤트/비이벤트 수 계산 (결측 제거 기준과 동일) */
proc fedsql;
  drop table evt_total force;

  create table evt_total as
  select
      sum(case when bad = 1 then 1 else 0 end) as e,
      sum(case when bad = 0 then 1 else 0 end) as h
  from hmeq_partn
  where _partind_ = 0
    and job is not null
    and job <> '';
quit;

/* 3. WOE 계산 (woeAdj = 0.5 보정 적용) */
proc fedsql;
  drop table job_woe force;

  create table job_woe as
  select a.job,
         log( ((a.h_i + 0.5) / b.h) / ((a.e_i + 0.5) / b.e) ) as WOE_JOB
  from job_evtcnt as a,
       evt_total as b;
quit;
/* 결과 확인 */
proc fedsql;
  select job, WOE_JOB
  from job_woe
  ;
quit;
```

JOB	WOE_JOB
Mgr	-0.22965
Office	0.51265
Other	-0.15992
ProfExe	0.352167
Sales	-0.75265
Self	-0.57198

[그림2-60] 증거 가중값 범주별 계산

이벤트 값은 1로 정의한 결과이다. 증거 가중값 표를 이용하여 원 데이터에 적용해보자.

```
/* 4. 원본 데이터에 WOE 값 적용 (결측 job은 그대로 NULL 유지) */
proc fedsql;
  drop table job_woeenc force;

  create table job_woeenc as
  select a.*,
       b.WOE_JOB as WOEENC_JOB
  from hmeq_partn as a
     left join job_woe as b
     on a.job = b.job
  where a._partind_ = 0;
quit;

/* 결과 확인 */
proc fedsql;
  limit 5
  ;
quit;
```

JOB	WOEENC_JOB
Other	-0.15992
Other	-0.15992
	.
Office	0.51265
Other	-0.15992

[그림2-61] 증거 가중값 변환 결과

2.7.3.4 데이터 변환 적용 방법

데이터 변환 장에서 정의된 방법은 다음과 같은 규칙에 의하여 적용할 수 있다.

문제	처방	비고
큰 왜도	Box-Cox 변환	숫자형 변수
결측값	중간값 대체	숫자형 변수
결측값 비율 높음	결측값을 새로운 범주로 두고 나머지 범주에는 희귀범주 처리 적용(missing level and group rare)	범주형 변수
결측값 비율 높음	결측값을 새로운 범주로 두고 나머지 범주들과 함께 범주 정수값 변환 적용(missing level and level encoding)	범주형 변수
결측값	결측 표시자(missing indicator) 변수 생성	공통
결측값 비율 작음	최빈값 대체 후 희귀범주 처리 적용(mode imputation and group rare)	범주형 변수
결측값 비율 작음	최빈값 대체 후 범주 정수값 변환 적용(mode imputation and level encoding)	범주형 변수
심각한 비대칭도, 첨도, 이상치	결측값 구간을 갖는 분위수 기반 구간화(Quantile binning with missing bins)	숫자형 변수

심각한 비대칭도, 첨도, 이상치. 범주형인 경우에 집합크기가 클 때 적용	목표 변수가 숫자형인 경우에 회귀나무를 이용한 구간화(Regression tree binning)	공통
심각한 비대칭도, 첨도, 이상치. 범주형인 경우에 집합크기가 클 때 적용	목표 변수가 범주형인 경우 분류나무를 이용한 구간화(Decision tree binning)	공통
범주형인 경우에 집합크기가 클 때	타겟 인코딩. 회귀 문제인 경우는 평균값, 최소값, 최대값을 고려. 분류 문제인 경우는 상대빈도, 이벤트 확률, 증거 가중값 고려. 목표변수 개수 인코딩(label count encoding) 등은 회귀, 분류 문제 동시에 가능	범주형 변수
큰 첨도	여-존슨 변환	숫자형 변수

위 표는 경험적인 하나의 방법이며 반드시 적용해야 할 사항은 아니다. 실무적으로는 위와 같은 나름대로 규칙을 정의한 후 적용하는 것이 이후 분석 심화를 위한 좋은 기준을 만드는 것이다.

2.7.4 변수 선별

변수 선별(Variable Screening)은 머신러닝 전에 유용한 변수만을 선택하고, 의미없거나 노이즈가 많은 변수는 제거하는 전처리 단계이다. 이를 통해 모델의 성능과 해석력을 향상시키고 과적합을 방지할 수 있다. 변수 선별은 모델링 전에 사전 필터링이라고 이해할 수 있다.

변수 선별에 대하여 경험적으로 다음과 같은 기준으로 진행한다.

정책	기본값	비고
상수값 Constant		해당 변수는 제거 대상
희귀수준 비율 GroupRareLevels	<1%	희귀범주값을 갖는 범주형 변수 색출. 범주 제거 또는 병합 필요
누수율 LeakagePerentThreshold	>90	경계값 보다 큰 경우 제거 대상
저변동계수 LowCv	<0.1	CV 값이 작은 변수 색출. 경계값 보다 작으면 제거 대상
저상호정보 LowMutualInformation	≤0.05	상호정보값이 작은 변수 색출, 표준화 상호정보는 0과 1 사이의 값을 가짐
결측률 MissingIndicatorPercent	>75	결측률이 기준보다 큰 변수는 결측표시자 변수를 생성하여 보존하고 기존 변수는 제거
고결측률 MissingPercentThreshold	>90	결측률이 기준보다 큰 변수는 삭제
중복 Redundant	≥1	대칭 불확실도가 높은 중복 변수 색출임계값이 1인 경우는 두 변수가 100% 일치한다는 의미이며 중복검사를 실시하지 않음

각각의 기준에 대하여 살펴보기로 하자.

2.7.4.1 상수값

모든 변수의 결측값을 제외한 유일 값이 1개인지 여부를 확인해보자.

```
/* 상수값 확인 */
/* 각 변수의 고유값 수 계산 매크로 */
%macro check_constants(vars=, data=, where=);
   %put --- 상수값 변수 확인 시작 ---;
   %do i = 1 %to %sysfunc(countw(&vars));
      %let var = %scan(&vars, &i);

/* 상수값 확인 */
/* 각 변수의 고유값 수 계산 매크로 */
%macro check_constants(vars=, data=, where=);
   %put --- 상수값 변수 확인 시작 ---;
   %do i = 1 %to %sysfunc(countw(&vars));
      %let var = %scan(&vars, &i);

      proc sql noprint;
         select count(distinct &var) into :nvals
         from &data
         where &where;
      quit;

      %if &nvals = 1 %then %put NOTE: 변수 &var 는 상수값입니다.;
   %end;
   %put --- 완료 ---;
%mend;
/* 매크로 함수 실행행 */
%check_constants(vars=&xvars, data=hmeq_partn, where=_partind_=0);
```

OUTPUT 윈도우를 살펴보면 어떠한 변수도 유일 값의 건수가 1개인 경우가 없음을 확인할 수 있다.

2.7.4.2 희귀수준 비율

범주형 변수인 경우의 희귀수준 비율을 점검해보자.

```
/* 희귀수준 비율 점검 */
proc fedsql;
  drop table job_level_freq force;

  create table job_level_freq as
  select job,
       count(*) as freq,
        count(*) * 1.0 / (select count(*) from hmeq_partn where _partind_ = 0) as freq_
ratio
  from hmeq_partn
  where _partind_ = 0
  group by job;
quit;

/* 희귀 수준(비율 < 0.01)만 필터링하여 보기 */
proc fedsql;
  select job, freq, freq_ratio
  from job_level_freq
  /* where freq_ratio < 0.01 */
  order by freq_ratio desc;
quit;
```

JOB	FREQ	FREQ_RATIO
Other	1691	0.405321
ProfExe	866	0.207574
Office	671	0.160834
Mgr	542	0.129914
	190	0.045542
Self	135	0.032359
Sales	77	0.018456

[그림2-62] 희귀비율 점검

결과를 보면 1% 미만의 범주는 없는 것으로 확인된다.

2.7.4.3 누수율

범주형 변수의 엔트로피(entropy)를 다음과 같이 정의한다.

$$H(X) = -\sum_{i}^{m} p(x_i) \log_2 p(x_i)$$

여기서 범주형 변수 X는 $x_1, \ldots, x_m$의 범주를 갖는다.

엔트로피는 확률변수의 불확실성 또는 정보량을 나타내는 기준이다. 만약 모든 범주의 빈도가 동일하다면 불확실성은 커지고 어떠 범주의 비율이 높은 경우에는 불확실성이 작아진다.

이를 확장하여 결합 엔트로피(joint entropy)는 다음과 같이 정의한다. 여기서 $\mathcal{X}$, $\mathcal{Y}$는 각각 해당 변수의 정의역이다.

$$H(X,Y) = \sum_{x \in \mathcal{X}, y \in \mathcal{Y}} p(x,y) \log_2 p(x,y)$$

또한 조건부 엔트로피를 다음과 같이 정의한다. 여기서 $\mathcal{X}$, $\mathcal{Y}$는 각각 해당 변수의 정의역이다.

$$H(X|Y) = -\sum_{y \in \mathcal{Y}} p(y) \sum_{x \in \mathcal{X}} p(x|y) \log_2 p(x|y) = -\sum_{y \in \mathcal{Y}} p(y) H(X|y)$$

조건부 엔트로피는 조건 변수에 의한 불확실성의 제거 후 남은 잔여 불확실성이라고 생각할 수 있다. 이 때 상호정보(mutual information)를 다음과 같이 정의한다.

$$I(X;Y) = H(X) - H(X|Y) = H(X) + H(Y) - H(X,Y)$$

이렇게 정의함으로써 상호정보는 확률변수 X, Y가 공유하는 공동 불확실성이라고 할 수가 있다. 상호정보 값이 크다는 것은 그만큼 공유하는 불확실성이 높다는 것이므로 상호 의존성이 높다고 정의할 수 있다.

상호정보는 항상 $0 \le I(X,Y) \le \min\{H(X),H(Y)\}$이므로 이를 표준화할 필요가 있다.

표준화 상호정보는 다음과 같이 정의된다.

$$SI = \sqrt{1 - e^{-2I(X;Y)}}$$

이 값은 항상 0과 1 사이에 있고 상호정보가 크면 이 값도 같이 커지므로 상관계수와 같은 의미로 활용될 수 있다.

이 때 누수율(leakage rate)을 다음과 같이 정의하자.

$$LKR = \frac{I(X;Y)}{H(Y)} \times 100$$

만약 H(X)=H(Y)이라면 I(X;Y)=H(X)=H(Y) 이므로 누수율은 100%가 된다. 공동 불확실성이 커지면 즉, 상호 의존성이 커지게 되면 100%에 가까워진다.

이런 의미에서 이 값이 90% 이상이면 목표변수에 대한 설명변수가 거의 전부를 설명한다고 보아 해당 변수는 걸러지게 된다.

예를 들어 보험금 청구 여부를 예측하는 문제에서 보험금 청구 금액은 누수 변수가 된다. 왜냐하면 보험금 청구 금액이 0보다 크다면 당연히 보험금이 청구되었다고 볼 수 있기 때문이다.

구체적인 계산 과정을 살펴보자.

```
/* 1. H(X, Y) 계산 */
/* 결합 빈도 계산 */
proc freqtab data=hmeq_partn;
   where _partind_ = 0 and job is not null and job <> '';
   table job*bad / out=freq_job_bad outpct;
```

```
run;

/* 결합 엔트로피 계산 */
proc fedsql;
  drop table entropy_joint force;

  create table entropy_joint as
  select *,
       case
         when percent > 0
         then -1 * (percent / 100.0) * log(percent / 100.0)/log(2)
         else 0
       end as H_XY_part
  from freq_job_bad;
quit;

proc fedsql;
  drop table H_XY force;

  create table H_XY as
  select sum(H_XY_part) as H_XY
  from entropy_joint;
quit;

/* 결과 확인 */
proc fedsql;
   select *
   from H_XY
   ;
quit;
```

H_XY
2.82132

[그림2-63] 결합 엔프로피 계산 결과

```
/* 2. H(Y) 계산 */
/* 빈도 계산 */
proc freqtab data=hmeq_partn;
   where _partind_ = 0 and job is not null and job <> '';
   table bad / out=freq_bad;
run;

/* 엔트로피 계산 */
proc fedsql;
  drop table entropy_y force;

  create table entropy_y as
  select *,
        case
          when percent > 0
          then -1 * (percent / 100.0) * log(percent / 100.0)/log(2)
          else 0
        end as H_Y_part
  from freq_bad;
quit;

proc fedsql;
  drop table H_Y force;

  create table H_Y as
  select sum(H_Y_part) as H_Y
  from entropy_y;
quit;
/* 결과 확인 */
proc fedsql;
   select *
   from H_Y
   ;
quit;
```

H_Y
0.730188

[그림2-64] 목표 변수 엔트로피 계산 결과

```
/* 3.H(X) 계산 */
proc freqtab data=hmeq_partn;
   where _partind_ = 0 and job is not null and job <> '';
   table job / out=freq_job only outpct;
run;

proc fedsql;
  drop table entropy_x force;

  create table entropy_x as
  select *,
       case
         when percent > 0
         then -1 * (percent / 100.0) * log(percent / 100.0)/log(2)
         else 0
       end as H_X_part
  from freq_job;
quit;

proc fedsql;
  drop table H_X force;

  create table H_X as
  select sum(H_X_part) as H_X
  from entropy_x;
quit;

/* 결과 확인 */
proc fedsql;
```

```
   select *
   from H_X
   ;
quit;
```

H_X
2.103533

[그림2-65] 설명 변수 엔트로피 계산 결과

```
/* 4. 상호정보량, 표준상호정보량, 누수율 계산 */
proc fedsql;
   drop table leakage_result force;

   create table leakage_result as
   select
      x.H_X,
      y.H_Y,
      xy.H_XY,
      (x.H_X + y.H_Y - xy.H_XY) as I_XY,
      sqrt(1-exp(-2.0*((x.H_X + y.H_Y - xy.H_XY)))) as SI_XY,
      ((x.H_X + y.H_Y - xy.H_XY) / y.H_Y) * 100 as Leakage_Pct
   from H_X as x,
        H_Y as y,
        H_XY as xy;
quit;

/* 결과 확인 */
proc fedsql;
    select *
    from leakage_result
    ;
quit;
```

H_X	H_Y	H_XY	I_XY	SI_XY	LEAKAGE_PCT
2.103533	0.730188	2.82132	0.012401	0.156516	1.698351

[그림2-66] 상호정보, 표준 상호정보 및 누수율 계산 결과

최종적으로 누수율은 1.698% 임이 계산되었다. 실무에서는 이러한 모든 과정을 매크로 함수로 정의하여 진행한다.

2.7.4.4 변동계수

변동계수(Coefficient of Variation, CV)가 낮은 변수는 예측에 기여하지 않는 특성이 강하므로 변수 선별에서 제거 대상이 될 수 있다. 변동계수의 정의는 데이터 탐색 장에서 기술하였고 이 절에서는 이를 점검하는 과정을 알아보기로 하자.

```
/* 저변동계수 선별 */
proc means data=hmeq_partn noprint;
  where _partind_ = 0;
  var _numeric_;  /* 수치형 변수 전체 대상 */
  output out=cv_check
    cv =  /autoname;
run;

proc transpose data=cv_check(drop=_freq_ _type_ _partind__cv)
  out=cv_check_row(rename=(col1=CV));
  var _numeric_;
run;
/* 결과 확인 */
proc fedsql;
   select *
   from cv_check_row
   ;
quit;
```

NAME OF FORMER VARIABLE	CV
BAD_CV	200.3843
LOAN_CV	59.44182
MORTDUE_CV	60.26008
VALUE_CV	55.61875
YOJ_CV	85.15914
DEROG_CV	337.0857
DELINQ_CV	251.1472
CLAGE_CV	47.20104
NINQ_CV	145.2993
CLNO_CV	48.10046
DEBTINC_CV	24.55333

[그림2-67] 변동계수 점검 결과

경험적으로 저 변동계수는 선별 대상이며 경계값은 0.1 이다.

2.7.4.5 상호정보

경험적 경계값은 0.05보다 작은 경우이다. 관련 계산식은 누수율 절에서 자세히 다루었다. 이 절에서는 연속형 변수인 경우에 적절한 구간화를 통하여 범주화를 실시하고 이를 통한 상호정보 값을 계산하면 된다.

```
/* 1: 결측 제거 후 등빈도 구간화 */
proc binning data=hmeq_partn
          method=quantile
          numbin=10;
  input mortdue;
  output out=hmeq_mortdue_bin copyvars=(mortdue bad);
  where _partind_ = 0 and mortdue is not null;
run;
```

```
/* 결과 확인 */
proc fedsql;
   select *
   from hmeq_mortdue_bin
   limit 5
   ;
quit;
```

MORTDUE	BAD	BIN_MORTDUE
25860	1	1
13500	1	1
97800	0	8
28502	1	2
32700	1	2

[그림2-68] 등빈도 구간화 결과

이후 과정은 BIN_MORTDUE 값을 범주변수로 취급하여 계산한다.

2.7.4.6 결측률

결측률이 매우 높은 경우 가령 90%인 경우는 거의 해당 변수 값을 사용할 수 없다. 그럼에도 불구하고 꼭 사용하고자 하면 결측 표시자(missing indicator) 변수를 생성하여 모델에 사용할 수 있다.

```
/* 결측률 */
/* 변수 정의 */
%let target = BAD;
%let xvars = CLAGE CLNO DEBTINC DELINQ DEROG JOB LOAN MORTDUE NINQ
REASON VALUE YOJ;
%let cats = REASON JOB;
%let nums = CLAGE CLNO DEBTINC DELINQ DEROG LOAN MORTDUE NINQ VALUE
YOJ;
```

```
/* 결측정보 생성 */
proc varimpute data=hmeq_partn(where=(_partind_=0)) noprint;
   input &cats;
   input &nums;
   ods output VarImputeInfo=imputeinfo;
run;

/* 결과 확인 */
proc fedsql;
  select variable
  ,nmiss
  ,n
  , nmiss*100.0/(n+nmiss) as missing_pct
  from imputeinfo
  order by missing_pct desc
  ;
quit;
```

Variable	NMiss	N	MISSING_PCT
DEBTINC	906	3266	21.7162
DEROG	496	3676	11.88878
DELINQ	398	3774	9.539789
MORTDUE	363	3809	8.700863
YOJ	361	3811	8.652924
NINQ	349	3823	8.365292
CLAGE	230	3942	5.512943
JOB	190	3982	4.554171
REASON	180	3992	4.314477
CLNO	156	4016	3.739214
VALUE	76	4096	1.821668
LOAN	0	4172	0

[그림2-69] 결측률 점검

결과를 보면 심각한 결측률을 보이는 것은 아니다. 만약 DEBTINC변수에 대하여 추가적으로 결측 표시자 변수를 만들어 분석 모델에 포함하고자 한다면 다음의 생성과정을 통해야 한다.

```
/* 결측 표시자 변수 생성 */
proc fedsql;
  drop table hmeq_with_miss_ind force;

  create table hmeq_with_miss_ind as
  select *,
       case
          when debtinc is null then 1
          else 0
       end as M_DEBTINC
  from hmeq_partn
  where _partind_=0;
quit;
```

각 변수에 대한 결측률도 중요하지만 각 관측값 별 결측 여부도 중요하다. 즉, 행 결측 부분도 고려해야 한다. 이에 대한 계산 코드는 결측값 처리 절을 참조한다.

2.7.4.7 중복 변수

중복 변수(duplicate/redundant variable)는 동일하거나 거의 동일한 정보를 담고 있는 변수를 의미한다. 이런 변수들은 모델 성능 향상에 기여하지 않거나 오히려 다중 공선성(multicollinearity)을 유발하여 모델 해석력을 떨어뜨릴 수 있기 때문에, 변수 선별 과정에서 반드시 점검해야 한다.

중복 변수를 점검하는 기준 중에 다음과 같은 대칭 불확실도(SU: symmetric uncertainty)가 있다.

$$SU = \frac{2I(X;Y)}{H(X)+H(Y)}$$

식을 보면 전체 불확실도 대비 2배의 공동 불확실도이다. 만약 2개의 변수가 상호 의존성이 아주 크면 이 값은 1에 수렴한다.

대칭 불확실도 계산을 위하여 엔트로피 관련 매크로는 다음과 같이 정의하여 autoexec.sas 에서 지정하는 매크로 폴더인 '/workspaces/bnn/macros' 폴더에 저장한다.

```
%macro su_entropy(x=, y=, data=, where=1);

  %let freq_xy = freq_&x._&y;
  %let freq_x  = freq_&x;
  %let freq_y  = freq_&y;
  %let ent_x   = ent_&x;
  %let ent_y   = ent_&y;
  %let ent_xy  = ent_&x._&y;
  %let result  = su_&x._&y;

  /* 교차 빈도표 */
  proc freqtab data=&data;
    where &where and &x is not null;
    table &x * &y / out=&freq_xy ;
  run;

  /* 단일 분포: x */
  proc freqtab data=&data;
    where &where and &x is not null;
    table &x / out=&freq_x ;
  run;

  /* 단일 분포: y */
  proc freqtab data=&data;
    where &where and &x is not null;
    table &y / out=&freq_y ;
  run;
```

```
/* H(X) 계산 */
proc fedsql;
  drop table &ent_x force;
  create table &ent_x as
  select sum(
    case when percent > 0 then -1 * (percent/100.0) * log(percent/100.0)/log(2) else
0 end
  ) as H_X
  from &freq_x;
quit;

/* H(Y) 계산 */
proc fedsql;
  drop table &ent_y force;
  create table &ent_y as
  select sum(
    case when percent > 0 then -1 * (percent/100.0) * log(percent/100.0)/log(2) else
0 end
  ) as H_Y
  from &freq_y;
quit;

/* H(X,Y) 계산 */
proc fedsql;
  drop table &ent_xy force;
  create table &ent_xy as
  select sum(
    case when percent > 0 then -1 * (percent / 100.0) * log(percent / 100.0) / log(2)
else 0 end
  ) as H_XY
  from &freq_xy;
quit;

/* 대칭 불확실도 및 상호정보량, 표준화 상호정보량 계산 */
proc fedsql;
```

```
    drop table &result force;
    create table &result as
    select a.H_X, b.H_Y, c.H_XY,
        (a.H_X + b.H_Y - c.H_XY) as I_XY,
        sqrt(1 - exp(-2 * (a.H_X + b.H_Y - c.H_XY))) as SI,
        2 * (a.H_X + b.H_Y - c.H_XY) / (a.H_X + b.H_Y) as SU
    from &ent_x as a, &ent_y as b, &ent_xy as c;
  quit;

  proc print data=&result label noobs;
    title "Symmetric Uncertainty, Mutual Information and Standardized MI between &x
and &y";
  run;

%mend su_entropy;
```

이를 이용하여 다음과 같이 대칭 불확실도를 구한다.

```
/* 대칭 불확실도 */
%su_entropy(x=JOB, Y=BAD, data=hmeq_partn, where=_partind_=1);
```

Symmetric Uncertainty, Mutual Information and Standardized MI between JOB and BAD

H_X	H_Y	H_XY	I_XY	SI	SU
2.08997	0.73680	2.81623	0.010543	0.14445	.007459240

[그림2-70] 대칭 불확실도 계산 결과

결과를 보면 변수 간의 불확실도가 매우 낮음을 알 수가 있다.

...on)은 머신러닝과 통계 모델링에서 모델 성능을 높이고 ..., 해석력을 향상시키기 위해 중요한 변수를 식별하고 ...는 과정입니다.

...하는 방법은 다양하게 있지만 특정 모델인 경우는 자체적으로 변수 ...하고 변수 중요도를 계산하는 기능이 있으므로 이 절에서는 VARREDUCE ...프로시저를 통한 변수 선택 과정만을 다루기로 하자.

VARREDUCE 이름에서부터 시사하듯이 변수 축소의 의미를 갖고 있다. 즉, 목표변수에 대한 설명변수의 잔차 제곱, 즉 일종의 오차를 이용하여 변수를 축소한다는 의미이다.

2.7.5.1 지도 학습 변수 선택

지도 학습(supervised learning) 변수 선택은 지도 변수가 있는 경우에 설명 변수를 선택하는 과정이다. 이 때 목표변수의 유형이 범주형이면 분류 문제, 아니면 회귀 문제라고 한다.

2.7.5.1.1 회귀 문제

회귀 문제인 경우에 변수 선택은 다음과 같다.

$Y \in R^{n \times t}$은 t개의 목표변수를 갖는 데이터이고 $X \in R^{n \times m}$은 m개의 설명변수를 갖는 데이터라고 정의한다. $X = (X_1, X_2)$이라고 하자. $X_1 \in R^{n \times k}$은 선택된 k변수 데이터이며 $X_2 \in R^{n \times (m-k)}$은 남아있는 $m - k$개의 변수 데이터이라고 하면 다음의 목적함수를 최소화하도록 순차적으로 k를 선택하는 것이다.

$$\min \text{Trace}\,(Y^T(I - X_1(X_1^T X_1)^{-1} X_1^T)Y)$$

식에서 대각합(trace)을 구하는 것은 각 목표변수의 변동합을 의미하기 때문이다.

목적함수는 X_1의 열 공간(column space)에 의하여 설명되지 않는 부분 즉, 잔차 곱합(SSE: sums of squares)을 의미한다. 만약 목표변수가 1개이면 일반 회귀분석을 실시하는 것과 동일하다.

이 과정은 전진 선택 과정으로써 모든 변수 중에 잔차를 가장 작게 주는 변수부터 선택하여 마지막 변수까지 과정이 진행된다. 이 때 적절한 기준 하에 변수가 선택되어야 하는데 어떤 기준이 있을까?

통계량	정의 또는 수식
n	관측값 개수
p	모형에 포함된 변수(모수) 개수
t	지도 학습의 경우 목표 변수 개수, 비지도 학습의 경우 미선택 변수 개수
SSE	오차 제곱합 (Sum of Squared Errors)
MSE	$\mathrm{MSE} = \frac{\mathrm{SSE}}{\mathrm{n-p}}$
AIC(Akaike 정보 기준)	$\mathrm{AIC} = \ln(\mathrm{SSE}) + \frac{2\mathrm{pt} + \mathrm{t}(\mathrm{t}+1)}{\mathrm{n}}$
AICC(수정 AIC)	$\mathrm{AICC} = \ln(\mathrm{SSE}) + \frac{(\mathrm{n}+\mathrm{p})\mathrm{t}}{\mathrm{n}-\mathrm{p}-\mathrm{t}-1}$
BIC(베이지안 정보 기준)	$\mathrm{BIC} = \ln(\mathrm{SSE}) + \frac{\mathrm{p} \cdot \ln(\mathrm{n})}{\mathrm{n}}$

BIC(Bayesian Information Criterion) 기준에 대하여 추가 설명을 하자면 변수가 추가될 수록 SSE는 한없이 작아지지만 그 반대로 p는 커지게 된다. 즉, 일종의 벌점항(penalized term) 역할을 하기 때문에 적절한 변수의 개수에서 최저값을 가지게 된다. 모델 적합성 관점에서 수록된 모든 기준은 값이 작을수록 좋다. 즉, 일종의 비용함수이다.

2.7.5.1.1.1 HOUSING 데이터 예

HOUSING 데이터를 통하여 살펴보자.

```
/* HOUSING */
filename infile url "https://github.com/bong-ju-kang/data/raw/refs/heads/master/
california_housing.csv";

proc import datafile=infile
   out=HOUSING
   dbms=csv
   replace;
   guessingrows=MAX;
run;
/* 데이터 확인 */
proc fedsql;
   select *
   from housing
   limit 5
   ;
quit;
```

MedInc	HouseAge	AveRooms	AveBedrms	Population	AveOccup	Latitude	Longitude	MedHouseVal
8.3252	41	6.9841269841	1.0238095238	322	2.5555555556	37.88	-122.23	4.526
8.3014	21	6.2381370826	0.9718804921	2401	2.1098418278	37.86	-122.22	3.585
7.2574	52	8.2881355932	1.0734463277	496	2.802259887	37.85	-122.24	3.521
5.6431	52	5.8173515982	1.0730593607	558	2.5479452055	37.85	-122.25	3.413
3.8462	52	6.2818532819	1.0810810811	565	2.1814671815	37.85	-122.25	3.422

[그림2-71] HOUSING 데이터

HOUSING 데이터는 MedHouseVal 즉, 주택중간가격을 예측하기 위하여 필요한 데이터이다. 목표변수를 제외한 모든 변수는 설명변수이며 이를 이용하여 변수 축소 과정을 진행해보자.

```
/* 변수 정의 */
%let target = MEDHOUSEVAL;
%let xvars = MEDINC HOUSEAGE AVEROOMS AVEBEDRMS POPULATION AVEOCCUP
LATITUDE LONGITUDE;
%let nums = MEDINC HOUSEAGE AVEROOMS AVEBEDRMS POPULATION AVEOCCUP
LATITUDE LONGITUDE;
%let cats = ;
/* 회귀 문제 */
proc varreduce data=HOUSING;
  reduce supervised &target = &xvars / BIC;
run;
```

Selection Summary							
Iteration	Parameter	Proportion of Variance Explained	SSE	MSE	AIC	AICC	BIC
1	MedInc	0.473447	0.526553	0.00002551	-0.641210	0.358790	-0.640923
2	HouseAge	0.509120	0.490880	0.00002379	-0.711264	0.288736	-0.710592
3	Latitude	0.517193	0.482807	0.00002340	-0.727750	0.272250	-0.726694
4	Longitude	0.594025	0.405975	0.00001967	-0.900979	0.099021	-0.899538
5	AveBedrms	0.598838	0.401162	0.00001944	-0.912807	0.087193	-0.910982
6	AveRooms	0.605040	0.394960	0.00001914	-0.928292	0.071708	-0.926082
7	AveOccup	0.606219	0.393781	0.00001908	-0.931186	0.068814	-0.928592
8	Population	0.606233	0.393767	0.00001909	-0.931123	0.068877	-0.928144

[그림2-72] 변수 축소 결과

결과 테이블을 보면 BIC 값이 계속 감소하고 있으므로 모든 변수가 선택되었다. 만약 BIC 값이 연속해서 3번 감소가 실패하면 중단하게 된다. 즉, 만약 변수의 개수가 3개일 때 최소값이고 그 이후 변수를 추가함으로써 BIC가 증가하게 되는데 만약 연속 3번 증가한다면 멈추게 되고 그때까지의 이력 중에 최소값을 주는 변수까지 선택하게 된다.

변수 축소의 주요 옵션은 다음과 같다.

옵션	설명
AIC	AIC 감소가 3번 연속 실패하면 중단
AICC	AICC 감소가 3번 연속 실패하면 중단
BIC	BIC 감소가 3번 연속 실패하면 중단
MAXITER=n 또는 MAXSTEPS=n	최대 반복 횟수
MAXEFFECTS=n	최대 선택 변수 수
VAREXP=fraction	선택된 변수들이 총 분산 중 fraction 이상 설명하면 중단
VARINC=fraction	각 단계에서 설명력 증가폭이 이 값보다 작으면 중단

2.7.5.1.2 분류 문제

분류 문제를 회귀 문제와 동일하게 변수 선택 방법을 적용하려면 범주형 자료를 각 범주별 숫자화를 진행해야 한다. 즉, 범주가 c개가 있다면 c차원의 벡터로 변경해야 한다.

변경하는 방법은 다음과 같다.

$$Y_{i,j}=\begin{cases}\frac{1}{\sqrt{n}}\left(\sqrt{\frac{n}{n_j}}-\sqrt{\frac{n_j}{n}}\right), & \text{if } y_i=j\\ -\frac{1}{\sqrt{n}}\sqrt{\frac{n_j}{n}}, & \text{if } y_i\neq j\end{cases}$$

이 방법은 선형 판별분석(linear discriminant analysis)에서 사용하는 방법으로 목표변수를 연속형 벡터로 변환하는 방법이다.

$y_i \in \{1,2,\ldots,c\}$는 길이가 c인 벡터로 변환되며 변환된 벡터는 자기 범주인 경우는 해당 위치의 양수 값을 다른 클래스는 음수 값을 갖고 전체적으로 $\sqrt{n}$으로 나누어져 있어 정규화 되어 있다.

2.7.5.1.2.1 HMEQ 데이터 예

목표 변수가 0과 1값을 갖는 변수이지만 범주변수로 선언되고 나면 마찬가지로 2차원 벡터로 변환된다.

```
/* 목표 변수 인코딩 */
proc fedsql;
 /* 1) 전체 non-missing 건수 n, 각 범주별 건수 n0,n1 계산 */
 drop table _counts force;
 create table _counts as
 select
   sum(case when BAD is not null then 1 else 0 end) as n,
   sum(case when BAD = 0        then 1 else 0 end) as n0,
   sum(case when BAD = 1        then 1 else 0 end) as n1
 from hmeq_partn
 where _partind_=0;
quit;

proc fedsql;
 /* 2) 원본에 합쳐서 Y_i,0 / Y_i,1 계산 */
 drop table hmeq_y force;
 create table hmeq_Y as
 select
   a.*,
   /* Y_{i,0} */
   case
     when a.BAD = 0
     then (1/sqrt(c.n))*(sqrt(c.n/c.n0) - sqrt(c.n0/c.n))
     else -(1/sqrt(c.n))*sqrt(c.n0/c.n)
   end as Y_0,
   /* Y_{i,1} */
   case
     when a.BAD = 1
     then (1/sqrt(c.n))*(sqrt(c.n/c.n1) - sqrt(c.n1/c.n))
     else -(1/sqrt(c.n))*sqrt(c.n1/c.n)
   end as Y_1
```

```
  from
    hmeq_partn    as a
  inner join
    _counts as c
  on 1=1
  where a._partind_=0
  ;
quit;

/* 결과 확인 */
proc fedsql;
   select *
   from hmeq_Y
   limit 5
   ;
quit;

/*분류 문제 */
proc varreduce data=hmeq_y;
   class &cats;
   reduce supervised y_0 y_1 = &xvars / BIC;
quit;
```

BAD	LOAN	MORTDUE	VALUE	REASON	JOB	YOJ	DEROG	DELINQ	CLAGE	NINQ	CLNO	DEBTINC	Partition Indicator	Y_0	Y_1
1	1100	25860	39025	HomeImp	Other	10.5	0	0	94.366666667	1	9	.	0	-0.01385	0.027755
1	1500	13500	16700	HomeImp	Other	4	0	0	149.46666667	1	10	.	0	-0.01385	0.027755
1	1500	.	.			.	.	.	.	.	.	.	0	-0.01385	0.027755
0	1700	97800	112000	HomeImp	Office	3	0	0	93.333333333	0	14	.	0	0.003451	-0.00691
1	1800	28502	43034	HomeImp	Other	11	0	0	88.766029879	0	8	36.884894093	0	-0.01385	0.027755

[그림2-73] 목표 변수 인코딩 결과

BAD 변수가 0 또는 1 값을 가지기 때문에 그 각각에 대하여 Y_0, Y_1과 같은 숫자형 변수로 변환하였다.

Selection Summary							
Iteration	Parameter	Proportion of Variance Explained	SSE	MSE	AIC	AICC	BIC
1	DELINQ	0.088597	1.822805	0.00077665	0.604636	2.604643	0.603682
2	DEROG	0.128903	1.742194	0.00074262	0.561108	2.561121	0.561756
3	DEBTINC	0.166200	1.667600	0.00071113	0.519051	2.519071	0.521302
4	CLAGE	0.177893	1.644214	0.00070146	0.506632	2.506660	0.510484
5	JOB Sales	0.181411	1.637179	0.00069875	0.504048	2.504086	0.509502
6	NINQ	0.184876	1.630248	0.00069609	0.501509	2.501558	0.508565
7	JOB Self	0.186452	1.627096	0.00069504	0.501277	2.501339	0.509935
8	LOAN	0.188559	1.622883	0.00069354	0.500388	2.500464	0.510648
9	JOB Office	0.189743	1.620515	0.00069282	0.500631	2.500723	0.512493

[그림2-74] 변수 축소 결과

그림을 보면 BIC 값이 최소가 되는 경우는 반복수 8번인 경우가 선택되는 지점이다. LOAN 변수가 최종적으로 선택될 때 BIC 값이 최소가 된다. 범주형 변수인 경우는 원핫 인코딩되어 변수가 들어가기 때문에 각 범주별로 선택이 되며, 이때 1개의 범주라도 선택되면 해당 범주형 변수는 선택되게 된다.

Selected Effects		
Number	Selected Variable	Variable Type
1	DELINQ	INTERVAL
2	DEROG	INTERVAL
3	DEBTINC	INTERVAL
4	CLAGE	INTERVAL
5	JOB	CLASS
6	NINQ	INTERVAL
7	LOAN	INTERVAL

[그림2-75] 최종 선택 변수

결과적으로 선택된 변수 목록이다.

2.7.5.2 비지도 학습 변수 선택

비지도 학습의 경우에 다음과 같이 정의되어 있다고 하자.

$$X \in R^{n \times m}, \quad X_1 \in R^{n \times k}, \quad X_2 \in R^{n \times (m-k)}$$

여기서 전체 변수의 개수는 m개이며 k는 선택할 변수 개수이며 m-k는 제거될 후보 개수라고 가정하자. 이 때 하고자 하는 일은 X_1만으로 최대한 X의 분산을 설명하도록 즉, X_2가 X_1으로 설명되지 않은 부분을 최소화하는 것이다.

$$\min \mathrm{Trace}\,(X_2^T(I - X_1(X_1^T X_1)^{-1} X_1^T) X_2)$$

이 과정도 변수 1개씩 선택하는 전진 선택(forward selection) 과정을 거치게 된다. 즉, 1번 선택된 변수는 이후 과정에서 제거되지 않는다.

비지도 학습인 경우는 다음과 같은 중단 조건이 있다.

옵션	설명
MAXITER=n 또는 MAXSTEPS=n	최대 반복 횟수
MAXEFFECTS=n	최대 선택 변수 수
VAREXP=fraction	선택된 변수들이 총 분산 중 fraction 이상 설명하면 중단
VARINC=fraction	각 단계에서 설명력 증가폭이 이 값보다 작으면 중단

VARINC의 값은 경험적으로 0.01~0.05 사이의 값을 선택하면 큰 무리가 없어 보인다.

```
/* 비지도 학습 unsupervised */
proc varreduce data=hmeq_partn(where=(_partind_=0));
   class &cats;
   reduce unsupervised  &xvars/varinc=0.001;
   displayout selectionsummary = selsummary;
quit;
```

Selection Summary							
Iteration	Parameter	Proportion of Variance Explained	SSE	MSE	AIC	AICC	BIC
1	VALUE	0.123573	15.775689	0.006722	2.903274	19.904455	2.761776
2	REASON DebtCon	0.240050	13.679097	0.005831	2.758969	18.760137	2.622480
3	JOB Other	0.319062	12.256877	0.005227	2.646632	17.647779	2.516004
4	JOB ProfExe	0.388738	11.002717	0.004694	2.535280	16.536399	2.411364
5	JOB Mgr	0.454450	9.819897	0.004191	2.417290	15.418374	2.300938
6	DEROG	0.514451	8.739877	0.003732	2.295664	14.296707	2.187729
7	YOJ	0.573313	7.680361	0.003281	2.160472	13.161466	2.061805
8	JOB Office	0.631915	6.625529	0.002831	2.005922	12.006860	1.917374
9	JOB Sales	0.688178	5.612799	0.002400	1.832375	10.833250	1.754799
10	CLNO	0.744382	4.601125	0.001968	1.625108	9.625915	1.559356
11	DEBTINC	0.798134	3.633592	0.001555	1.379660	8.380389	1.326582
12	DELINQ	0.850727	2.686916	0.001150	1.067611	7.068257	1.028060
13	NINQ	0.899807	1.803472	0.00077236	0.657857	5.658413	0.632685
14	CLAGE	0.947061	0.952906	0.00040827	0.007979	4.008437	-0.001962

[그림2-76] 비지도 학습 선택 결과

프로그램에서는 VARINC=0.001과 같이 매우 작은 값을 주어서 Proportion of Variance Explained 즉, 설명되는 누적 분산의 변화를 보게 하였다. 이런 식으로 분산의 변화를 보면서 어디까지 선택할 것인지를 결정하여도 된다.

```
/* 누적분산 설명력 시각화 */
proc sgplot data=selsummary;
  title "누적 분산 비율 (Proportion of Variance Explained)";
  vbar Parameter / response=varExp datalabel;
  xaxis DISCRETEORDER=DATA display=(nolabel);
  yaxis label="누적 설명 분산 비율" grid;
run;
title;
```

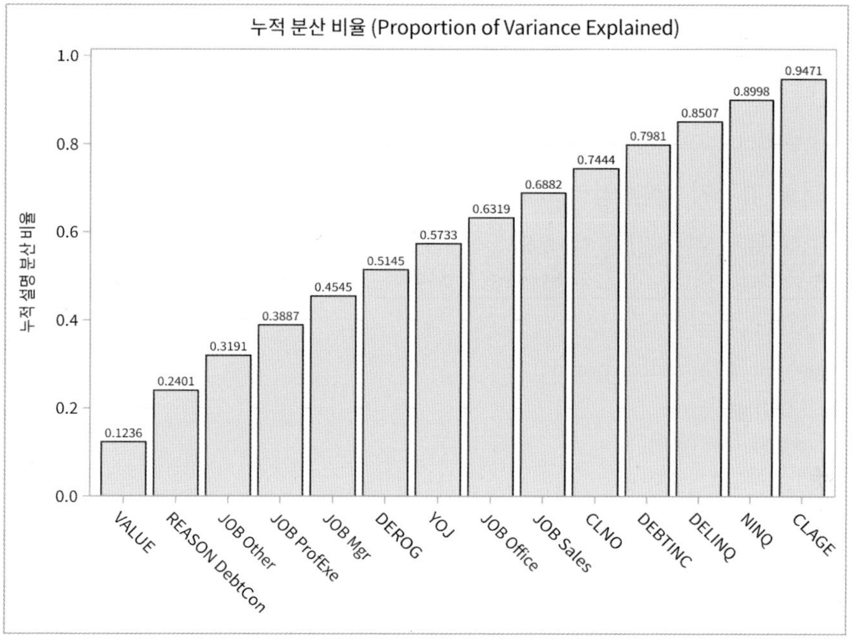

[그림2-77] 누적 분산 설명력 막대 그래프

2.8 모델 구성

모델 구성은 크게 모델 생성, 모델 평가 및 모델 등록으로 구성되어 있다.

2.8.1 모델 생성

데이터 전처리 과정을 거친 후 구성된 데이터에 맞는 모델을 정의하고 생성하는 과정이다. 그런데 모델을 먼저 생각한 후 그에 맞는 데이터를 구성하는 경우도 있으므로 반드시 순서를 따를 필요는 없다. 다만, 데이터 전처리와 모델 생성은 분리된 것이 아니라 서로 보완적인 관계로 반복되는 경우가 실무에서는 많다.

모델은 지도 학습과 비지도 학습에 따라 적용 알고리즘이 다양하다.

2.8.1.1 지도 학습 모델

2.8.1.1.1 결정나무 모델

결정나무(decision tree)는 나무 모양의 그래프 또는 모델을 의미하며 입력 변수의 공간을 서로 겹치지 않는 영역으로 구분한 후 각 영역에 평균값(mean) 또는 최빈값(mode)으로 목표 변수 값을 예측하는 모델이다.

```
/* 깊이 2인 결정나무 */
proc treesplit data=hmeq_partn
   plots=all maxdepth=2;
   class &cats &target;
   model &target = &xvars;
   grow entropy;
   partition rolevar=_partind_(test='2' validate='1' train='0');
run;
```

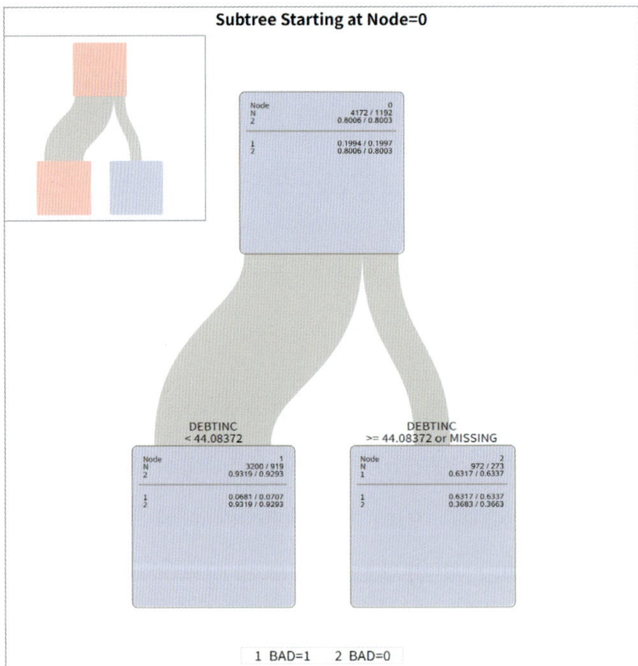

[그림2-78] 분류 결정나무 예시

그림은 3개의 노드(node)로 구성되어 있다. 처음 시작하는 노드는 뿌리 노드(root node)이며 노드 식별자는 0이고 훈련 데이터 건수는 4172, 검증 데이터 건수는 1192개이다. 또한 2그룹(BAD=0)의 비율은 훈련 데이터/검증 데이터 각각 0.8006/0.8003이다.

뿌리 노드를 나누는 변수는 DEBTINC이며 분할 값은 44.08372이다. 이 값보다 작으면 왼쪽, 크거나 결측 값이면 오른쪽으로 데이터가 나누어진다. 이 때 왼쪽 노드인 경우에 2범주의 비율이 0.9319으로서 다수를 차지하고 그 결과 해당 노드는 2로 예측된다. 오른쪽 노드인 경우는 1 범주가 다수를 차지하므로 해당 노드는 1로 예측된다. 다음 과정은 나누어진 모든 노드 즉, 1번과 2번 노드에 대하여 앞의 과정을 반복하게 된다. 이러한 과정을 나무의 성장(grow)이라고 한다. 반복의 종료는 나무의 깊이(MAXDEPTH)나 마지막 노드의 즉, 나뭇잎의 최소 크기(MINLEAFSIZE) 등으로 결정하게 된다.

그런데 이렇게 성장한 나무는 일반화 오차에 매우 취약하므로 즉, 데이터 변화에 민감하므로 적절히 가지를 쳐서(prune) 덜 흔들리는 나무를 만들 수 있다. 이러한 과정을 가지 치기(pruning)라 한다.

2.8.1.1.1.1 나무 성장

나무 성장(growing)은 분할(split)을 반복하는 과정이다. 즉, 가장 좋은 분할 기준인 변수와 분할 값을 선택하여 자식 노드(child node)를 생성한 후 각 자식 노드에 대하여 위 과정을 반복적으로 적용하는 것이다.

어떻게 분할 변수와 분할 값을 구하는지 그 과정을 살펴보자.

하나의 노드를 N이라고 하고 자식 노드를 $\{N_1,\cdots,N_B\}$이고 분할 전 불순도를 i(N), 분할 후 가중 불순도를 $\sum_{b=1}^{B} \frac{|N_b|}{|N|} i(N_b)$이라고 하면 불순도 감소량(impurity reduction)은 다음과 같다.

$$\Delta i = i(N) - \sum_{b=1}^{B} \frac{|N_b|}{|N|} i(N_b)$$

여기서 |·|은 해당 노드의 데이터 건수이다.

이 때 불순도 감소량을 최대화하는 변수와 그 변수가 취하고 있는 값을 반복적으로 선택하는 과정이 나무 성장이라고 한다.

여기서 불순도의 기준은 무엇을 의미하는 것일까? 만약 목표변수가 숫자형 즉, 연속형 변수라면 잔차 제곱합이 된다.

$$RSS(N) = \frac{1}{N} \sum_{i \in N} (y_i - \overline{y_N})^2$$

이러한 기준을 정리하면 아래의 표와 같다.

기준	정의	나무 유형
Gini Index (지니 불순도)	$G(N) = 1 - \sum_{j=1}^{C} p_j^2$	분류
정보이득 (Information Gain)	$H(N) = -\sum_{j=1}^{C} p_j \log_2 p_j$ $Gain = H(N) - \sum_{b=1}^{B} \frac{\lvert N_b \rvert}{\lvert N \rvert} H(N_b)$	분류
Information Gain Ratio (IGR: 정보이득비)	$IGR = \frac{Gain}{-\sum_{b=1}^{B} \frac{\lvert N_b \rvert}{\lvert N \rvert} \log_2 \frac{\lvert N_b \rvert}{\lvert N \rvert}}$	분류

카이제곱	$\chi^2 = \sum_{i=1}^{C}\sum_{b=1}^{B}\frac{(O_{ib}-E_{ib})^2}{E_{ib}}$	분류
F 통계량	$F = \frac{SS_{between}/(B-1)}{SS_{within}/(\lvert N\rvert - B)}$ $SS_{between} = \sum_{b=1}^{B}\lvert N\rvert(\bar{Y}(N_b)-\bar{Y}(N))^2$ $SS_{within} = \sum_{b=1}^{B}\sum_{i=1}^{N_b}(Y_{bi}-\bar{Y}(N_b))^2$	회귀
잔차제곱합	$RSS(N) = \frac{1}{\lvert N\rvert}\sum_{i\in N}(y_i-\overline{y_N})^2$	회귀

TREESPLIT 프로시저에서는 GINI, ENTROPY 또는 GAIN, IGR, CHISQUARE, FTEST, RSS 또는 VARIANCE 이름으로 GROW 문에 사용되고 있다. 분류 나무인 경우의 기본 값은 IGR이다.

나무의 성장은 관측값 개수가 1개가 남을 때까지 갈 수 있지만 적절한 깊이에서 멈추게 할 수 있다. 이 때 대표적으로 사용되는 것이 뿌리 노드에서부터 시작하는 나무의 깊이(MAXDEPTH)와 나뭇잎의 최소 데이터 건수(MINLEAFSIZE)이다. 기본 값은 5이다.

나무의 분할은 항상 좌/우로 가지가 늘 2개로만 분할해야만 할까? 이에 대한 옵션으로 최대 분할 나뭇가지개수(MAXBRANCH)를 지정할 수 있지만 여러가지 이유로 2개로만 분할해도 충분하다. 대표적인 이유는 가장 영향력 있는 변수로 한 번에 많은 가지를 갖게 되면 각 가지별 데이터가 충분하지 않기 때문이다. 기본값은 2이다.

숫자형 변수가 설명 변수인 경우에 해당 변수의 유일 값 건수가 아주 많다면 모든 값에 대하여 불순도를 계산해야 하므로 많은 자원이 필요하다. 이런 이유로 숫자형 변수는 적절히 구간화(binning)를 한 후 학습된다. 이 때 사용하는 구간화 방법은 등빈도 구간화(quantile binning)를 실시하여 적용한다. 해당 값을 변경하고자 하면 BINMETHOD 옵션을 사용하여 변경하며, 구간 개수를 변경하고자 하면 NUMBIN 옵션을 사용한다. 기본값은 50이다.

2.8.1.1.1.2 가지 치기

일반화 오차를 줄이기 위한 가지 치기 중 가장 잘 알려진 비용-복잡도 가지 치기(cost-complexity pruning)에 대하여 알아보자.

결정나무 T에 대한 비용-복잡도 함수는 다음과 같이 정의된다.

$$C_{\alpha}(T) = R(T) + \alpha|T|$$

여기서 R(T)는 결정나무의 오류(분류 문제: 오분류율 등, 회귀 문제: RSS)이며 |T|는 나뭇잎의 개수이고 α는 복잡도 제어 상수로써 이 값이 클수록 나뭇잎이 많은 즉, 울창한 결정나무에 벌점을 부과한다.

$\alpha = 0$이면 오류만 최소화하는 나무가 되며 가장 많은 나뭇잎을 갖게 되고, 따라서 과적합 가능성이 높으며 α가 커질수록 복잡도 벌점이 증가하여 단순한 나무가 된다.

적절한 알파 값에 대하여 다음과 같은 나뭇잎을 가진 노드가 대응됨을 관찰할 수 있다.

$$[0, \alpha_1):T_0$$

$$[\alpha_1, \alpha_2):T_1$$

$$\cdots$$

$$[\alpha_m, \infty):T_m$$

여기서 T_0는 나뭇잎을 모두 갖춘 완전 나무이며 $T_m \subset T_{m-1} \subset \cdots \subset T_0$ 관계가 성립한다.

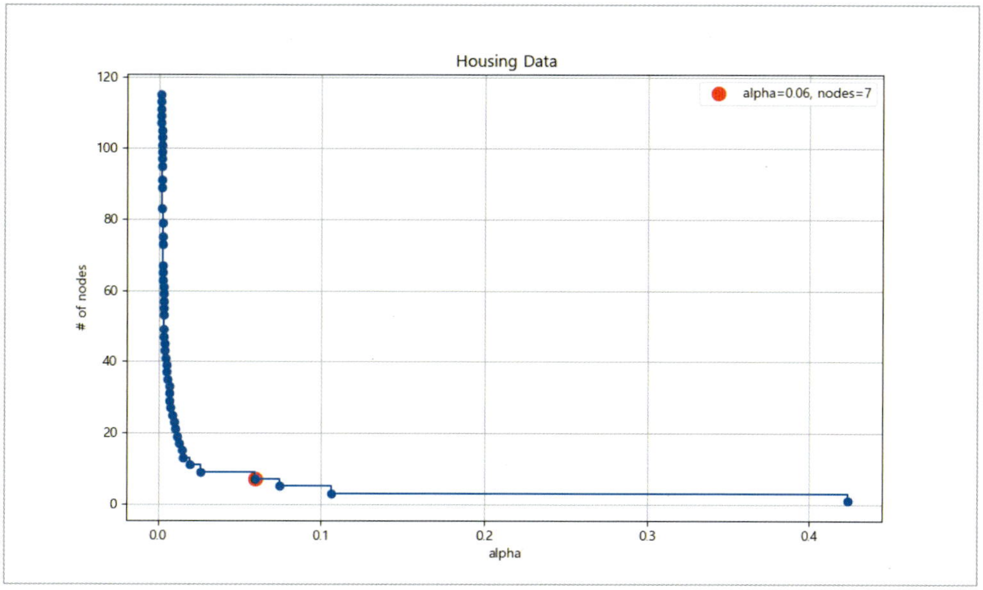

[그림2-79] α 값과 노드 개수 변화 그래프

그림을 보면 각 알파 값 집합에 따른 적절한 노드의 개수가 대응됨을 알 수가 있다. 이런 의미에서 완전 나무에서 출발하여 가장 약한 가지를 1개씩 가지 치기하면서 생성되는 나무 중에 가장 작은 오류율을 주는 나무를 선택하는 것과 동일하다는 것을 알 수 있다.

구체적으로 나무 가지 치기 과정을 살펴보자.

순서	내용	비고
1	이진 트리를 성장시킨다. 잎의 크기와 같은 종료 조건을 충족시킬 때까지.	
2	각 α에 대하여 비용-복잡성 가지 치기 방법으로 최적의 하위 나무를 생성한다. 이때 각 α에 대하여 유일한 크기의 나무가 대응된다. 즉, 일련의 나무 크기별로 최적의 나무 열을 생성한다.	하나의 α에 대하여, 완전 나무에 대한 가장 약한 연결 가지 치기를 함으로써 발생하는 일련의 하위 나무 중에 하나가 대응됨

3	최적의 α값을 선택하기 위하여 K-겹(K-fold)으로 데이터를 분할한 후 모든 k=1,2, …, K에 대하여 1) k번째 겹을 제외한 겹들로 1과 2를 반복한다. 2) 각 α에 대하여 k번째 겹으로 MSE를 평가한다. 각 α에 대하여 비용함수의 평균을 구한다. 이 값을 최소화하는 α값을 선택한다.	최적의 α값을 선택한다는 것은 최적의 크기를 갖는 나무를 선택하는 것과 같은 의미임.
4	3에서 선택된 최적의 α값 즉, 최적의 크기인 나무를 2에서 선택한다.	

여기서 K-겹은 훈련 데이터를 K개의 동일한 크기로 나눈다는 의미이다.

약한 연결 가지 치기(weakest link pruning)의 의미를 살펴보자.

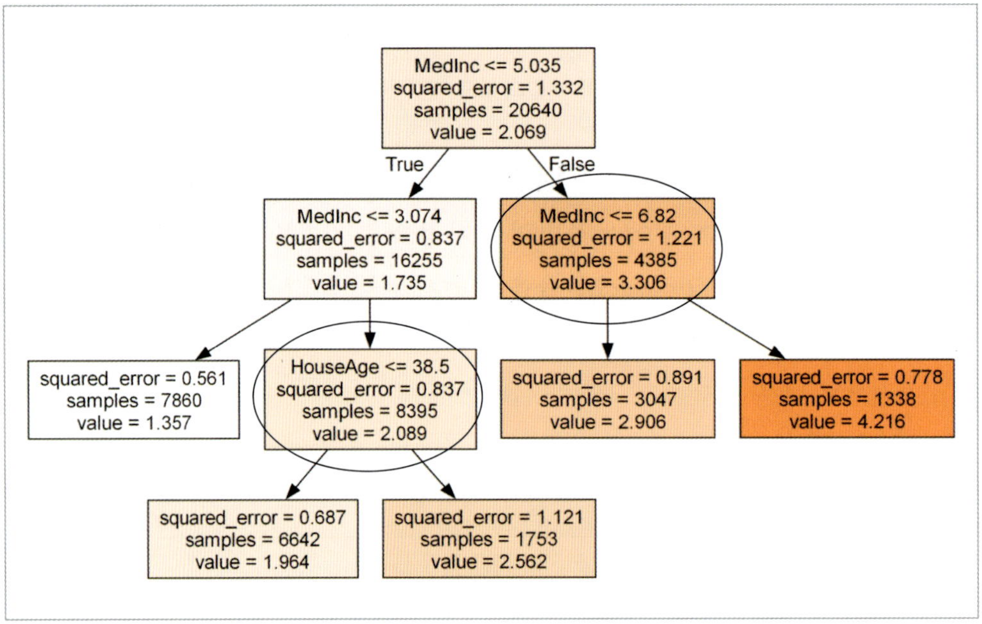

[그림2-80] MedInc, HouseAge에 의한 MedHouseVal 결정나무 적합

그림은 5개의 나뭇잎을 갖고 있다. 약한 연결이라는 것은 나뭇잎이 되기 직전의 노드가 분기할 때 그 불순도가 어느 만큼 감소시켰는지를 파악하여 그 불순도의 감소

가 가장 작은 직전 노드를 분기하지 않는 것이다. 그림의 실선과 점선의 불순도 감소 값이 어떻게 되는지 계산해보자.

불순도의 변화는 $\Delta i(s,\tau) = i(\tau) - \sum_{b=1}^{B} p(\tau_b|\tau)\, i(\tau_b)$이다. 여기서 τ: 노드, i(τ): 해당 노드의 불순도, τ_b: 자식 노드, $p(\tau_b|\tau)$: 자식 노드의 표본 비율이다.

실선 노드의 불순도 감소는 0.837-(6642/8395*0.687+1753/8395*1.121)=0.05937 이다.

점선 노드의 불순도 감소는 1.221-(3047/4385*0.891+1338/4385*0.778)=0.36448 이다.

점선 노드가 불순도를 실선 노드보다 많이 감소시켰기 때문에 실선 노드 밑의 나뭇잎이 사라지게 된다. 즉, 나뭇잎의 개수가 2개에서 1개가 되었으므로 1개가 없어지게 되는 효과가 된다.

이런 방법으로 나뭇잎을 1개씩 줄여 나가는 방법을 약한 연결 가지 치기이라고 한다.

위 방법은 TREESPLIT 프로시저의 PRUNE 문에서 다음과 같이 지정한다.

PRUNE <prune-method><(prune-options)>;

여기서 prune-method 중의 하나가 비용-복잡성이므로 CC 또는 COSTCOMPLEXITY를 지정하면 된다. CC 방법의 옵션으로 알파 값을 지정하거나(ALPHA=) K-겹의 개수를 지정하거나(KFOLD=10) 나뭇잎의 개수를 지정(LEAVES)할 수 있다.

만약 알파 값을 지정하거나 나뭇잎의 개수를 지정하면 해당 값에 대한 최적의 나무를 선정한다.

```
/* 가지 치기 */
proc treesplit data=hmeq_partn
   plots=all maxdepth=20;
   class &cats &target;
   model &target = &xvars;
   grow entropy;
   prune cc;
   partition rolevar=_partind_(test='2' validate='1' train='0');
run;
```

Model Information	
Split Criterion	Entropy
Pruning Method	Cost Complexity
Max Branches per Node	2
Max Tree Depth	20
Tree Depth Before Pruning	16
Tree Depth After Pruning	12
Number of Leaves Before Pruning	216
Number of Leaves After Pruning	34

[그림2-81] 모델 정보

모델 정보를 보면 깊이를 20으로 주었을 때 최대 16 깊이까지 나무가 성장하고 있으며 가지 치기 옵션을 했을 경우 12개의 깊이를 갖는 나무가 선택되었고, 그 나뭇잎의 개수는 34임을 알 수가 있다.

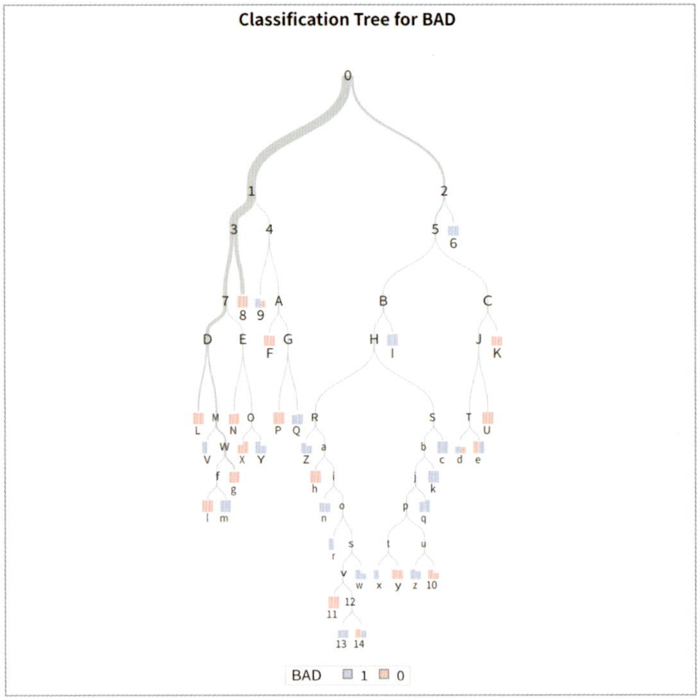

[그림2-82] 선택된 결정 나무

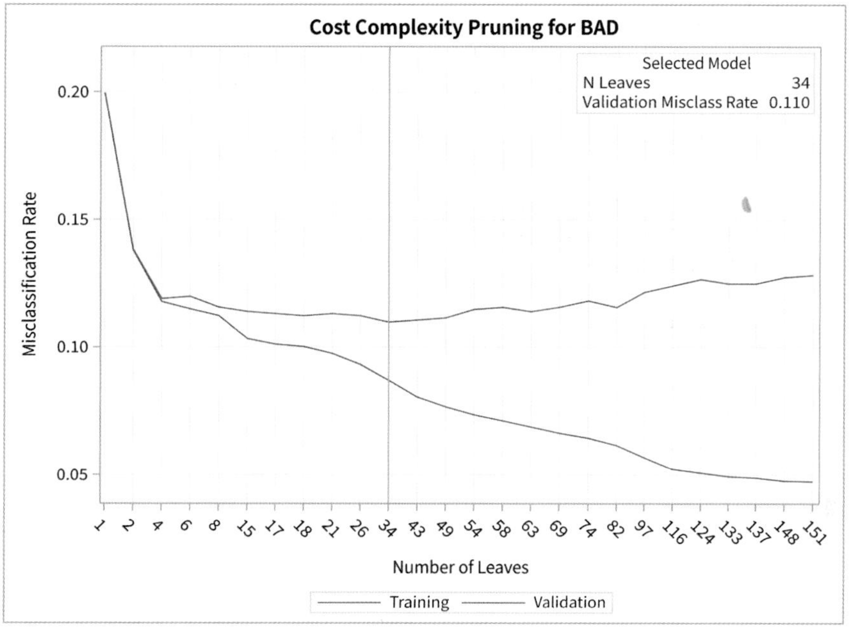

[그림2-83] 가지 치기 과정

그림은 나뭇잎의 개수에 따른 오분류율(misclassification rate)의 변화를 보여주고 있으며 훈련 데이터의 오분류율은 지속적으로 감소하고 있으나 편향-분산 균형에 의하여 검증 데이터는 34개의 나뭇잎을 최저로 하여 U자 형으로 증가하고 있다.

선택된 모델은 나뭇잎의 개수가 34개임을 표시하고 있고 그 때의 검증 데이터의 오류율은 0.11 이다.

2.8.1.1.1.3 모델 적합도

결정 나무인 경우에 모델의 적합도는 분류 또는 회귀 문제에 따라 다음과 같이 정의한다.

- 분류 문제(오분류율): $\text{Misc} = \frac{1}{N_0}\sum(0 \text{ if correct, } 1 \text{ otherwise})$
- 회귀 문제(평균제곱오차): $\text{ASE} = \frac{\text{RSS}}{N_0}$

2.8.1.1.1.4 변수 중요도

먼저 출력된 표를 살펴보자.

Variable Importance					
	Training		Validation		
Variable	Importance	Relative Importance	Importance	Relative Importance	Count
DEBTINC	485.15	1.0000	134.31	1.0000	3
DELINQ	53.4334	0.1101	17.2457	0.1284	2
VALUE	14.6766	0.0303	7.5774	0.0564	3
CLAGE	41.2393	0.0850	7.3068	0.0544	3
DEROG	20.3831	0.0420	5.3593	0.0399	3
YOJ	12.0280	0.0248	3.5038	0.0261	2
JOB	20.7787	0.0428	1.1666	0.0087	4
NINQ	20.1851	0.0416	0.2890	0.0022	3
LOAN	15.3832	0.0317	-0.7581	-0.006	3
CLNO	12.4982	0.0258	-1.1342	-0.008	3
MORTDUE	32.8213	0.0677	-3.9275	-0.029	4

[그림2-84] 변수 중요도

결과를 보면 사용된 변수가 숫자형 또는 범주형 상관없이 중요도(importance)와 상대 중요도(relative importance)가 계산되어 있다.

변수의 중요도는 다음과 같이 계산된다.

$$\sum_{d \in D_v} \Delta_d^v = \sum_{d \in D_v} (RSS_{leaf}(d) - RSS_{split}(d))$$

여기서

- D_v: 변수v가 사용된 노드 집합

- $RSS_{leaf}(d)$: 분할하지 않았을 때의 RSS
- $RSS_{split}(d)$: 분할 후 자식 노드들의 RSS

이다. 또한 RSS 감소가 음수인 경우는 0으로 처리한다.

그런데 RSS나무 유형에 따라 RSS는 그 정의 방식이 다르다.

회귀 나무인 경우는 다음과 같이 계산된다.

$$RSS = \sum_{\lambda} \sum_{i \in \lambda} (y_i - \hat{y_\lambda})^2$$

여기서

- i: 노드 λ에 속한 관측값 색인
- y_i: 실제 관측값
- $\hat{y_\lambda}$: 해당 노드에서의 예측값

이다.

분류 나무는 다음과 같이 계산된다.

$$RSS = \sum_{\lambda} \sum_{\Phi} N_{\Phi}^{\lambda} \left[\sum_{\tau \neq \Phi} (P_{\tau}^{\lambda})^2 + (1 - P_{\Phi}^{\lambda})^2 \right]$$

여기서

- Φ: 실제 범주
- N_{Φ}^{λ}: 노드 λ에서 실제 범주와 같은 관측값 개수
- P_{τ}^{λ}: 노드 λ에서 범주 τ에 대한 사후 확률, $P_{\tau}^{\lambda} = \frac{N_{\tau}^{\lambda}}{N^{\lambda}}$
- P_{Φ}^{λ}: 노드 λ에서 범주 실제 범주 Φ에 대한 사후 확률, $P_{\Phi}^{\lambda} = \frac{N_{\Phi}^{\lambda}}{N^{\lambda}}$

이다.

분류 나무인 경우에 구체적으로 살펴보자.

만약 특정 노드에 범주 A, B, C가 있고 각각 건수가 6, 3, 1개 있다고 하자. 즉, 각각의 사후 확률은 0.6, 0.3, 0.1이 된다. 이를 이용하여 특정 노드에 대한

RSS= $\sum_{\Phi} N_{\Phi}^{\lambda}\left[\sum_{\tau \neq \Phi}(P_{\tau}^{\lambda})^2+(1-P_{\Phi}^{\lambda})^2\right]$를 구해보면 다음과 같다.

- $N_{A}^{\lambda}\left[\sum_{\tau \neq A}(P_{\tau}^{\lambda})^2+(1-P_{A}^{\lambda})^2\right]$ $=6\times[(0.3^2+0.1^2)+(1-0.6)^2]=6\times[(0.09+0.01)+0.16]=6\times0.26=1.56$

- $N_{B}^{\lambda}\left[\sum_{\tau \neq B}(P_{\tau}^{\lambda})^2+(1-P_{B}^{\lambda})^2\right]$ $=3\times[(0.6^2+0.1^2)+(1-0.3)^2]=3\times[(0.36+0.01)+0.49]=3\times0.86=2.58$

- $N_{C}^{\lambda}\left[\sum_{\tau \neq C}(P_{\tau}^{\lambda})^2+(1-P_{C}^{\lambda})^2\right]$ $=1\times[(0.6^2+0.3^2)+(1-0.1)^2]=1\times[(0.36+0.09)+0.81]=1\times1.26=1.26$

이를 모두 합하면 해당 노드의 RSS가 된다.

$$\text{RSS} = 1.56 + 2.58 + 1.26 = 5.4$$

상대 변수 중요도(relative variable importance)는 변수별 RSS 중요도(RSS-based importance)를 가장 큰 RSS 중요도로 나누어 0과 1 사이로 정규화한 값이다.

2.8.1.1.1.5 모델 저장 및 스코어링

모델을 저장하는 방식은 코드 파일 형식과 이진(binary) 파일 형식으로 저장할 수 있다. 이는 이후 모델의 배포 등에 실제 사용되는 모델 저장 방식이다.

2.8.1.1.1.5.1 코드 파일 형식

```
/* 코드 파일 형식 */
/* 모델 저장 및 적용 */
/* 1) TREESPLIT 프로시저 실행 시작 */
```

```
proc treesplit
   /* 분석에 사용할 데이터 지정: 분할된 hmeq_partn */
   data=hmeq_partn
   /* 트리 최대 깊이 설정: 20 */
   maxdepth=20
   /* 로그 출력 생략: 간결한 로그 유지 */
   noprint
   ;

/* 2) 명목형(범주형) 및 목표 변수 지정
    - CLASS 문: 입력 범주형(&cats)과 종속변수(&target)를 명목형으로 처리 */
class &cats &target;

/* 3) 모델 방정식 지정
    - MODEL &target = &xvars : 목표(&target)과 설명변수(&xvars)로 트리 성장 */
model &target = &xvars;

/* 4) 분할 기준 지정
    - GROW ENTROPY : 엔트로피 정보 이득 기준으로 노드 분할
    - PRUNE CC     : 복잡도 제약(Complexity-Cost) 기준으로 가지치기 */
grow entropy;
prune cc;

/* 5) 데이터 파티셔닝
    - ROLEVAR=_partind_(…) : _partind_ 값에 따라 학습/검증/테스트 분할
       train=›0›     : _partind_=0 → 학습
       validate=›1› : _partind_=1 → 검증
       test=›2›      : _partind_=2 → 테스트 */
partition rolevar=_partind_(train='0' validate='1' test='2');

/* 6) 스코어링용 DATA step 코드 생성
    - 생성된 코드로 TREE 모델을 나중에 scoring 할 수 있음 */
code file="/workspaces/bnn/model/code_tree_hmeq.sas";

/* 7) 프로시저 종료 */
run;
```

BAD	LOAN	MORTDUE	VALUE	REASON	JOB	YOJ	DEROG	DELINQ	CLAGE	NINQ	CLNO	DEBTINC	Partition Indicator	_leaf_id_	Into: BAD	Predicted: BAD=1	Predicted: BAD=0
1	1100	25860	39025	HomeImp	Other	10.5	0	0	94.366666667	1	9	.	0	53	1	1	0
1	1300	70053	68400	HomeImp	Other	7	0	2	121.83333333	0	14	.	2	6	1	0.821839	0.178161
1	1500	13500	16700	HomeImp	Other	4	0	0	149.46666667	1	10	.	0	49	1	0.776699	0.223301
1	1500	.	.			.	.	.	.	.	.	.	0	18	1	0.958333	0.041667
0	1700	97800	112000	HomeImp	Office	3	0	0	93.333333333	0	14	.	0	62	0	0.220339	0.779661

[그림2-85] 스코어링 후 결과

그림을 보면 이벤트가 1인 경우와 2인 경우의 각 예측값이 있으며 분류 결과도 또한 포함되어 있다.

예측 결과 관련 해당 변수명을 살펴보자.

Alphabetic List of Variables and Attributes					
#	Variable	Type	Len	Format	Label
1	BAD	Num	8	BEST12.	
10	CLAGE	Num	8	BEST12.	
12	CLNO	Num	8	BEST12.	
13	DEBTINC	Num	8	BEST12.	
9	DELINQ	Num	8	BEST12.	
8	DEROG	Num	8	BEST12.	
16	I_BAD	Char	12		Into: BAD
6	JOB	Char	7	$7.	
2	LOAN	Num	8	BEST12.	
3	MORTDUE	Num	8	BEST12.	
11	NINQ	Num	8	BEST12.	
18	P_BAD0	Num	8		Predicted: BAD=0
17	P_BAD1	Num	8		Predicted: BAD=1
5	REASON	Char	7	$7.	
4	VALUE	Num	8	BEST12.	
7	YOJ	Num	8	BEST12.	
14	_PartInd_	Num	8		Partition Indicator
15	_leaf_id_	Num	8		

[그림2-86] 예측 결과 테이블

결과 데이터를 보면 목표변수 이름에 접두사로 P_가 붙고 접미사로 이벤트 값이 붙어있다. 즉, P_BAD1, P_BAD0과 같이 되어 있는 것을 확인할 수 있다.

2.8.1.1.1.5.2 이진 파일 형식

이진 파일 형식으로 저장할 때는 데이터셋으로 저장하며 첫 번째 관측값에 이진 파일 형식으로 저장한다. 실제값을 볼 수는 없다.

```
/* ASTORE 파일 형식 */
/* 모델 저장 및 적용 */
libname model '/workspaces/bnn/model';
proc treesplit data=hmeq_partn
   maxdepth=20 noprint;
   class &cats &target;
   model &target = &xvars;
   grow entropy;
   prune cc;
   partition rolevar=_partind_(test='2' validate='1' train='0');
   savestate rstore=model.astore_tree_hmeq;
run;

/* 모델 적용 */
proc astore;
   score data=hmeq_partn
      out=hmeq_score
      rstore=model.astore_tree_hmeq
      copyvars=(_all_);
      ;
quit;
/* 확인 */
proc fedsql;
   select *
   from hmeq_score
   limit 5
   ;
quit;
/* 모델 확인 */
proc astore;
   describe rstore=model.astore_tree_hmeq;
quit;
```

이진 파일로 저장하게 되면 즉, 분석 저장소(analytics store)의 모델로 저장되기 때문에 ASTORE 프로시저를 통하여 스코어링 작업을 하게 된다.

Input Variables					
Name	Length	Role	Type	RawType	FormatName
DEBTINC	8	Input	Interval	Num	
DELINQ	8	Input	Interval	Num	
CLAGE	8	Input	Interval	Num	
MORTDUE	8	Input	Interval	Num	
VALUE	8	Input	Interval	Num	
YOJ	8	Input	Interval	Num	
DEROG	8	Input	Interval	Num	
JOB	7	Input	Classification	Character	
NINQ	8	Input	Interval	Num	
LOAN	8	Input	Interval	Num	
CLNO	8	Input	Interval	Num	

Output Variables			
Name	Length	Type	Label
P_BAD1	8	Num	Predicted: BAD=1
P_BAD0	8	Num	Predicted: BAD=0
I_BAD	32	Character	Into: BAD
WARN	4	Character	Warnings
_leaf_id_	8	Num	_leaf_id_

[그림2-87] ASTORE 모델 정보

모델 정보를 보면 입력 데이터 구조와 산출 데이터 구조 및 의미에 대한 메타 정보를 제공하고 있다.

해당 모델이 분석 저장소에 저장되면 이후 모델 등록 및 배포에 사용된다. 모델 등록은 REGISTERMODEL 프로시저에 의하여 처리되며 이후 배포 과정은 SAS Viya Model Manager 제품에 의하여 관리된다.

2.8.1.1.1.6 모델 평가

2.8.1.1.1.6.1 기준 통계량

분류 문제이면서 목표변수의 범주가 2개인 경우는 다음과 같은 모델 평가 방식이 있다.

모델을 적합한 후 다음과 같은 분류결과 표 또는 혼동행렬(confusion matrix) 표를 갖고 있다고 하자.

예측 값(predicted)	실제 값(observed)		
	Positive	Negative	합계
Positive	TP (True Positive)	FP (False Positive) 잘못 이벤트 예측	TP+FP
Negative	FN (False Negative) 잘못 비이벤트 예측	TN (True Negative)	FN+TN
합계	TP+FN	FP+TN	TP+FP+FN+TN

예를 들어 다음과 같이 데이터가 집계되었다고 하자.

예측 값(predicted)	실제 값(observed)		
	Positive	Negative	합계
Positive	29	6	35
Negative	4	38	42
합계	33	44	77

이 때 다음과 같은 모델 평가 기준을 생각할 수 있다.

기준	계산식	계산 예
오분류율 (misclassification rate)	$\frac{FP + FN}{Total\ Count}$	$\frac{6+4}{77} = 0.13$
정분류율 (accuracy)	$\frac{TP + TN}{Total\ Count}$	$\frac{29+38}{77} = 0.87$
정밀도 (precision)	$\frac{TP}{TP + FP}$: 이벤트로 예측한 건수 중에서	$\frac{29}{35} = 0.83$
민감도, 재현율 (True Positive Rate) (TPR, sensitivity, recall)	$\frac{TP}{TP + FN}$: 이벤트 건수 중에서	$\frac{29}{33} = 0.88$
특이도 (True Negative Rate) (TNR, specificity)	$\frac{TN}{FP + TN}$: 비이벤트 건수 중에서	$\frac{38}{44} = 0.86$
1-특이도 (False Positive Rate) (FPR)	$\frac{FP}{FP + TN}$: 비이벤트 건수 중에서	$\frac{6}{44} = 0.14$
F1 점수	$\frac{2}{\frac{1}{Recall} + \frac{1}{Precision}} = 2 \times \frac{Precision \cdot Recall}{Precision + Recall}$	$2 \times \frac{0.83 \times 0.88}{0.83 + 0.88} = 0.854$

통계적으로 볼 때는 FPR은 거짓 경보율과 같다. 예를 들어 암환자가 아님에도 불구하고 암환자라고 할 확률이다. 이에 반해 TPR은 참 경보율의 의미이다, 즉, 암환자인 경우에 암환자라고 얘기할 확률인 것이다. 대부분의 통계 가설 문제는 FPR을 일정 정도 통제(유의수준)하면서 참 경보율을 높이는 것(검증력)이다.

이러한 FPR과 TPR를 이용한 그래프가 ROC(receiver operating characteristic) 그래프이다.

그래프를 그리기 위해서는 다음과 같은 과정을 따른다.

순서	내용	비고
1	평가 데이터에 대한 확률 값 또는 점수를 계산한다.	그리고자 하는 대상
2	평가 데이터에 대하여 점수 기준 내림차순으로 정렬한다.	
3	1) 이벤트의 전체 개수와 비 이벤트의 전체 개수를 구한다. 2) 정렬된 목표 값 벡터의 이벤트의 개수와 비 이벤트의 개수를 순차적으로 누적한다. 3) 1)에서 구한 값으로 2)를 나눈다. 이 때 생성되는 벡터를 TPR, FPR이라고 정의한다.	이벤트를 positive, 비 이벤트를 negative로 정의함. (누적 FPR, 누적 TPR) 열에서 누적TPR-누적FPR 값을 계산한 후 이 값 중 최대값을 KS(Kolmogorov-Smirnov) 통계량 값이라고 함.
4	X축을 FPR, Y축을 TPR로 그래프를 그린다.	

데이터를 통하여 이를 확인해보자.

다음과 같이 내림차순으로 정렬된 데이터가 있다고 하자.

```
/* 스코어 기반 정렬된 데이터 */
data roc_data_input;
   input Depth Event NonEvent;
   datalines;
1 10  0
2  9  1
3  8  2
4  7  3
5  6  4
6  5  5
7  4  6
8  1  9
9  0 10
10 0 10
;
run;
```

이를 이용하여 우선 누적 이벤트/비이벤트 건수, 누적 TPR/FPR를 구한다.

```
/* 누적개수 계산 */
proc fedsql;
   drop table roc_fed_calc force;
   create table roc_fed_calc as
   select a.Depth,
        a.Event,
        a.NonEvent,
        sum(b.Event) as CumEvent,
        sum(b.NonEvent) as CumNonEvent
   from roc_data_input as a, roc_data_input as b
   where b.Depth <= a.Depth
   group by a.Depth, a.Event, a.NonEvent
   order by a.Depth;
quit;

/* 전체 이벤트, 비이벤트 합계 매크로 저장 */
proc sql noprint;
   select sum(Event), sum(NonEvent)
   into :TotalEvent, :TotalNonEvent
   from roc_data_input;
quit;
%put &totalevent &totalnonevent;

/* 누적TPR, 누적FPR 계산 */
proc fedsql;
   drop table roc_final force;
   create table roc_final as
   select
      Depth,
      Event,
      NonEvent,
      CumEvent,
      CumNonEvent,
      CumEvent / &TotalEvent. as CumTPR,
      CumNonEvent / &TotalNonEvent. as CumFPR,
```

```
        (CumEvent / &TotalEvent.) - (CumNonEvent / &TotalNonEvent.) as CumTPR_FPR
    from roc_fed_calc
    order by Depth;
quit;
/* 계산된 데이터 확인 */
proc fedsql;
    select *
    from roc_final
    ;
quit;
```

Depth	Event	NonEvent	CUMEVENT	CUMNONEVENT	TotalEvent	TotalNonEvent	CumTPR	CumFPR	CumTPR_FPR
1	10	0	10	0	50	50	0.2	0	0.2
2	9	1	19	1	50	50	0.38	0.02	0.36
3	8	2	27	3	50	50	0.54	0.06	0.48
4	7	3	34	6	50	50	0.68	0.12	0.56
5	6	4	40	10	50	50	0.8	0.2	0.6
6	5	5	45	15	50	50	0.9	0.3	0.6
7	4	6	49	21	50	50	0.98	0.42	0.56
8	1	9	50	30	50	50	1	0.6	0.4
9	0	10	50	40	50	50	1	0.8	0.2
10	0	10	50	50	50	50	1	1	0

[그림2-88] ROC 데이터

데이터를 보면(누적TPR-누적FPR)값이 최대값은 0.6이며 이 값이 K-S값이라고 한다. 이 데이터를 바탕으로 ROC 그래프를 생성해보자.

```
/* ROC 그래프 */
proc sgplot data=roc_final aspect=1;
    title "ROC Curve";
    series x=CumFPR y=CumTPR / markers lineattrs=(thickness=2);
    lineparm x=0 y=0 slope=1 / lineattrs=(pattern=dash color=gray);
    xaxis label="누적FPR (False Positive Rate)" values=(0 to 1 by 0.1) grid;
    yaxis label="누적TPR (True Positive Rate)" values=(0 to 1 by 0.1) grid;
run;
title;
```

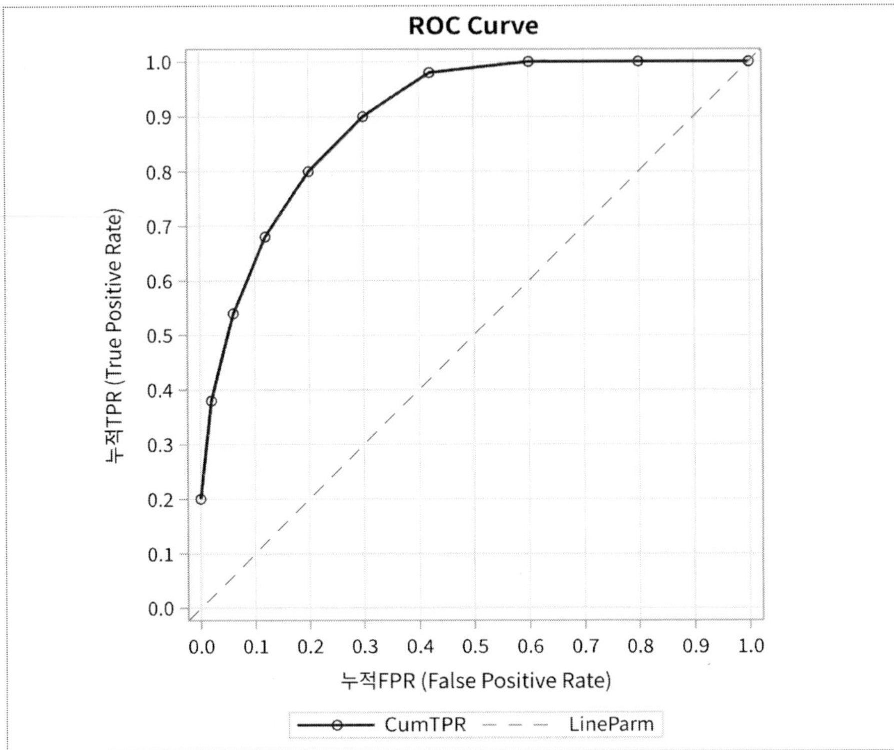

[그림2-89] ROC 그래프

그래프의 대각 점선은 이벤트 확률 기반으로 내림차순 정렬했음에도 불구하고 같은 비율로 이벤트와 비이벤트 건수가 있다는 뜻이며 즉, 무작위로 배열되었다는 것을 의미한다. 즉, 모델을 만든 의미가 없는 무작위 모델이다. 어떤 모델을 만들었다는 것은 무작위 모델보다는 항상 성능이 좋아야 하므로 동일한 누적FPR값에 대하여 항상 무작위 모델 보다 위에 있어야 한다. 또한 동일한 누적TPR 값에 대하여 누적 FPR 값이 무작위 모델보다 왼쪽에 있을수록 좋은 모델이 된다.

이런 의미에서 좋은 모델은 곡선 밑 면적(AUC: area under curve) 값이 클수록 좋은 모델이 된다. 가장 좋은 모델은 정사각형 면적이므로 1×1=1이 된다. 무작위 모델은 삼각형 면적이므로 $\frac{1}{2} \times 1 \times 1 = \frac{1}{2}$이 된다. 따라서 모델이라면 $\frac{1}{2}$보다 커야 한다.

만약 면적을 구해야 된다면 사다리꼴 면적을 이용한다. 두 변은 각각 TPR_i, TPR_{i-1}이고, 높이가 FPR_i-FPR_{i-1}이므로 면적은 다음과 같이 계산할 수 있다.

$$AUC = \sum_{i=2}^{n} \frac{TPR_i + TPR_{i-1}}{2} \times (FPR_i - FPR_{i-1})$$

```
/* AUC 구하기 */
/* 면적 구성요소 구하기 */
proc fedsql;
   drop table auc_pairs force;
   create table auc_pairs as
   select
      curr.Depth,
      curr.CumFPR as FPR,
      curr.CumTPR as TPR,
      prev.CumFPR as PrevFPR,
      prev.CumTPR as PrevTPR
   from roc_final as curr
   left join roc_final as prev
      on curr.Depth = prev.Depth + 1
   where prev.Depth is not null;
quit;
/* AUC 구성 성분값 구하기 */
proc fedsql;
   drop table auc_component force;
   create table auc_component as
   select *,
        (FPR - PrevFPR) * (TPR + PrevTPR) / 2 as auc_part
   from auc_pairs;
quit;
/* 합계값 구하기 */
proc sql;
   select sum(auc_part) format=8.4 label='AUC (Trapezoidal Based)'
   from auc_component;
quit;
```

AUC (Trapezoidal Based)
0.8960

[그림2-90] AUC 계산 결과

모델 평가를 위한 기준 중에는 마케팅 관점에서 매우 유용한 통계량이 있다.

기준	계산식	계산 예
반응률 (%response)	$100 \times \frac{\# \text{ of events}}{\# \text{ of cases}} = 100 \times \frac{e_i}{n_i}$	$100 \times \frac{33}{77} = 42.8$
반응검출률 (%captured)	$100 \times \frac{\# \text{ of events}}{\text{total events}} = 100 \times \frac{e_i}{E}$	$100 \times \frac{33}{100} = 33$
향상도 (lift)	$\frac{\%\text{response}}{\%\text{ response(total)}} = \frac{p_i}{P}$	$\frac{\frac{33}{77}}{\frac{100}{1000}} = 4.28$
이득 (gain)	$\frac{\# \text{ of events}}{\# \text{ of random cases}} - 1$	$\frac{33}{77 \times \frac{100}{1000}} - 1 = 3.29$

위 기준 또한 스코어에 대한 내림차순으로 정렬 후 몇 개의 등분위로 나눈 후 예를 들어 20등분, 각 등분별로 위 값을 계산하게 된다.

반응률은 예를 들어 어떤 캠페인을 했을 경우 이벤트에 실제 반응하는 비율을 의미한다. 따라서 어떤 모델이 타 모델에 비해 반응률이 크다는 것은 그만큼 이벤트 반응이 크기 때문에 같은 비용 대비 효율이 높다는 것을 의미한다.

향상도가 크다는 것은 무작위 반응 대비 특정 구간의 반응이므로 무작위 대비 어느 만큼의 효율이 좋은지를 나타내는 기준이다.

2.8.1.1.1.6.2 모델 평가

모델 스코어링 과정을 거치게 되면 일반적으로 ASSESS 프로시저를 통하여 그 결과를 검증하게 된다.

앞서 정의된 결정나무 모델 기준으로 하여 모델 평가를 진행해보자.

```
/* 모델 평가 */
proc assess
   data=hmeq_score(where=(_partind_=1)) /* 검증 데이터 기준 */
   ncuts=100 /* ROC 그래프의 빈 개수 */
   nbins=20 /* LIFT의 빈 개수 */
   rocout=out_roc_tree
   liftout=out_lift_tree
   fitstatout=out_stat_tree
   ;
  input P_BAD1;                    /* 예측 확률 변수 */
  target BAD / level=nominal event='1';   /* 목표변수 */
  fitstat pvar=P_BAD0 / pevent='0';      /* 나머지 클래스 확률 */
run;
```

ASSES 프로시저의 입력은 각 모델에 의하여 생성된 스코어이다. 프로그램에서는 특히 검증 데이터인 경우에 한하여 평가된 결과를 보고자 한다.

기본적인 입력 정보는 스코어 변수인 예측 확률 변수(INPUT)와 무엇을 예측한 것인지(TARGET)에 대한 정보가 필요하다. 추가적으로 여러가지 적합 통계량을 살펴보기 위해서는 FITSTAT 문을 이용해야 한다. 이 때 PVAR에는 TARGET에 지정된 변수를 사용할 수 없다.

출력된 테이블의 의미를 살펴보자.

```
/* 출력 데이터: ROC */
proc contents data=out_roc_tree varnum;
run;
```

Variables in Creation Order					
#	Variable	Type	Len	Format	Label
1	_Column_	Char	6	$.	Analysis Variable
2	_Event_	Char	12	$.	Event
3	_Cutoff_	Num	8	BEST.	Cutoff
4	_TP_	Num	8	BEST.	True Positive
5	_FP_	Num	8	BEST.	False Positive
6	_FN_	Num	8	BEST.	False Negative
7	_TN_	Num	8	BEST.	True Negative
8	_Sensitivity_	Num	8	BEST.	Sensitivity
9	_Specificity_	Num	8	BEST.	Specificity
10	_KS_	Num	8	BEST.	KS Cutoff
11	_KS2_	Num	8	BEST.	Kolmogorov-Smirnov (KS)
12	_FHALF_	Num	8	BEST.	F0.5 Score
13	_FPR_	Num	8	BEST.	False Positive Rate
14	_ACC_	Num	8	BEST.	Accuracy
15	_FDR_	Num	8	BEST.	False Discovery Rate
16	_F1_	Num	8	BEST.	F1 Score
17	_C_	Num	8	BEST.	Area Under ROC
18	_GINI_	Num	8	BEST.	Gini Coefficient
19	_GAMMA_	Num	8	BEST.	Gamma
20	_TAU_	Num	8	BEST.	Tau
21	_MiscEvent_	Num	8	BEST.	Misclassification (Event)
22	_FNR_	Num	8	BEST.	False Negative Rate

[그림2-91] ROC 출력 컬럼

결과를 보면 이벤트 값과 깊이(_CUTOFF_)별로 각종 통계량이 계산되어 있음을 알 수가 있다. 특히 콜모고로프-스미르노프 통계량(_KS2_), 곡선밑면적(_C_), 오분류율(_MISCEVENT_) 등과 같은 모델 적합도를 알 수 있는 통계량이 있다.

ROC데이터셋에 대하여 살펴보기로 하자.

```
/* ROC 데이터 해석 */
proc fedsql;
   select _cutoff_
   , _tp_
   , _fp_
   , _fn_
   , _tn_
   , _sensitivity_
   , _fpr_
   from out_roc_tree
   limit 10
   ;
quit;
```

Cutoff	True Positive	False Positive	False Negative	True Negative	Sensitivity	False Positive Rate
0	238	954	0	0	1	1
0.01	236	946	2	8	0.9915966387	0.9916142558
0.02	236	946	2	8	0.9915966387	0.9916142558
0.03	221	543	17	411	0.9285714286	0.5691823899
0.04	211	370	27	584	0.8865546218	0.3878406709
0.05	211	370	27	584	0.8865546218	0.3878406709
0.06	211	370	27	584	0.8865546218	0.3878406709
0.07	211	370	27	584	0.8865546218	0.3878406709
0.08	211	370	27	584	0.8865546218	0.3878406709
0.09	195	183	43	771	0.8193277311	0.1918238994

[그림2-92] ROC 계산 데이터셋

Cutoff는 프로그램에서 NCUTS=100을 주었기 때문에 데이터를 1%씩 100등분위로 나누었다.

각 1% 등분위 별로 TP, FP, FN, TN를 계산하고 해당 등분위까지 누적 TPR(Sensitivity), 누적 FPR(False Positive Rate)이 계산된 것이다.

이를 이용하여 ROC 곡선을 그려보자.

```
/* AUC 값 */
proc sql noprint;
   select round(_c_, 0.0001) into :auc
   from out_roc_tree;
quit;
%put &auc;
/* ROC 그래프 그리기 */
proc sgplot data=out_roc_tree;
   series x=_FPR_ y=_Sensitivity_ / lineattrs=(thickness=2 color=steelblue) name="ROC"
legendlabel="Tree Model ROC Curve";
   lineparm x=0 y=0 slope=1 / lineattrs=(pattern=shortdash color=gray) legendlabel=""
name="none";
   inset "Tree AUC = &auc" / position=bottomright border;
   keylegend "ROC" / location=outside position=bottom;
   xaxis label="False Positive Rate";
   yaxis label="True Positive Rate (Sensitivity)";
run;
```

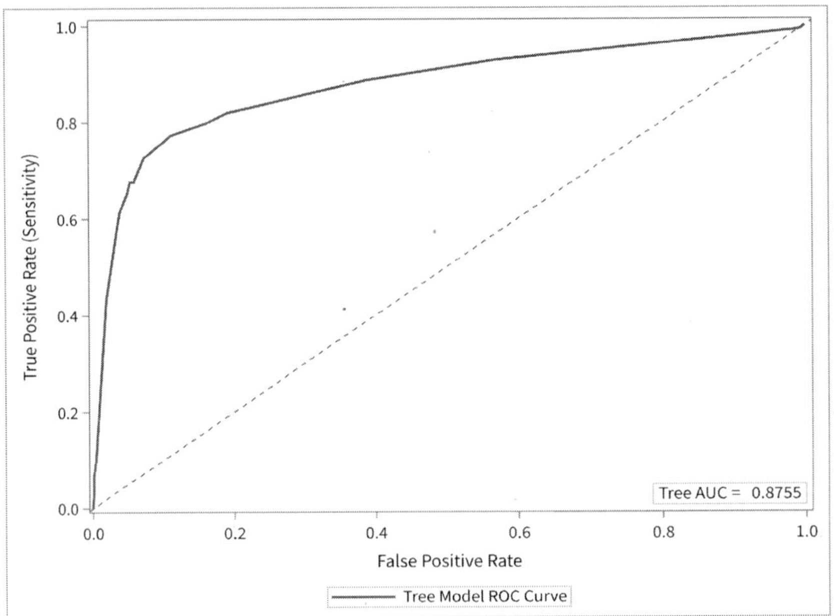

[그림2-93] 결정나무 모델 ROC

2.8.1.1.1.2.1 최적 절사값

ROC 테이블은 추가적으로 매우 중요한 정보를 담고 있는데 그것이 바로 K-S 통계량 값이다. 그런데 이 값이 최대화될 때의 _CUTOFF_값은 더 중요한 의미를 담고 있다.

```
/* 최적의 절사값 찾기 */
proc fedsql;
   select _cutoff_
   from out_roc_tree
   where _ks_=1 /* _ks2_가 최대값일 때 1 값을 갖음 */
   ;
quit;
```

Cutoff
0.15

[그림2-94] 최적 절사값

일반적으로 Pr(BAD=1)을 계산한 후 0.5보다 크면 BAD=1으로 판정하고 아니면 BAD=0으로 판정한다. 그런데 분석을 해본 결과 적합도 기준에서 보면 0.5보다는 0.15를 판단 기준값 즉, 절사값으로 해야 적합도가 더 좋다는 것을 의미한다.

```
/* 절사값 변경 */
data cutoff_result;
  set hmeq_score;
  where _partind_ = 1;

  pred_bad = (P_BAD1 >= 0.5);
  misclassified = (pred_bad ne BAD);
run;
```

```
proc means data=cutoff_result mean;
   class bad;
   var misclassified;
   title "절사값 0.5 기준 오분류율";
run;
title;
```

절사값 0.5 기준 오분류율

The MEANS Procedure

Analysis Variable : misclassified		
BAD	N Obs	Mean
0	954	0.0503145
1	238	0.3487395

[그림2-95] 절사값 0.5결과

결과를 보면 BAD=0에 대한 결과는 우수하지만 BAD=1에 대한 오분류율이 매우 높다.

```
data cutoff_result;
  set hmeq_score;
  where _partind_ = 1;

  pred_bad = (P_BAD1 >= 0.15);
  misclassified = (pred_bad ne BAD);
run;
proc means data=cutoff_result mean;
   class bad;
   var misclassified;
   title "절사값 0.15 기준 오분류율";
run;
title;
```

절사값 0.15 기준 오분류율

The MEANS Procedure

Analysis Variable : misclassified		
BAD	N Obs	Mean
0	954	0.1111111
1	238	0.2268908

[그림2-96] 절사값 0.15 결과

절사값이 0.15인 경우는 BAD=0 보다는 BAD=1의 오분류율이 많이 개선되었음을 알 수가 있다.

이런 이유로 무작정 절사값을 0.5로 주는 것보다는 위와 같이 검증하여 적절한 경계값을 설정하는 것이 필요하다. 향상도(LIFT) 출력 테이블에 대해서 알아보자.

```
/* 향상도 테이블 */
proc contents data=out_lift_tree varnum;
run;
```

Variables in Creation Order					
#	Variable	Type	Len	Format	Label
1	_Column_	Char	6	$.	Analysis Variable
2	_Event_	Char	12	$.	Event
3	_Depth_	Num	8	BEST.	Depth
4	_Value_	Num	8	BEST.	Value
5	_NObs_	Num	8	BEST.	Sum of Frequencies
6	_NEvents_	Num	8	BEST.	Number of Events
7	_NEventsBest_	Num	8	BEST.	Best Number of Events
8	_Resp_	Num	8	BEST.	%% Captured Response
9	_RespBest_	Num	8	BEST.	Best %% Captured Response
10	_Lift_	Num	8	BEST.	Lift
11	_LiftBest_	Num	8	BEST.	Best Lift
12	_CumResp_	Num	8	BEST.	Cumulative %% Captured Response
13	_CumRespBest_	Num	8	BEST.	Cumulative Best %% Captured Response
14	_CumLift_	Num	8	BEST.	Cumulative Lift
15	_CumLiftBest_	Num	8	BEST.	Best Cumulative Lift
16	_PctResp_	Num	8	BEST.	%% Response
17	_PctRespBest_	Num	8	BEST.	Best %% Response
18	_CumPctResp_	Num	8	BEST.	Cumulative %% Response
19	_CumPctRespBest_	Num	8	BEST.	Cumulative Best %% Response
20	_Gain_	Num	8	BEST.	Gain
21	_GainBest_	Num	8	BEST.	Best Gain

[그림2-97] 향상도 데이터셋 구조

향상도(LIFT) 데이터도 대상 변수(_Column_)에 대한 스코어 결과에 따라 내림차순으로 정렬하고 이를 등분위로 나눈 후 깊이(_Depth_) 별로 각종 통계량(_PctResp_, _Resp_, _Lift_ 등)을 계산한다. 이를 이용하여 상위 몇 %의 기준을 구한 후 관련된 비즈니스 예를 들어 캠페인, 의심 거래 등에 활용한다.

모델의 적합 정보를 알 수 있는 출력 데이터셋 OUT_STAT_TREE에 대하여 살펴보자.

```
/* 적합 정보 테이블 */
proc contents data=out_STAT_tree varnum;
run;
```

Variables in Creation Order					
#	Variable	Type	Len	Format	Label
1	_NObs_	Num	8	BEST.	Number of Observations
2	_ASE_	Num	8	BEST.	Average Squared Error
3	_DIV_	Num	8	BEST.	Divisor for ASE
4	_RASE_	Num	8	BEST.	Root Average Squared Error
5	_MCE_	Num	8	BEST.	Misclassification (MCE)
6	_MCLL_	Num	8	BEST.	Multi-Class Log Loss

[그림2-98] 모델 적합 정보 데이터셋 구조

적합 통계량 중에 다범주 로그 손실 함수(Multi-Class Log Loss)에 대하여 살펴보자.

$$\text{logloss} = -\frac{1}{N}\sum_{i=1}^{n}\sum_{j=1}^{r} y_{i,j}\log\left(p_{i,j}\right)$$

여기서 N은 데이터 건수, r은 범주 개수이다. 만약 범주가 2개만 있다면 다음과 같은 식이 된다.

$$-\frac{1}{N}\sum_{i=1}^{n}\left(y_{i,1}\log\left(p_{i,1}\right)+y_{i,2}\log\left(p_{i,2}\right)\right)$$

그런데 범주가 2개이므로 $p_{i,2} = 1 - p_{i,1}$이 된다. 이를 이용하여 손실함수 모습을 살펴보면 다음과 같다.

```
/* 로그손실함수 */
data logloss_plot;
   do p = 0.001 to 0.999 by 0.001;
      /* 실제값이 1일 때의 로그손실 */
      logloss1 = -log(p);
      /* 실제값이 0일 때의 로그손실 */
      logloss0 = -log(1 - p);
      output;
   end;
run;

proc sgplot data=logloss_plot;
   title "Log Loss Curve for Binary Classification (r=2)";

   /* 실제값 = 1인 경우 실선 */
   series x=p y=logloss1 /
      lineattrs=(color=blue pattern=solid thickness=2)
      legendlabel="True = 1";

   /* 실제값 = 0인 경우 점선 */
   series x=p y=logloss0 /
      lineattrs=(color=red pattern=shortdash thickness=2)
      legendlabel="True = 0";

   xaxis label="Predicted Probability (p)" grid;
   yaxis label="Log Loss" grid;
run;
```

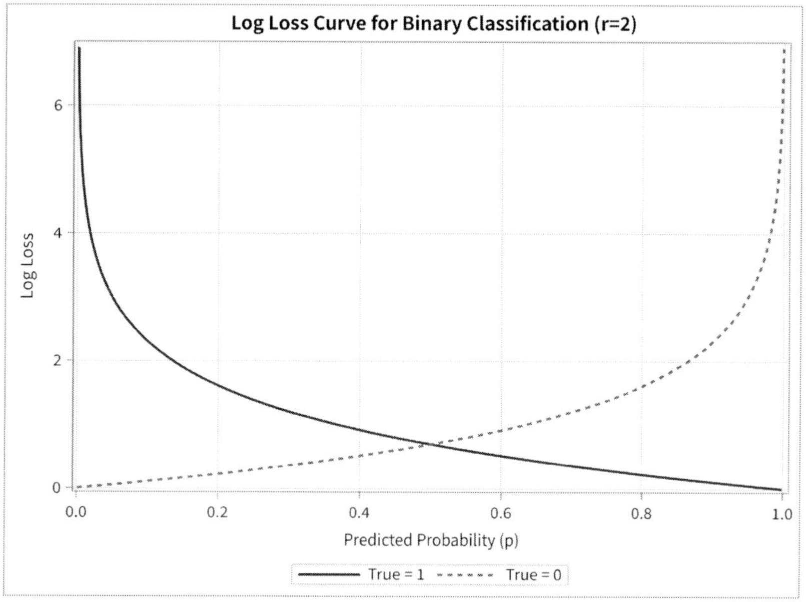

[그림2-99] 이진 로그 손실함수

만약 참값이 1인 경우 즉, 그림에서 실선 그래프인 경우에 예측을 1로 했다면 손실은 0가 되지만 만약 0.1로 한 경우에는 매우 큰 값이 손실, 즉, 비용을 초래한다. 반대로 참값이 0인 경우는 거의 손실이 없다. 로그 손실함수는 잘못 예측한 경우에는 엄청 큰 비용을 지불하도록 설계되어 있다.

2.8.1.1.1.7 필수 문장

TREESPLIT 프로시저는 PROC TREESTPLIT, MODEL 문이 필수적이다.

2.8.1.1.2 랜덤 포레스트 모델

하나의 나무가 갖는 불안정성을 극복하기 위하여 즉, 분산을 낮추기 위해서 아주 많은 나무들을 사용하여 예측을 하는 방법 중의 하나가 랜덤 포레스트(random forest) 모델이며 랜덤 포레스트 기법에서의 랜덤(무작위)의 의미를 이해하는 것이 중요하며, 특이 랜덤 포레스트의 출발점이 되는 배깅 기법을 이해해야 한다.

2.8.1.1.2.1 배깅

부스트랩(bootstrap)은 재표본추출(resampling) 방법 중의 하나로써, 주어진 표본을 중복을 허락하여 표본의 개수만큼 추출하는 것을 의미한다. 배깅은 통계적인 방법 중의 하나로써 분산을 줄이기 위한 일반적인 기법 중의 하나이며 나무의 분산을 줄이기 위해서 훈련 데이터를 부스트랩 표본 추출을 통하여 B개의 훈련 데이터를 독립적으로 구성한 후 각 훈련 데이터에 대하여 나무를 적합 시킨다. 이 때 생성된 나무들을 $\hat{h}_1(x), \ldots, \hat{h}_B(x)$라 하면, 이 나무들의 평균으로 새로운 모델을 구성하여 예측하는 것을 의미한다. 물론 분류 문제에서는 다수결 투표 방식에 의하여 예측한다. 이러한 방식을 배깅(bagging: bootstrap aggregating)이라고 한다.

배깅 방법에 사용된 각 나무는 평균적으로 원래 훈련 데이터의 2/3 정도의 표본을 사용한다고 알려져 있다. 이 때 이 나무 모델을 만들 때 사용되지 않는 데이터를 가방밖(OOB: out-of-bag) 데이터이다. 하나의 관측값 관점에서 보면 자기 자신이 들어가지 않고서 만든 모델이 전체의 1/3개 정도임이 알려져 있다. 즉, 각 관측값은 전체의 1/3개의 모델 즉, 나무의 평가 데이터 역할을 할 수가 있다. 자기 자신이 들어가지 않은 1/3개의 나무에 대한 예측 값을 얻을 수 있고 따라서 평균 또는 다수결 투표 방식에 의하여 예측을 하게 된다. 이 때 발생하는 오차를 가방밖 오차라고 하며 이 오차가 배깅 방식에서의 평가 데이터에 의한 오차의 추정치 역할을 하게 될 수도 있다.

배깅 방법에서는 부스트랩 방법에 의하여 무작위로 훈련 데이터를 복원 추출한다. 이렇게 추출된 각 훈련 데이터 표본에 대하여 정상적인 나무 모델을 적용하는데 문제는 나무 모델에서 중요한 입력 변수들은 항상 분할 초기 또는 대부분의 분할에 사용되며 이렇게 됨으로써 나무 모델들 간의 서로 상관 관계를 갖게 된다. 랜덤 포레스트는 이러한 상관 관계를 제거하기 위하여, 각 나무의 성장 시에 매 분할 시점에 무작위로 입력 변수 p개 중에 m개를 선택하여 그 중에 하나의 변수로 분할에 사용하게 된다. 이 때 $m \approx \sqrt{p}$(회귀 문제에서는 $\frac{p}{3}$)을 사용한다.

2.8.1.1.2.2 알고리즘

모델 구성 절차를 간략히 알아보자.

순서	내용	비고
1	b=1, ⋯, B에 대하여 아래를 반복 1) 훈련 데이터로부터 붓스트랩 표본을 추출한다. 2) 붓스트랩 표본으로부터 하나의 나무 h_b을 구성한다. 이 때 분할 변수는 매 분할 시에 전체 입력 변수 중에 m개 만을 선택하여 최적의 분할 변수와 분할 값을 구한다.	• 나무의 개수 즉, B는 NTREES 옵션을 이용. 기본은 100개임. • 붓스트랩 표본의 크기는 BOOTSTRAP 옵션을 이용. 기본은 0.6임. • 나무의 각 노드마다 고려하는 변수 개수의 조정은 M 옵션을 사용함. • 기본값: $\sqrt{\text{입력변수 개수}}$
2	생성된 모든 나무 $\{h_b \mid b=1, \cdots B\}$ 을 저장한다.	
3	회귀 문제에서는 $h(x)=\frac{1}{B}\sum_{b=1}^{B} h_b(x)$, 분류 문제에서는 다수결 투표로 예측한다.	

모델 구성 후의 모델 저장, 모델 평가 등은 결정나무 모델과 동일하다.

2.8.1.1.2.3 적용 예시

2.8.1.1.2.3.1 모델 적합

랜덤 포레스트 모델의 적용 과정을 살펴보자.

```
/* 1) 모델 저장용 라이브러리 지정 */
libname model '/workspaces/bnn/model';

/* 2) 포레스트 모델 적합 시작 */
proc forest
   /* 분석에 사용할 데이터 지정: 파티션된 hmeq_partn */
   data=hmeq_partn
```

```
    /* 부트스트랩 샘플 비율 설정: 60% */
    inbagfraction=0.6
    /* 생성할 결정나무 수 지정: 200그루 */
    ntrees=200
    ;

/* 3) 명목형(범주형) 입력 변수 지정 */
input &cats / level=nominal;

/* 4) 연속형 입력 변수 지정 */
input &nums / level=interval;

/* 5) 타깃(종속) 변수 지정 — 분류 모델용 명목형 */
target &target / level=nominal;

/* 6) 데이터 분할: _partind_ 값으로 역할 분할 */
partition rolevar=_partind_(
    /* 학습 세트: 값이 '0'인 행 */
    train='0'
    /* 검증 세트: 값이 '1'인 행 */
    validate='1'
    /* 테스트 세트: 값이 '2'인 행 */
    test='2'
);

/* 7) 스코어링용 SAS 코드 생성 */
code file='/workspaces/bnn/model/code_forest_hmeq.sas';

) 학습된 모델 상태(Analytic Store) 저장 */
savestate rstore=model.astore_forest_hmeq;

/* 9) 모델 적합 통계치(Accuracy, AUC 등)를 out_fitstatistics_forest에 저장 */
ods output fitstatistics=out_fitstatistics_forest;

/* 10) 프로시저 종료 */
quit;
```

Model Information	
Number of Trees	200
Number of Variables Per Split	4
Seed	12345
Bootstrap Percentage	60
Number of Bins	50
Number of Input Variables	12
Maximum Number of Tree Nodes	271
Minimum Number of Tree Nodes	165
Maximum Number of Branches	2
Minimum Number of Branches	2
Maximum Depth	20
Minimum Depth	20
Maximum Number of Leaves	136
Minimum Number of Leaves	83
Maximum Leaf Size	1292
Minimum Leaf Size	5
OOB Misclassification Rate	0.09635666
Average Number of Leaves	113.285

[그림2-100] 모델 정보

포레스트 모델에서 핵심적인 정보인 나무의 개수(Number of Trees), 각 분할에 참여하는 변수의 개수(Number of Variables Per Split) 그리고 나무를 구성할 때 사용한 표본 크기(Bootstrap Percentage) 등의 정보가 기술되어 있다. 이후의 정보 중에는 개별 나무에 대한 옵션 정보가 포함되어 있고 마지막으로 훈련 데이터에 대한 가방밖 데이터의 오분류율(OOB Misclassification Rate) 값이 기술되어 있다.

Variable Importance			
Variable	Importance	Std Dev Importance	Relative Importance
DEBTINC	254.75	49.1657	1.0000
DELINQ	47.5792	19.8318	0.1868
VALUE	47.3581	17.9123	0.1859
CLAGE	39.1691	10.5380	0.1538
CLNO	30.1148	8.7467	0.1182
DEROG	28.7891	14.8948	0.1130
LOAN	27.1865	11.9419	0.1067
MORTDUE	24.2312	8.7690	0.0951
YOJ	23.8915	8.8885	0.0938
JOB	23.2468	7.8703	0.0913
NINQ	18.7677	8.2563	0.0737
REASON	4.4520	4.0201	0.0175

[그림2-101] 변수 중요도

포레스트 모델은 다수의 결정나무를 사용하므로 결정나무가 1개일 때를 단지 모든 나무로 확장한 것에 불과하다. 즉, 결정에 참여한 모든 나무의 모든 분할에 대하여 불순도 기준을 계산하여 합한 것이다.

적합 통계량 정보를 이용하여 모델의 안정성에 대하여 알아보자.

```
/* 모델 안정성 평가 */
proc sgplot data=out_fitstatistics_forest;
   title "트리 개수에 따른 오분류율 변화 (선 패턴 구분)";

   /* 각각 다른 선 패턴과 색상 적용 */
   series x=trees y=miscoob /
      lineattrs=(color=blue pattern=solid thickness=2)
      legendlabel="OOB 오분류율";
```

```
    series x=trees y=misctrain /
        lineattrs=(color=green pattern=shortdash thickness=2)
        legendlabel="훈련 오분류율";

    series x=trees y=miscvalid /
        lineattrs=(color=red pattern=dot thickness=2)
        legendlabel="검증 오분류율";

    xaxis label="트리 개수 (trees)";
    yaxis label="오분류율 (Misclassification Rate)";
    keylegend / location=inside position=topright across=1;
run;
```

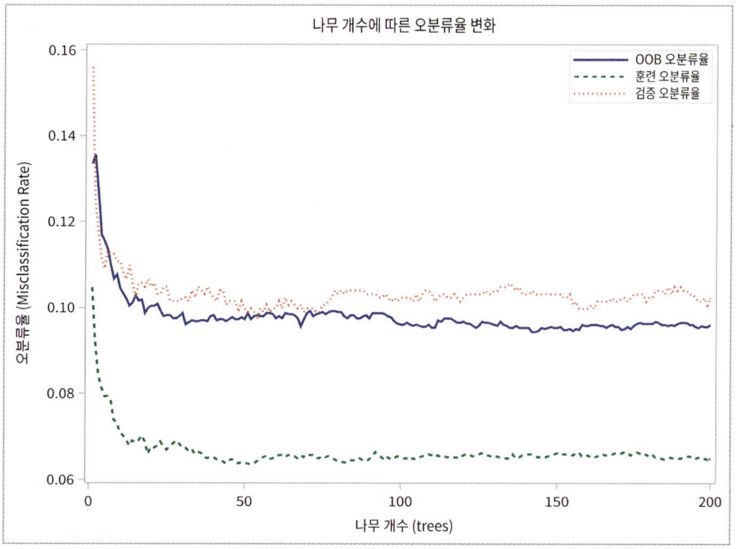

[그림2-102] 모델 안정성 평가 그래프

모델을 보면 일정 나무 개수 이후에는 훈련 데이터의 오분류율의 변화가 안정적임을 알 수가 있다. 또한 검증 데이터 기반의 오분류율도 큰 변화가 없다. 이런 이유로 모델의 안정적임을 파악할 수 있고 대략 100개 미만의 나무로도 충분히 모델의 안정성을 기할 수 있다.

2.8.1.1.2.3.2 스코어링

모델은 분석 저장소 모델로 저장되어 있으므로 ASTORE 프로시저를 이용하여 스코어링 작업을 진행한다.

저장된 모델에 대한 정보를 확인해보자.

```
/* 모델 정보 */
proc astore;
   describe rstore=model.astore_forest_hmeq
   ;
quit;
```

The ASTORE Procedure

Store Key
BF32D90DF558FCE184F360652B0C46DA39195368

Basic Information	
Analytic Engine	tree-based models
Time Created	13Apr2025:06:25:53

Input Variables					
Name	**Length**	**Role**	**Type**	**RawType**	**FormatName**
CLAGE	8	Input	Interval	Num	
CLNO	8	Input	Interval	Num	
DEBTINC	8	Input	Interval	Num	
DELINQ	8	Input	Interval	Num	
DEROG	8	Input	Interval	Num	
LOAN	8	Input	Interval	Num	
MORTDUE	8	Input	Interval	Num	
NINQ	8	Input	Interval	Num	
VALUE	8	Input	Interval	Num	
YOJ	8	Input	Interval	Num	
REASON	7	Input	Classification	Character	
JOB	7	Input	Classification	Character	

Output Variables			
Name	**Length**	**Type**	**Label**
P_BAD1	8	Num	Predicted: BAD=1
P_BAD0	8	Num	Predicted: BAD=0
I_BAD	12	Character	Into: BAD
WARN	4	Character	Warnings

[그림2-103] 모델 정보

모델에 대한 일종의 메타데이터 정보를 포함하고 있다. 입력 데이터 구조와 출력 데이터 구조를 설명해주고 있다.

출력된 변수 값은 결정나무와 동일한 P_BAD0, P_BAD1과 같은 형식이다. 즉, P_+목표변수이름+범주이름 형식이다.

해당 모델을 이용하여 스코어링 작업을 해보자.

```
/* 스코어 생성 */
proc astore;
   score data=hmeq_partn
      out=hmeq_score_forest
      rstore=model.astore_forest_hmeq
      copyvars=(_all_);
      ;
quit;
/* 확인 */
proc fedsql;
   select *
   from hmeq_score_forest
   limit 5
   ;
quit;
```

Predicted: BAD=1	Predicted: BAD=0	Into: BAD	Warnings	BAD	LOAN	MORTDUE	VALUE	REASON	JOB	YOJ	DEROG	DELINQ	CLAGE	NINQ	CLNO	DEBTINC	Partition Indicator
0.871012	0.128988	1	M	1	1100	25860	39025	HomeImp	Other	10.5	0	0	94.366666667	1	9	.	0
0.73763	0.26237	1	M	1	1300	70053	68400	HomeImp	Other	7	0	2	121.83333333	0	14	.	2
0.878872	0.121128	1	M	1	1500	13500	16700	HomeImp	Other	4	0	0	149.46666667	1	10	.	0
0.65862	0.34138	1	M	1	1500	.	.			.	.	.	.	.	.	.	0
0.362607	0.637393	0	M	0	1700	97800	112000	HomeImp	Office	3	0	0	93.333333333	0	14	.	0

[그림2-104] 스코어링 결과

결과는 목표변수의 각 범주 별로 예측된 확률 값 즉, 스코어 값을 출력한다.

2.8.1.1.2.3.2 모델 평가

ASSES 프로시저를 통한 모델 평가를 해보자.

```
/* 모델 평가 */
proc assess
   data=hmeq_score_FOREST(where=(_partind_=1)) /* 검증 데이터 기준 */
   ncuts=100 /* ROC 그래프의 빈 개수 */
   nbins=20 /* LIFT의 빈 개수 */
   rocout=out_roc_FOREST
   liftout=out_lift_FOREST
   fitstatout=out_stat_FOREST
   ;
  input P_BAD1;                    /* 예측 확률 변수 */
  target BAD / level=nominal event='1';   /* 목표변수 */
  fitstat pvar=P_BAD0 / pevent='0';      /* 나머지 클래스 확률 */
run;

/* 출력 데이터: ROC */
proc contents data=out_roc_FOREST varnum;
run;

/* ROC 데이터 해석 */
proc fedsql;
   select _cutoff_
   , _tp_
   , _fp_
   , _fn_
```

```
    , _tn_
    , _sensitivity_
    , _fpr_
    from out_roc_FOREST
    limit 10
    ;
quit;

/* AUC 값 */
proc sql noprint;
   select round(_c_, 0.0001) into :auc_FOREST
   from out_roc_FOREST;
quit;
%put &auc_FOREST;
/* ROC 그래프 그리기 */
proc sgplot data=out_roc_FOREST;
   series x=_FPR_ y=_Sensitivity_ / lineattrs=(thickness=2 color=steelblue) name="ROC"
legendlabel="Tree Model ROC Curve";

   lineparm x=0 y=0 slope=1 / lineattrs=(pattern=shortdash color=gray) legendlabel=""
name="none";
   inset "Tree AUC = &auc_FOREST" / position=bottomright border;
   keylegend "ROC" / location=outside position=bottom;
   xaxis label="False Positive Rate";
   yaxis label="True Positive Rate (Sensitivity)";
run;
```

평가는 검증 데이터에 대하여 실시를 하였고 각 항목에 대한 내용은 결정나무 모델의 모델 평가 절을 참조하기로 한다.

출력된 결과 데이터를 이용하여 ROC 그래프를 그려보자.

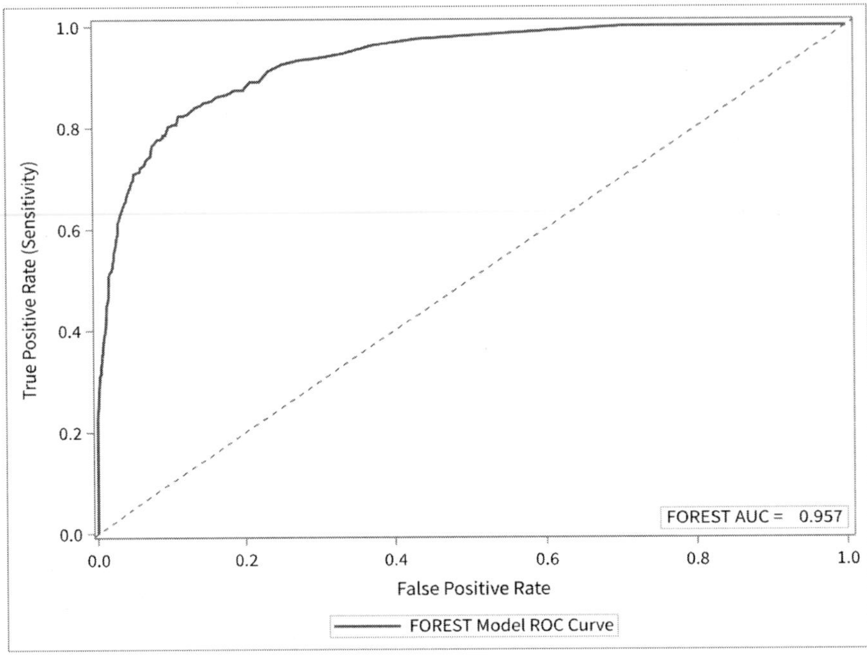

[그림2-105] 포레스트 모델 ROC

포레스트 모델의 ROC 정보와 결정나무 모델의 ROC 정보를 이용하여 어떤 모델이 더 나은지 비교해보자.

```
/* 1단계: ROC 데이터를 병합 (모델 구분 컬럼 추가) */
proc fedsql;
   drop table roc_compare force;

   create table roc_compare as
   select a.*, 'FOREST' as model
   from out_roc_forest as a
   union all
   select b.*, 'TREE' as model
   from out_roc_tree as b
   ;
quit;
```

```
/* 2단계: ROC 곡선 비교 그래프 */
ods graphics / attrpriority=none; /* 색깔 이외에도 적용 */
proc sgplot data=roc_compare;
   title "FOREST vs TREE 모델 ROC 곡선 비교";

   /* 그룹별 선 색상, 패턴, 마커 모양 설정 */
   styleattrs
      datalinepatterns=(shortdash dash dot dashdotdot)      /* 선 패턴 */
      datacontrastcolors=(steelblue red)      /* 선 색 */
      datasymbols=(circlefilled squarefilled); /* 마커 */

   series x=_FPR_ y=_Sensitivity_ /
      group=model
      lineattrs=(thickness=2)
      ;

   lineparm x=0 y=0 slope=1 /
      lineattrs=(pattern=dot color=gray)
      legendlabel="Random Model";

   xaxis label="1 - Specificity (False Positive Rate)" values=(0 to 1 by 0.1);
   yaxis label="Sensitivity (True Positive Rate)" values=(0 to 1 by 0.1);

   keylegend / location=inside position=bottomright across=1;
run;
```

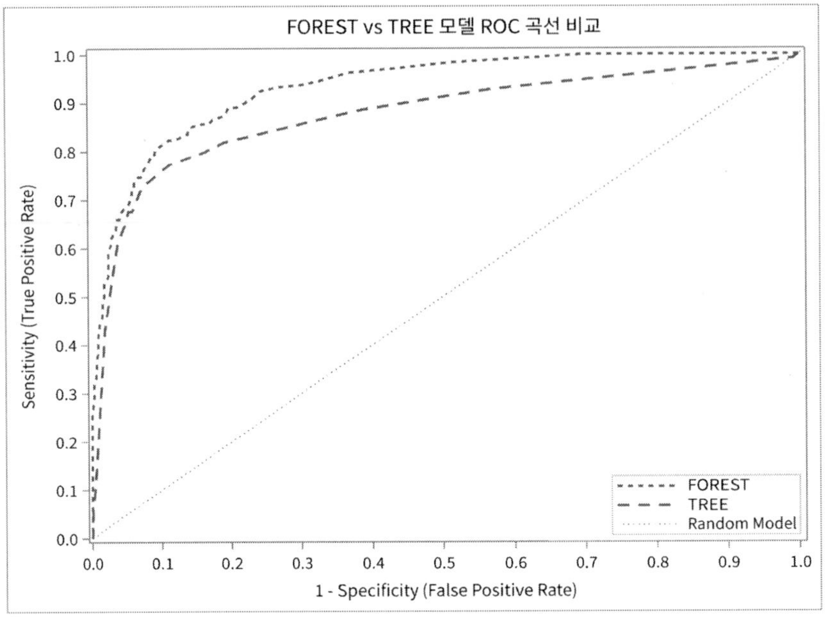

[그림2-106] ROC 비교 그래프

그래프를 보면 포레스트 모델이 결정나무 모델보다 우수함을 확인할 수 있다.

2.8.1.1.2.2.3.1 최적 절사값

포레스트 모델의 최적의 절사값을 확인해보자.

```
/* 최적의 절사값 찾기 */
proc fedsql;
   select _cutoff_
   from out_roc_FOREST
   where _ks_=1 /* _ks2_가 최대값일 때 1 값을 갖음 */
   ;
quit;
```

Cutoff
0.24

[그림2-107] 최적 절사값

2.8.1.1.2.4 결측값 처리

나무 기반의 모델은 결측값이 있어도 모델을 구성할 수 있다. 물론 결측값이 하나라도 있는 관측값은 제거할 수도 있다. FOREST 문의 ASSIGNMISSING=NONE 옵션을 이용하여 이를 지정할 수 있다. 그러나 대부분의 나무 기반 모델에서는 명목형(nominal) 변수인 경우는 결측값을 새로운 범주로 지정하여 진행하며 순서형 또는 연속형인 경우는 가장 잘 목표변수의 분할에 도움이 되는 정렬 가능한 어떤 값으로 생각하여 진행된다. 이런 경우는 기본 값인 ASSIGNMISSING=USEINSEARCH이다. 결측값을 이용한다 하더라도 최소 결측값의 개수를 통제할 수 있다. MINUSEIN-SEARCH를 이용하여 이 값보다 큰 경우만 분할에 독립적으로 사용된다. 기본은 MINUSEINSEARCH=1 이다. 만약 이 값이 지정되면 지정된 값보다 작은 경우는 분할의 가장 큰 가지로 자동 배정된다.

2.8.1.1.2.5 필수 문장

PROC FOREST, INPUT, TARGET 문이 필수적이다.

INPUT 문은 중복해서 지정 가능하다.

2.8.1.1.3 그래디언트 부스팅 모델

부스팅(boosting) 모델은 결정나무의 불안정성을 극복하는 방법 중의 하나이며 약한 학습기(weak learner)들이 순차적으로 학습하면서, 이전 학습기의 오류를 개선하는 방식으로 예측 성능을 점진적으로 향상시키는 기법이다. 이때 학습기 즉, 모델은 반드시 나무일 필요는 없으나 일반적으로 결정나무를 사용한다. 이런 의미에서 부스팅 모델은 나무 기반의 앙상블(ensemble) 모델이다.

순차적으로 적합된 모델을 $f_k(x)$이라고 하면 최종 모델은

$$\hat{y}(x) = \sum_{k=1}^{K} f_k(x)$$

이다. 즉, 각 개별 모델의 합으로 예측하는 것이다.

그래디언트 부스팅에서 그래디언트의 의미를 살펴보자.

비용함수는 다음과 같이 정의할 수 있다.

$$\mathcal{L} = \sum_{i=1}^{n} l\left(y_i, \hat{y_i}\right) + \sum_{k=1}^{K} \Omega(f_k)$$

여기서

- $l\left(y_i, \hat{y_i}\right)$: 관측값과 예측값 사이의 손실 함수(loss function)
- $\Omega(f_k)$: 모델 복잡도에 대한 벌점항 또는 규제항(regularization)

이다.

손실함수는 다음과 같이 정의한다.

손실 함수	수식	비고
로지스틱	$l(y_i, \hat{p}) = -\left[y_i \log(\hat{p}) + (1 - y_i) \log(1 - \hat{p})\right]$	$y \in \{0,1\}$, $\hat{p} = \Pr(y = 1 \mid x)$
다중 범주 로지스틱	$l\left(y_i, \hat{p_i}\right) = -\sum_{k=1}^{K} 1(y_i = k) \log\left(\hat{p_{ik}}\right)$	$1(y_i = k)$: 표시자 함수
L2 손실	$\sum_{i} (y_i - \hat{y}_i)^2$	

규제항은 다음과 같이 정의한다.

규제	수식	비고
L2 규제(Ridge)	$\Omega_{ridge}(f)=\frac{\lambda}{2}\sum_{j=1}^{T} w_j^2$	λ는 규제 강도이며 RIDIGE 옵션으로 설정 가능. 기본값은 1. w_j: 나뭇잎 값
L1 규제(Lasso)	$\Omega_{lasso}(f)=\alpha\sum_{j=1}^{T} \lvert w_j \rvert$	α는 규제 강도이며 LASSO 옵션으로 설정 가능. 기본값은 0.

그래디언트(gradient)는 기울기 또는 경사도로써 다변수 함수인 경우 최대 방향을 표시해주는 벡터가 된다. 기울기 하강법을 이용하여 순차적으로 최소값을 찾을 때 예측값에 대하여 다음과 같은 그래디언트를 이용한다.

$$g_i=\frac{\partial l(y_i,\hat{y}_i)}{\partial \hat{y}_i}$$

최소값을 찾는 경우는 $\hat{y}_i := \hat{y}_i - \eta g_i$으로 예측값을 갱신해준다. 여기서 η는 학습률이다.

그렇다면 각 손실함수 별로 그래디언트가 어떻게 되는지 계산해보자. 아래 표는 그래디언트를 계산한 표이다.

손실 함수	수식	비고
L2	$g_i=\hat{y}_i-y_i$	음(negative) 잔차
로지스틱	$g_i=\hat{p}_i-y_i$	유사 잔차
다중 범주 로지스틱	$g_{ik}=\hat{p}_{ik}-1(y_i=k)$	유사 잔차

손실 함수에 대한 그래디언트 값을 보면 예측값-참값 형식으로 구성되어 있다. 이

에 착안하여 음 그래디언트는 일종의 잔차 역할을 하게 된다. 즉, 1개의 나무 모델이 적합된 후 그 잔차를 이후 나무 모델이 순차적으로 줄이는 역할을 하게 된다. 그런데 1개의 나무의 역할이 과대 평가되는 것을 방지하기 위한 그 영향을 줄이기 위한 학습률(learning rate) 값을 통하여 조절하게 된다.

예를 들어 회귀 문제인 경우는 다음과 같이 진행한다.

순서	내용	비고
1	$F^{[0]}(x) = 0,\ r_i = y_i,\ \forall i = 1, \dots, n$	
2	각 b=1, ⋯, B 에 대하여 아래를 반복 1) 훈련 데이터인 $\{x_i, r_i\}$에 대하여 d차 분할을 갖는 결정나무 f_b 을 적합한다. 2) F을 다음과 같이 갱신한다. $F^{[b]}(x) \leftarrow F^{[b-1]}(x) + \eta f_b(x)$ 3) 오차(잔차)를 갱신한다. $r_i \leftarrow r_i - \eta f_b(x_i)$	d: 깊이(depth) η: 학습률(learning rate)은 사전에 정의
3	아래와 같이 최종 모델을 정의한다. $F^{[B]}(x) = \sum_{b=1}^{B} \eta f_b(x)$	

규제 항까지 포함하여 비용함수를 최소화하는 것의 의미를 살펴보자.

$$\mathcal{L}^{(t)} = \sum_{i=1}^{n} l\left(y_i, \widehat{y_i^{(t-1)}} + f_t(x_i)\right) + \Omega(f_t)$$

즉, 비용 함수는 손실함수에 1개의 나무에서 나뭇잎의 예측값의 합인 규제항을 추가한 것이다.

2.8.1.1.3.1 성능 기준

모델의 성능 기준은 다음 표와 같다.

기준	수식	비고
Average Squared Error (ASE)	$\text{ASE} = \frac{1}{N}\sum_{i=1}^{N}(\hat{y}_i - y_i)^2$	
Misclassification Rate	$\text{MisRate} = \frac{1}{N}\sum_{i=1}^{N}1(\hat{c}_i \neq y_i)$	$\hat{c}_i$: 예측된 클래스
Log Loss (Cross Entropy)	$\text{LogLoss} = -\frac{1}{N}\sum_{i=1}^{N}\sum_{j=1}^{J} y_{ij}\log(\ddot{p}_{ij})$	$\ddot{p}_{ij}$: 범주 j의 예측 확률, 다만 0이나 1에 너무 가까운 확률은 잘림(clipping)

여기서 확률 잘림의 의미는 다음과 같다.

$\hat{p}_{ij}$를 관측값 i의 j범주에 대한 예측 값이라고 할 때

$$\ddot{p}_{ij} = \max\left(\min\left(\hat{p}_{ij}, 1 - 10^{-10}\right), 10^{-10}\right)$$

으로 정의하면 0이나 1에 아주 가까운 예측 확률은 $\ddot{p}_{ij}$의 값으로 대체된다는 것이다.

2.8.1.1.3.2 조기 중단

조기 중단(early stopping)은 훈련을 너무 오래 시켜서 과적합(overfitting) 되는 것을 방지하는 기능이다. 즉, Boosting 모델이 더 이상 성능 향상을 못할 때, 훈련을 조기에 중단하여 과적합을 방지하고 훈련 시간을 줄이는 기법이다. 예를 들어 나무가 50개까지는 지속적인 성능이 향상되나 100개까지는 성능이 같거나 악화되고 500개까지는 오히려 검증 데이터 성능이 나빠지는 경우에 50번째 나무까지만 사용하는

모델을 저장하는 것을 의미한다.

이를 달성하기 위해서 각 나무 추가 후에 검증 데이터로부터 예측 성능을 측정 후 해당 값이 다음 조건을 만족하며 중지한다.

기준	설명	비고
정체 (Stagnation)	$\text{TOLERANCE} = \left\lvert \frac{E_i - E_{i-1}}{E_{i-1}} \right\rvert$	· E_i: 현재 반복에서의 예측 오차 · STAGNATION=n: 이전보다 좋아지지 않는 상태가 n회 반복되면 멈춤. 기본값은 0. 즉, 사용하지 않음 · TOLERANCE=ϵ : 오차가 줄어드는 정도가 보다 작으면 멈춤. 기본값은 0. 즉, 사용하지 않음 · MINIMUM=YES: 이전 최소값보다 좋아지지 않으면 멈춤. 기본값은 NO. · 각 조건을 각각 명시하면 모두 만족하는 경우에 중단
임계 (Threshold)		· THRESHOLD=τ: 오차가 이 값보다 크면 중단. 기본값은 0. 즉, 사용하지 않음 · THRESHODLITER=T: 최소 T번 반복 후부터 적용

2.8.1.1.3.3 초모수

그래디언트 부스팅 모델을 적합하기 위해서는 사전에 정의해야 할 모수 즉, 초모수(hyper parameter)가 있다. 초모수는 추정하는 모수가 아니다. 물론 자동 조율(auto tunning)에서는 다양한 초모수 조합에 대하여 최적의 초모수 값을 찾을 수는 있다.

초모수	옵션	기본값
나무 개수	NTREES	100
붓스트랩 표본 추출 비율	SAMPLINGRATE	0.5
분할 변수 개수	M	입력변수 개수
RIDGE 규제 모수값	RIDGE	1
LASSO 규제 모수값	LASSO	0
학습률	LEARNINGRATE	0.1
최대 깊이	MAXDEPTH	4
조기 중단	EARLYSTOP(옵션1, …, 옵션K)	실행 안 함. 명시하지 않으면 지정된 나무개수까지 진행함

2.8.1.1.3.4 적용 예시

2.8.1.1.3.4.1 모델 적합

그래디언트 부스팅 모델의 적용 과정을 살펴보자.

```
/* 모델 적합 */
/* 1) 모델 저장용 라이브러리 지정: 학습된 모델 상태를 저장할 경로 */
libname model '/workspaces/bnn/model';

/* 2) GRADBOOST 프로시저 호출: 부스팅 모델 적합 시작
   - DATA=hmeq_partn          : 파티션된 학습 데이터 사용
   - SAMPLINGRATE=0.6          : 각 트리 학습 시 샘플링 비율 60%
   - NTREES=1000              : 생성할 부스팅 트리 수 1,000개
   - M=8                      : 각 분할 시 고려할 변수 개수 (feature subset size) */
proc gradboost
   data=hmeq_partn
   samplingrate=0.6
```

```
  ntrees=1000
  m=8
  seed=12345
  ;

/* 3) 명목형(범주형) 입력 변수 지정 */
input &cats / level=nominal;

/* 4) 연속형 입력 변수 지정 */
input &nums / level=interval;

/* 5) 목표(종속) 변수 지정 — 분류용 명목형 */
target &target / level=nominal;

/* 6) 데이터 분할할: _partind_ 값으로 학습(0), 검증(1), 테스트(2) 분할 */
partition rolevar=_partind_(
  train='0'
  validate='1'
  test='2'
);

/* 7) 스코어링용 SAS 코드 생성: 나중에 DATA step으로 모델 스코어링 가능 */
code file='/workspaces/bnn/model/code_boosting_hmeq.sas';

/* 8) 학습된 모델 상태(Analytic Store) 저장 */
savestate rstore=model.astore_boosting_hmeq;

/* 9) 모델 적합 통계치(Accuracy, AUC 등)를 out_fitstatistics_boosting에 저장 */
ods output fitstatistics=out_fitstatistics_boosting;

/* 10) 프로시저 종료 */
quit;
```

Model Information	
Number of Trees	1000
Learning Rate	0.1
Subsampling Rate	0.6
Number of Variables Per Split	8
Number of Bins	50
Number of Input Variables	12
Maximum Number of Tree Nodes	31
Minimum Number of Tree Nodes	17
Maximum Number of Branches	2
Minimum Number of Branches	2
Maximum Depth	4
Minimum Depth	4
Maximum Number of Leaves	16
Minimum Number of Leaves	9
Maximum Leaf Size	2275
Minimum Leaf Size	5
Seed	12345
Lasso (L1) penalty	0
Ridge (L2) penalty	1
Actual Number of Trees	1000
Average Number of Leaves	15.253

[그림2-108] 모델 정보

모델 정보는 모델을 적합하기 위하여 사전에 정의한 초모수 정보를 보여준다. 기본값으로 능형(RIDGE) 규제 항이 추가되었고 기본 나무는 깊이가 4인 약 학습기(weak learner)가 지정되었다.

2.8.1.1.3.4.2 모델 안정성

모델 안정성 평가를 위하여 훈련, 검증 데이터의 모델 적합도를 살펴보자.

```
/* 모델 안정성 평가 */
proc sgplot data=out_fitstatistics_boosting;
   title "나무 개수에 따른 오분류율 변화";

   /* 각각 다른 선 패턴과 색상 적용 */
   series x=trees y=misctrain /
      lineattrs=(color=green pattern=shortdash thickness=2)
      legendlabel="훈련 오분류율";

   series x=trees y=miscvalid /
      lineattrs=(color=red pattern=dot thickness=2)
      legendlabel="검증 오분류율";

   xaxis label="나무 개수 (trees)";
   yaxis label="오분류율 (Misclassification Rate)";
   keylegend / location=inside position=topright across=1;
run;
```

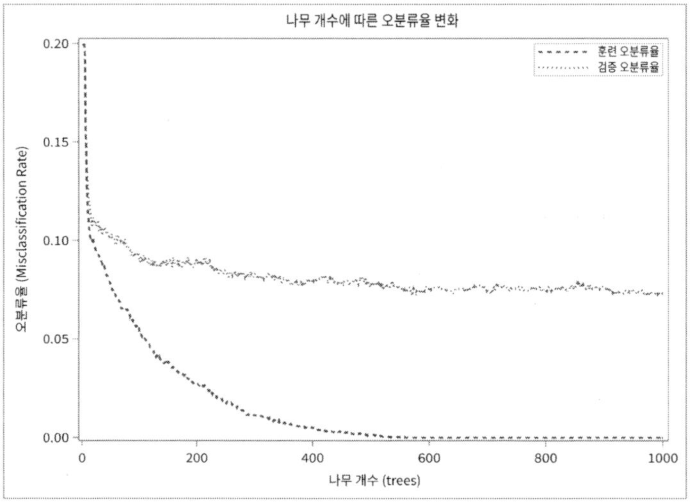

[그림2-109] 모델 안정성 평가 그래프

그래프를 보면 모델은 충분히 안정되었고, 대략 600개의 나무 정도에서 검증 데이터까지 안정화되는 것을 볼 수가 있다. 굳이 1000개의 나무까지 갈 필요는 없어 보인다.

2.8.1.1.3.4.3 스코어링

나무 모델과 유사하게 스코어링 작업을 진행한다.

```
/* 스코어 생성 */
proc astore;
   score data=hmeq_partn
      out=hmeq_score_boosting
      rstore=model.astore_boosting_hmeq
      copyvars=(_all_);
      ;
quit;
/* 확인 */
proc fedsql;
   select *
   from hmeq_score_boosting
   limit 5
   ;
quit;
```

Predicted: BAD=1	Predicted: BAD=0	Into: BAD	Warnings	BAD	LOAN	MORTDUE	VALUE	REASON	JOB	YOJ	DEROG	DELINQ	CLAGE	NINQ	CLNO	DEBTINC	Partition Indicator
0.99476	0.00524	1	M	1	1100	25860	39025	HomeImp	Other	10.5	0	0	94.366666667	1	9	.	0
0.833586	0.166414	1	M	1	1300	70053	68400	HomeImp	Other	7	0	2	121.83333333	0	14	.	2
0.999759	0.000241	1	M	1	1500	13500	16700	HomeImp	Other	4	0	0	149.46666667	1	10	.	0
0.881699	0.118301	1	M	1	1500	.	.			.	.	.	.	.	.	.	0
0.005765	0.994235	0	M	0	1700	97800	112000	HomeImp	Office	3	0	0	93.333333333	0	14	.	0

[그림2-110] 스코어링 결과

2.8.1.1.3.4.4 모델 평가

기존 모델과 비교한 그래프를 생성해보자.

```
/* 1단계: ROC 데이터를 병합 (모델 구분 컬럼 추가) */
proc fedsql;
   drop table roc_compare force;

   create table roc_compare as
   select a.*, 'FOREST' as model
   from out_roc_forest as a
   union all
   select b.*, 'TREE' as model
   from out_roc_tree as b
   union all
   select b.*, 'BOOSTING' as model
   from out_roc_boosting as b
   ;
quit;

/* 2단계: ROC 곡선 비교 그래프 */
ods graphics / attrpriority=none; /* 색깔 이외에도 적용 */
proc sgplot data=roc_compare;
   title "FOREST vs TREE 모델 ROC 곡선 비교";

   /* 그룹별 선 색상, 패턴, 마커 모양 설정 */
   styleattrs
      datalinepatterns=(shortdash dash dot dashdotdot)      /* 선 패턴 */
      datacontrastcolors=(steelblue red darkgreen)      /* 선 색 */
      datasymbols=(circlefilled squarefilled); /* 마커 */

   series x=_FPR_ y=_Sensitivity_ /
      group=model
      lineattrs=(thickness=2)
      ;

   lineparm x=0 y=0 slope=1 /
```

```
        lineattrs=(pattern=dot color=gray)
        legendlabel="Random Model";

    xaxis label="1 - Specificity (False Positive Rate)" values=(0 to 1 by 0.1);
    yaxis label="Sensitivity (True Positive Rate)" values=(0 to 1 by 0.1);

    keylegend / location=inside position=bottomright across=1;
run;
```

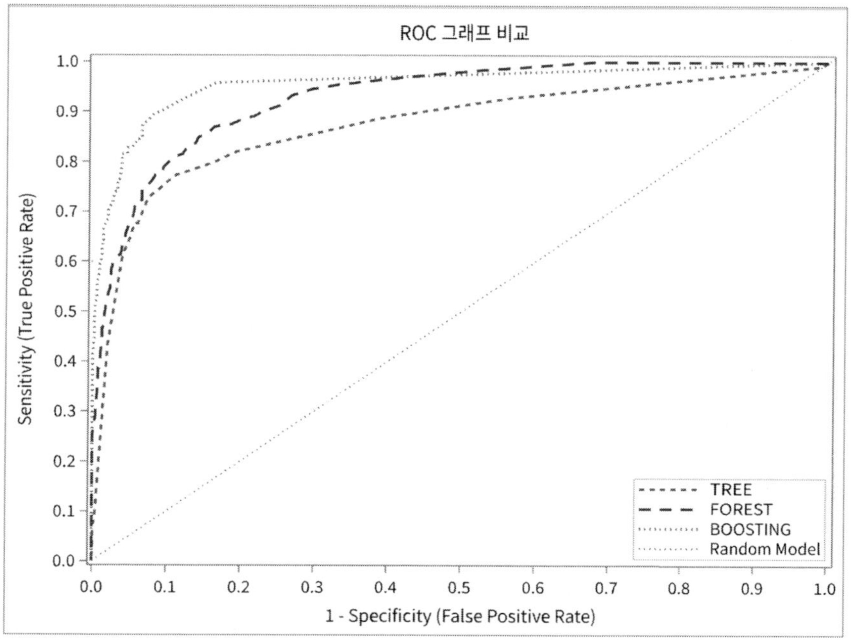

[그림2-111] 모델 비교

모델 결과를 보면 그래디언트 부스팅 모델이 가장 우수함을 확인할 수 있다.

2.8.1.1.3.5 필수 문장

PROC GRADBOOST, INPUT, TARGT 문이 필수적이다.

INPUT 문은 중복해서 지정 가능하다.

2.8.1.1.4 경량 그래디언트 부스팅 모델

경량 그래디언트 부스팅 모델(LightGBM)은 일반적으로 다음과 같은 기법을 동원하여 매우 우수하다고 알려져 있다.

기술 요소	설명
나뭇잎 기반(Leaf-wise) 트리 성장	기존 GBDT(gradient based decision tree)가 깊이 기반(level-wise)인 반면, LightGBM은 나뭇잎 기반(leaf-wise) 방식으로 정보이득이 가장 큰 나뭇잎을 계속 확장하여 더 깊고 정확한 나무 생성
히스토그램 기반 분할	연속형 변수 값을 구간화(binning)하여 계산함으로써 연산량을 대폭 감소시키고 메모리 절약
기울기 기반 일방 표본(GOSS: Gradient based One-Side Sampling)	학습 시 손실이 큰(gradient 큰) 샘플만 우선 학습하여 정보 손실 적으면서도 샘플 수 감소
배타변수 묶음(EFB: Exclusive Feature Bundling)	서로 다른 값만 갖는 희소 변수들을 하나의 변수로 묶음(bundling) 처리하여 차원 수 줄임

나뭇잎 기반 성장에 대하여 구체적으로 알아보자.

만약 손실 함수가 로그 손실 함수인 경우에

$$l_i = -\frac{1}{n}\Sigma\{y_i \log \hat{y}_i + (1 - y_i) \log (1 - \hat{y}_i)\}$$

이고 이 때 각 예측값에 대하여 그래디언트 즉, 기울기를 구한다.

$$\frac{\partial l_i}{\partial \hat{y}_i} = \hat{y}_i - y_i$$

일반적인 부스팅 모델은 이 기울기와 상관없이 반드시 깊이에 따라 동일하게 각 노드를 좌우로 분할한다. 그러나 LGBM 모델은 깊이와 상관없이 나뭇잎 기반으로 기울기가 크면 즉, 해당 관측값이 오차가 크면 우선적으로 깊이와 상관없이 분할한다.

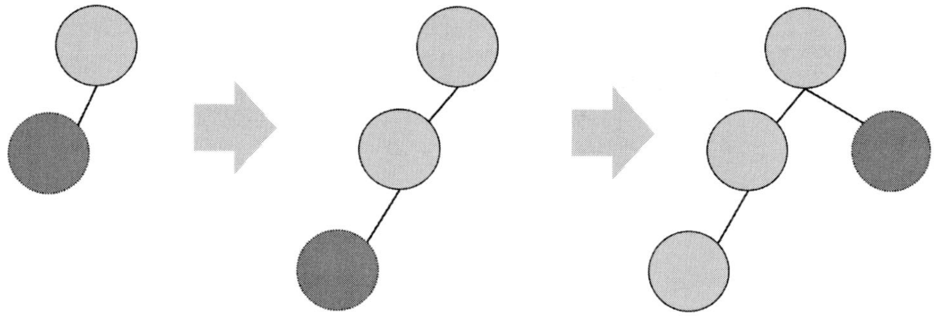

[그림2-112] 나뭇잎 기반 나무 성장

그림을 보면 기울기가 큰 나무 순서대로 분할을 하고 있음을 보여준다. 즉, 좌우 균형 있게 분할하지 않는다.

배타 변수 묶음에 대하여 알아보자.

배타 변수 묶음은 서로 동시에 값이 존재하지 않는(즉, 배타적인) 희소 변수들을 하나의 변수로 묶어(Bundling)서 변수 개수를 줄이고 계산 속도를 높이는 기법이다. 예를 들어 원핫 인코딩 변환을 한 경우에 대부분의 값이 0이므로 동시에 값이 존재하는 경우가 드물다. 즉, 실제 의미 있는 값은 없음에도 불구하고 메모리낭비와 연산 비효율을 초래한다. 이런 의미에서 배타적이거나 거의 배타적인 변수들을 묶는 것이다.

Obs	x1	x2	x3	x4
1	1	0	0	0
2	0	0	0	1
3	0	2	0	0
4	0	0	3	0

위와 같이 데이터가 분포되어 있다면 x1~x4 모든 변수는 동시에 활성화되어 있지 않으므로 하나의 변수로 묶을 수 있다.

Obs	Offset
1	1 ← x1 위치
2	1000 ← x4 위치
3	10 ← x2 위치
4	100 ← x3 위치

즉, 표와 같이 내부적으로 값의 위치를 구분할 수 있도록 오프셋(offset) 부여하여 충돌 없이 값을 정할 수 있다.

2.8.1.1.4.1 초모수

사전 지정해야 할 초모수를 살펴보자.

초모수	옵션	기본값
나무 개수	MAXITERS	100
표본 추출 비율 (중복 허락하지 않음)	BAGGINGFRACTION	1
표본 추출 빈도 (지정된 수 경과 후 다시 표본 추출)	BAGGINGFREQUENCY	0
분할 변수 개수	INPUTFRACTION	1
RIDGE 규제 모수값	RIDGE	1
LASSO 규제 모수값	LASSO	0
학습률	LEARNINGRATE	0.1
최대 깊이	MAXDEPTH	0: 제한 없음

부스팅 방법	BOOSTING	DART I GBDT I GOSS I RF 중에서 GBDT 즉, 전통적인 그래디언트 부스팅 방법
검증 데이터	VALIDATIONDATA	지정해야 함

여기서 부스팅 방법에 대하여 구체적으로 살펴보도록 하자.

유형	설명	핵심 개념	특징
GBDT	Gradient Boosted Decision Tree	전통적 그래디언트 부스팅	기본값, 예측 정확도 우수
DART	Dropouts meet Additive Regression Trees	일부 선행 나무를 무작위 생략(dropout). 모든 나무를 누적하되 일부 나무의 기여를 제거	과적합 방지
GOSS	Gradient-based One-Side Sampling	큰 gradient만 집중 학습	학습속도 빠름, 정확도 유지
RF	Random Forest	전체 나무 병렬 생성, 배깅 적용	다양성 높임, 병렬 처리에 유리

2.8.1.1.4.2 적용 예시

2.8.1.1.4.2.1 모델 적합

대부분 기본 옵션으로 정의한 후 실행해보자.

```
/* 경량 그래디언트부스팅 모델 적합 */
libname model '/workspaces/bnn/model';
/* 1) 모델 저장용 라이브러리 지정: Analytic Store를 저장할 경로 설정 */
libname model '/workspaces/bnn/model';
```

```
/* 2) LIGHTGRADBOOST 프로시저 실행: LightGBM 방식의 그래디언트 부스팅 모델 적합 시작 */
proc lightgradboost
   /* 학습 데이터: 파티션된 hmeq_partn 중 _partind_=0(학습) 사용 */
   data=hmeq_partn(where=(_partind_=0))
   /* 최대 반복 횟수 설정: 150회 반복 */
   maxiters=150
   /* 각 부스팅 반복 시 전체 샘플 사용 (Bagging 비율 100%) */
   baggingfraction=1
   /* 각 노드 분할에 모든 특성 사용 (Input fraction 100%) */
   inputfraction=1
   /* 부스팅 알고리즘 지정: GBDT(Gradient Boosted Decision Trees) */
   boosting=GBDT
   /* 검증 데이터 지정: _partind_=1인 관측치로 검증 */
   validationdata=hmeq_partn(where=(_partind_=1))
   /* 랜덤 시드 고정: 결과 재현성 확보 */
   seed=1234
   ;

/* 3) 명목형(범주형) 입력 변수 지정 */
input &cats / level=nominal;

/* 4) 연속형 입력 변수 지정 */
input &nums / level=interval;

/* 5) 타깃(종속) 변수 지정 — 분류 모델용 명목형 */
target &target / level=nominal;

/* 6) 학습된 모델 상태를 Analytic Store로 저장 */
savestate rstore=model.astore_lgbm_hmeq;

/* 7) 반복 이력(Iteration History) 결과를 out_IterHistory_lgbm 데이터셋으로 저장 */
ods output IterHistory=out_IterHistory_lgbm;

/* 8) 프로시저 종료 */
quit;
```

Model Information	
Boosting Method	gbdt
Objective Type	binary
Number of Bins	255
Minimum Leaf Size	20
Lasso (L1) Penalty	0
Ridge (L2) Penalty	0
Maximum Categories	32
Metric Name	binary log loss

[그림2-113] 모델 정보

사전에 지정된 초모수 정보를 확인할 수 있다. 단, 주의할 사항은 최대 반복수 정보가 출력되지 않는다.

2.8.1.1.4.2.2 모델 안정성 평가

```
/* 적합통계량 데이터 구조 */
proc contents data=out_fitstatistics_lgbm;
run;
/* 모델 안정성 평가 */
proc sgplot data=out_fitstatistics_lgbm;
   title "나무 개수에 따른 오분류율 변화";

   /* 각각 다른 선 패턴과 색상 적용 */
   series x=numberOfTrees y=trainingAccuracyMetric /
      lineattrs=(color=green pattern=shortdash thickness=2)
      legendlabel="훈련 오분류율";

   series x=numberOfTrees y=validationAccuracyMetric /
      lineattrs=(color=red pattern=dot thickness=2)
      legendlabel="검증 오분류율";
```

```
    xaxis label="나무 개수 (trees)";
    yaxis label="오분류율 (Misclassification Rate)";
    keylegend / location=inside position=topright across=1;
run;
```

Alphabetic List of Variables and Attributes					
#	Variable	Type	Len	Format	Label
1	numberOfTrees	Num	8	BEST8.	Number of Trees
2	trainingAccuracyMetric	Num	8	D12.3	Training Accuracy Metric
3	validationAccuracyMetric	Num	8	D12.3	Validation Accuracy Metric

[그림2-114] 모델 적합 데이터셋 구조

적합 정보를 갖고 있는 데이터셋 구조를 보면 이전과는 다른 변수이름을 보여주고 있다. 이를 확인한 후 모델 안정성을 살펴볼 수 있는 그래프는 다음과 같다.

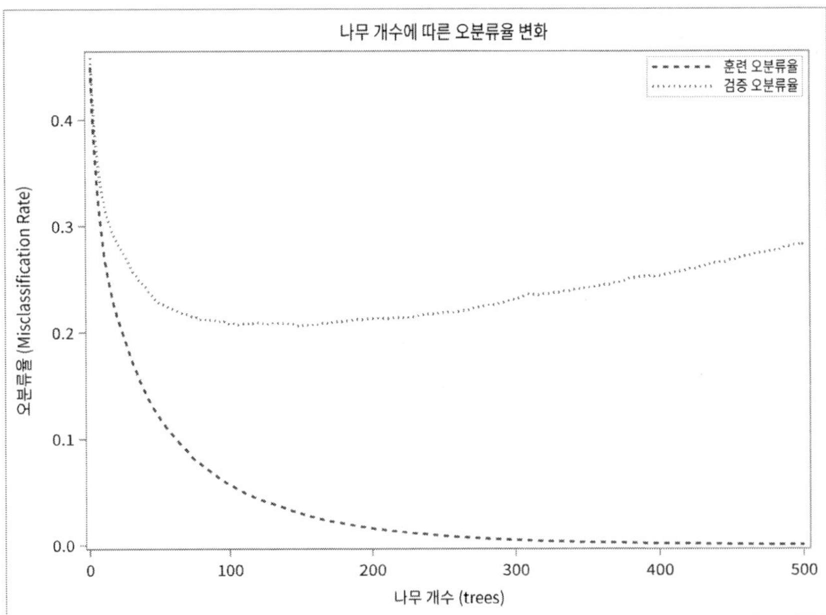

[그림2-115] 모델 안정성 평가 그래프

검증 데이터 기준으로 보면 약 150개 정도의 나무만 있어도 충분해 보인다. 반복수를 500으로 지정하였으므로 이후 모델은 500개의 나무로 구성된 모델이다. 위 그래프를 살펴본 후 약 150개 나무를 갖는 모델이 일반화 오차 관점에서는 더 나은 모델이 될 것이다.

이후 모델은 150개 나무를 갖는 모델로 재지정하여 수행한다.

2.8.1.1.4.2.3 스코어링

```
/* 스코어 생성 */
proc astore;
   score data=hmeq_partn
      out=hmeq_score_LGBM
      rstore=model.astore_lgbm_hmeq
      copyvars=(_all_);
      ;
quit;
/* 확인 */
proc fedsql;
   select *
   from hmeq_score_LGBM
   limit 5
   ;
quit;
```

Into: BAD	Predicted: BAD=0	Predicted: BAD=1	BAD	LOAN	MORTDUE	VALUE	REASON	JOB	YOJ	DEROG	DELINQ	CLAGE	NINQ	CLNO	DEBTINC	Partition Indicator
1	0.020523	0.979477	1	1100	25860	39025	HomeImp	Other	10.5	0	0	94.366666667	1	9	.	0
1	0.108347	0.891653	1	1300	70053	68400	HomeImp	Other	7	0	2	121.83333333	0	14	.	2
1	0.000605	0.999395	1	1500	13500	16700	HomeImp	Other	4	0	0	149.46666667	1	10	.	0
1	0.159937	0.840063	1	1500	.	.			.	.	.	.	.	.	.	0
0	0.950694	0.049306	0	1700	97800	112000	HomeImp	Office	3	0	0	93.333333333	0	14	.	0

[그림2-116] 스코어링 결과

2.8.1.1.4.2.4 모델 평가

기존 모델과 비교한 그래프를 생성해보자.

```
/* 1단계: ROC 데이터를 병합 (모델 구분 컬럼 추가) */
proc fedsql;
   drop table roc_compare force;

   create table roc_compare as
   select a.*, 'TREE' as model
   from out_roc_tree as a
   union all
   select b.*, 'FOREST' as model
   from out_roc_forest as b
   union all
   select c.*, 'BOOSTING' as model
   from out_roc_boosting as c
   union all
   select c.*, 'LGBM' as model
   from out_roc_LGBM as c
   ;
quit;

/* 2단계: ROC 곡선 비교 그래프 */
ods graphics / attrpriority=none; /* 색깔 이외에도 적용 */
proc sgplot data=roc_compare;
   title "ROC 그래프 비교";

   /* 그룹별 선 색상, 패턴, 마커 모양 설정 */
   styleattrs
      datalinepatterns=(shortdash dash dot dashdotdot)      /* 선 패턴 */
      datacontrastcolors=(steelblue darkgreen red darkblue)      /* 선 색 */
      datasymbols=(circlefilled squarefilled); /* 마커 */

   series x=_FPR_ y=_Sensitivity_ /
      group=model
```

```
        lineattrs=(thickness=2)
        ;

    lineparm x=0 y=0 slope=1 /
        lineattrs=(pattern=dot color=gray)
        legendlabel="Random Model";

    xaxis label="1 - Specificity (False Positive Rate)" values=(0 to 1 by 0.1);
    yaxis label="Sensitivity (True Positive Rate)" values=(0 to 1 by 0.1);

    keylegend / location=inside position=bottomright across=1;
run;
```

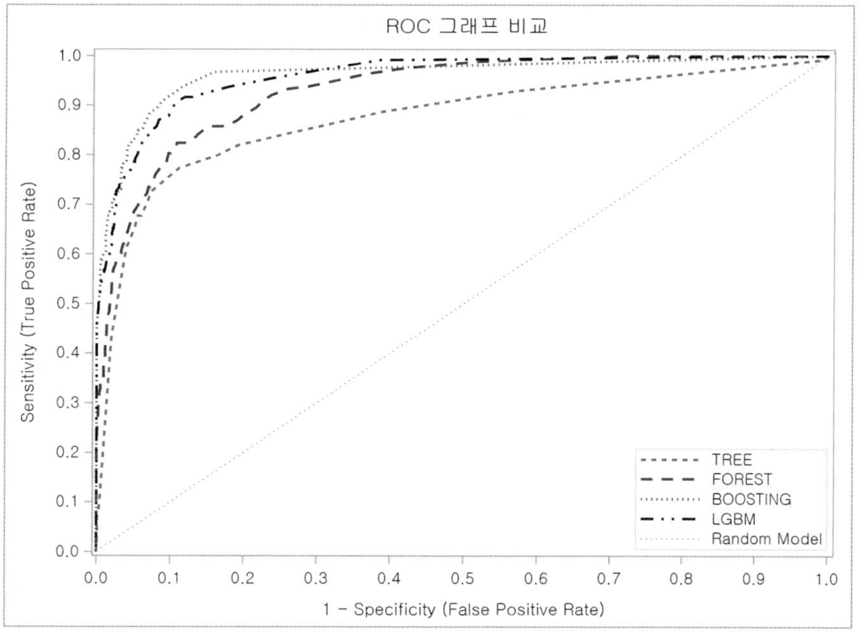

[그림2-117] ROC 그래프

전반적으로 볼 때 나무 기반 앙상블 모델 성능 중 그래디언트 부스팅 모델과 경량 그래디언트 부스팅 모델이 성능이 좋게 나타났다.

2.8.1.1.4.3 필수 문장

PROC LIGHTGRADBOOST, INPUT, TARGET 문은 필수적이다.

INPUT 문은 중복해서 지정할 수 있다.

2.8.1.1.5 지지벡터 머신

지지벡터 머신(SVM: Support Vector Machine)은 분류(classification) 및 회귀(regression) 문제를 해결하는 데 사용되는 지도학습(supervised learning) 알고리즘이다.

SVM은 주어진 데이터 포인트들을 구분하기 위해 가장 넓은 여백(마진, margin)을 갖는 초평면(hyperplane)을 학습하는 알고리즘이다. 이 초평면은 두 클래스 간의 간격을 최대화하면서 데이터를 나누는 역할을 하며 마진에 가장 가까운 관측값을 지지벡터(support vectors)라고 부른다.

먼저 초평면에 대하여 알아보자.

초평면(hyperplane)이란 n차원 공간에서 데이터를 나누는 (n-1)차원의 결정 경계를 의미하며, 지지벡터 머신에서 이 초평면이 클래스를 구분하는 경계면의 역할을 한다.

초평면을 다음과 같이 정의한다.

$$w^T x + b = 0$$

여기서 w는 초평면에 수직인 법선 벡터 x는 m차원 데이터 b는 절편이다.

지지벡터 머신은 바로 이 초평면을 이용하여 분류 문제를 해결하고자 하는 것이다.

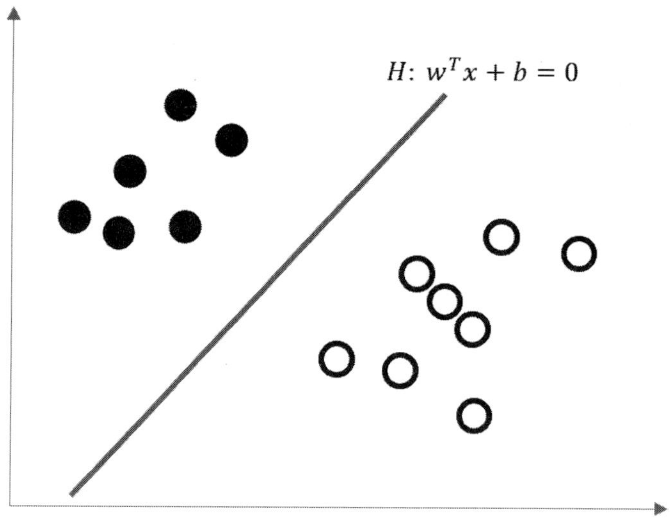

[그림2-118] 초평면과 분류 문제

그림 2-118은 2개의 범주를 구분하는 초평면의 예이다.

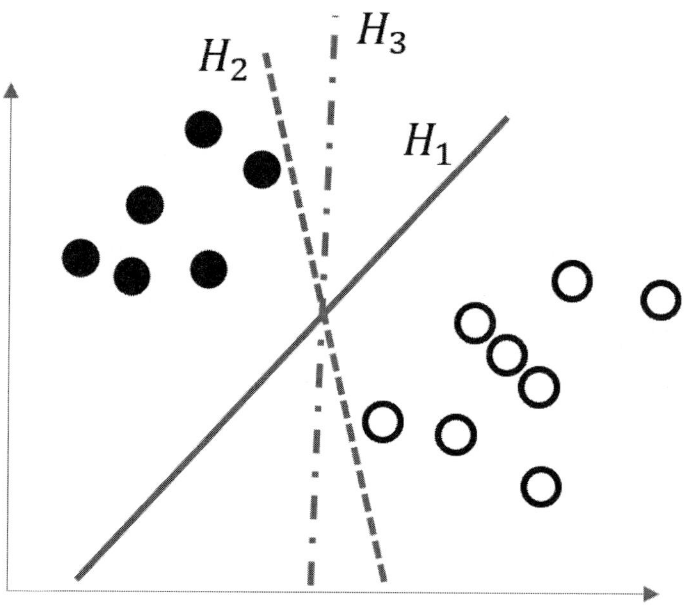

[그림2-119] 다양한 초평면

그림 2-119에서 보듯이 2개의 범주를 구분하는 초평면은 무수히 많다. 문제는 이 중 어떠한 초평면이 2개의 범주를 매우 잘 구분하는 평면인지를 정의하고 선택하는 것이다.

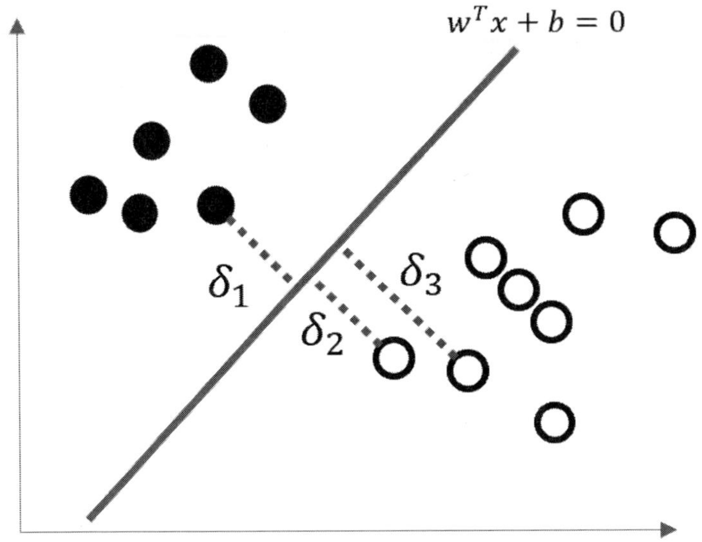

[그림2-120] 초평면과 데이터 거리

그림 2-120에서 각 δ_i 는 데이터 점과 초평면까지의 거리이며 이 값 중에 최소값이 가장 큰 초평면이 2개의 범주를 가장 잘 나누는 평면이 될 것이라고 유추할 수 있다.

이 때 이 거리 중에 최소값의 2배를 초평면의 여백 또는 마진(margin)이라고 정의한다.

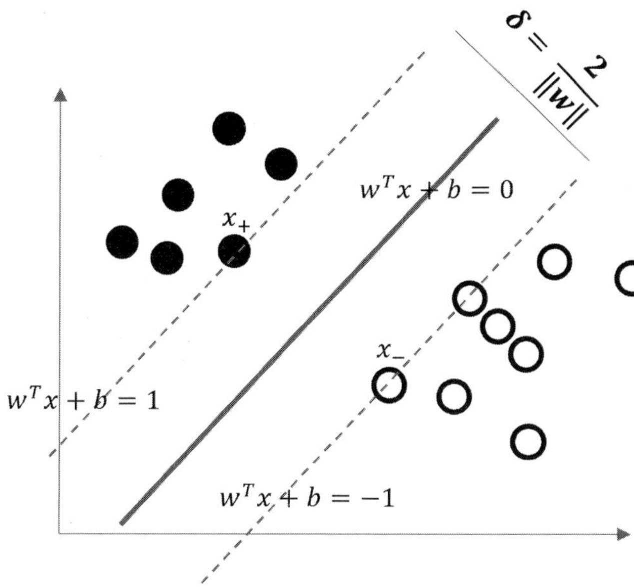

[그림2-121] 대칭 여백

만약 데이터 점과 평면까지의 거리의 최소값을 δ 라고 하면 점과 직선과의 거리는 $\frac{|w^T x + b|}{\|w\|}$ 이므로 모든 x들은 $\delta = \min_x \frac{|w^T x + b|}{\|w\|}$ 보다 커야 한다. 이 때 $w^T x + b \geq \delta \Rightarrow \left(\frac{w}{\delta}\right)^T x + \left(\frac{b}{\delta}\right) \geq 1 \Rightarrow \begin{cases} w \leftarrow \frac{w}{\delta} \\ b \leftarrow \frac{b}{\delta} \end{cases}$ 으로 재정의할 수 있기 때문에 1보다 커야 한다. 즉 가장 최소의 거리를 줄 때 함수 값을 1로 정의한다.

이렇게 정의하고 나면 그림과 같이 여백 경계선인 점선 위에 있는 벡터들이 최소값을 주는 벡터이고 결정 경계선인 평면을 결정짓는 벡터이다. 이를 지지벡터라고 한다.

최소 거리를 줄 때의 함수 값이 1이므로 여백 경계선사이의 거리는 $\delta = \frac{2}{\|w\|}$ 가 된다.

결국 초평면을 찾는다는 것은 이 여백을 최대화하는 초평면을 구하는 것이고 초평면은 기울기라고 할 수 있는 법선 벡터 w를 찾는 것이다.

2.8.1.1.5.1 수학적 이해

거리를 최대화한다는 것은 다음과 동일하다. 즉,

$$\min_{w,b} \frac{1}{2} \|w\|^2$$

이다. 그러나 모든 데이터는 다음의 조건을 만족해야 한다.

$$y_i(w^T x_i + b) \geq 1, \forall i = 1, \ldots, n$$

제약 조건의 의미를 살펴보면 만약 범주가 2개인 경우에 yi={1, -1} 으로 인코딩할 수가 있다. 이런 경우에 $y_i = 1$ 이면 $w^T x_i + b \geq 1$, $y_i = -1$ 이면 $w^T x_i + b \leq -1$ 이어야 한다. 이를 결합하게 되면 주어진 식이 된다. 이 문제를 원시 문제(primal form)라고 하자.

선형 부등식 제약 조건을 만족하면서 w에 대한 2차식의 최소값을 찾는 문제를 2차 계획법(quadratic programming)이라고 한다. 이 문제는 직접 풀기가 어렵고 일반적으로 제약 조건과 목적함수를 하나의 식으로 표현하는 라그랑지(Lagrange) 함수로 전환 후 풀게 된다.

$$\mathcal{L}(w,b,\alpha) = \frac{1}{2} \|w\|^2 - \sum_{i=1}^{n} \alpha_i [y_i(w^T x_i + b) - 1]$$

여기서 라그랑지 승수 $\alpha_i \geq 0$이고 $\mathcal{L}$은 라그랑지 함수이다.

원시 문제는 라그랑지 함수의 다음 문제로 치환될 수 있다.

$$\min_{w,b} \max_{\alpha_i \geq 0} \mathcal{L}(w,b,\alpha)$$

이러한 문제로 전환되기 위해서는 목적함수와 제약 조건이 볼록(convex)이면 되고 추가로 $y_i(w^T x_i + b) > 1, \forall i = 1, \ldots, n$ 를 만족하는 w, b 가 존재하게 되면 다음과 같은 쌍대 문제(dual form)의 최적해와 같게 된다.

$$\max_{\alpha_i \geq 0} \min_{w,b} \mathcal{L}(w,b,\alpha)$$

이 때 쌍대 문제의 해는 다음의 KKT조건을 만족하고 더 나아가 KKT조건을 만족하면 그 해는 최적해가 된다.

KKT 조건	라그랑지 함수에서의 적용 방식
정상성 조건 Stationarity	$\frac{\partial \mathcal{L}}{\partial w} = 0, \frac{\partial \mathcal{L}}{\partial b} = 0$
원시 문제 적합조건 Primal feasibility	$y_i(w^T x_i + b) \geq 1$
쌍대 문제 적합조건 Dual feasibility	$\alpha_i \geq 0$
상보 여유 조건 Complementary slackness	$\alpha_i(y_i(w^T x_i + b) - 1) = 0$

정상성 조건으로부터

$$\frac{\partial \mathcal{L}}{\partial w} = w - \sum_{i=1}^{n} \alpha_i y_i x_i = 0 \Rightarrow w = \sum_{i=1}^{n} \alpha_i y_i x_i$$

$$\frac{\partial \mathcal{L}}{\partial b} = -\sum_{i=1}^{n} \alpha_i y_i = 0 \Rightarrow \sum_{i=1}^{n} \alpha_i y_i = 0$$

이다. 이 결과를 라그랑지 함수에 대입하면 다음과 같다.

$$\|w\|^2 = \left(\sum_{i=1}^{n} \alpha_i y_i x_i\right)^T \left(\sum_{j=1}^{n} \alpha_j y_j x_j\right) = \sum_{i=1}^{n} \sum_{j=1}^{n} \alpha_i \alpha_j y_i y_j (x_i^T x_j)$$

이므로

$$\mathcal{D}(\alpha) = \sum_{i=1}^{n} \alpha_i - \frac{1}{2} \sum_{i=1}^{n} \sum_{j=1}^{n} \alpha_i \alpha_j y_i y_j (x_i^T x_j)$$

으로 두면

$$\max_{\alpha_i \geq 0} \min_{w,b} \mathcal{L}\ (w,b,\alpha) =$$

$$\max_{\alpha_i} \mathcal{D}\ (\alpha) \quad \text{subject to} \sum \alpha_i y_i = 0,\ \alpha_i \geq 0$$

이 된다.

참고로 D(α)의 식에서 보면 관측값 벡터의 내적 $x_i^T x_j$ 으로 정의되어 있음을 알 수가 있다.

D(α)를 구하기 위한 알고리즘으로는 내부점법(IPOINT: Interior Point Method), 좌표 하강법(CD: Coordinate Descent Method), 활성집합법(ACTIVESET) 등이 있다.

이러한 알고리즘에 의하여 구한 값을 α_i^* 이라고 하면 정상성 조건으로부터

$$w^* = \sum_{i=1}^{n} \alpha_i^* y_i x_i$$

이고 원시 문제 적합 조건에 의하여

$$b^* = -\frac{\min_{y_i=1} {w^*}^T x_i + \max_{y_i=-1} {w^*}^T x_i}{2}$$

와 같이 추정된다.

2.8.1.1.5.2 소프트 마진

지지벡터 머신은 분류를 위한 가장 여백을 크게 주는 적절한 초평면을 구하는 것이다.

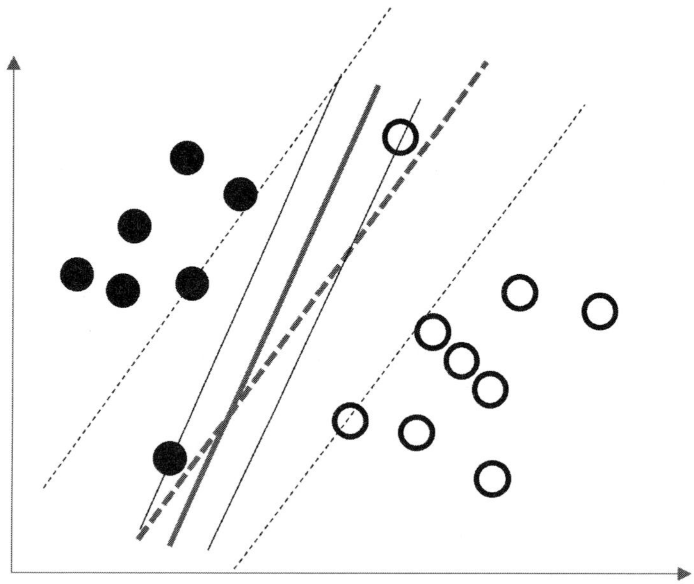

[그림2-122] 좁은 여백과 넓은 여백

그림의 실선 평면은 2개의 범주를 100% 분류해주고 있다. 그런데 여백은 매우 좁다. 반면에 점선 평면은 1개는 오분류, 1개는 여백 내에 위치하지만 상대적으로 여백이 크다. 어떤 초평면을 선택할 것인가? 가령 예를 들어 어떤 데이터가 다시 등장하게 되면 일반화 오차 관점에서는 좁은 여백 보다는 상대적으로 넓은 여백을 갖는 초평면이 더 낫다고 할 수 있다.

이런 관점에서 볼 때 각 관측값에 대하여 약간의 위반은 허락하는 것이 바람직하다고 볼 수가 있다. 즉, 일종의 여유(slack)를 주는 것이다.

목적 함수를 다음과 같이 정의할 때

$$\min_{w,b}\left\{\frac{1}{2}\|w\|^{2}+C\sum_{i=1}^{n}\xi_i\right\}$$

제약 조건은

$$y_i(w^T x_i+b)\geq 1-\xi_i,\ \forall i=1,\ldots,n,\ \ \xi_i\geq 0,\ \forall i=1,\ldots,n$$

이다.

여유 변수인 ξ_i는 다음과 같이 정의한다.

$$\xi_i=\max(0,1-y_i(w^T x_i+b))$$

조건	해석
$\xi_i=0$	관측값이 여백 밖에 잘 위치함 (정상)
$0<\xi_i<1$	여백 안쪽에 있지만 여전히 올바르게 분류됨
$\xi_i\geq 1$	여백 밖에 잘못 분류됨

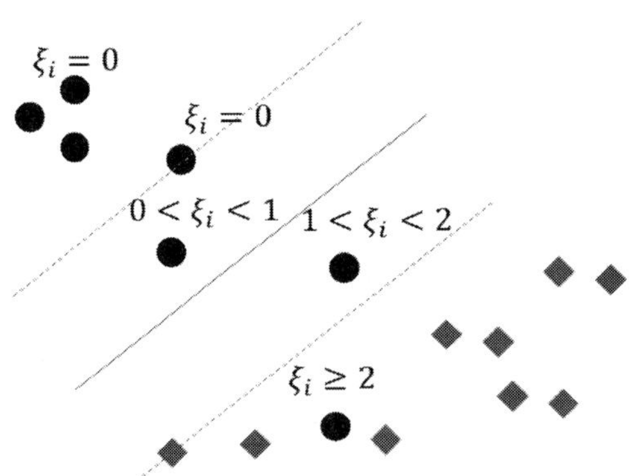

[그림2-123] 여유 변수 값 예시

그림을 보면 제대로 분류된 경우는 1보다 작지만 1보다 큰 경우는 오분류된 경우를 의미한다. 이 때 여유 변수 값이 0보다 큰 경우에 C라는 벌점 값을 부여한다.

즉, 목적 함수는 최대 여백과 여유 변수의 벌점 합으로 정의하였다. 벌점 C의 의미를 살펴보자.

- $C=\infty$: 따라서 모든 $\xi_i=0$ 이므로 원래 여백과 동일
- C=0: 즉, 비록 위반하더라도 벌점을 하나도 주지 않는 것이므로 엄청 큰 여백
- $0<C$: 일부는 위반 허용함. 소프트 마진이라고 함.

큰 여백은 정확도가 떨어지고 작은 여백은 일반화 성능이 떨어질 수 있음.

원시 함수가 이렇게 바뀌고 나면 쌍대 함수의 제약조건은 다음과 같이 전환된다.

$$0 \le \alpha_i \le C, \sum_i \alpha_i y_i = 0$$

2.8.1.1.5.3 커널 트릭

커널 트릭(Kernel Trick)은 비선형 데이터를 선형 분류기로 처리할 수 있게 해주는 핵심 기술이다.

커널 트릭이란 데이터를 고차원 공간으로 매핑하지 않고도, 내적 값만을 계산하여 고차원에서의 선형 분류를 가능하게 하는 기법이다.

지지벡터 머신은 기본적으로 선형 분류기이다. 즉,

$$f(x) = \text{sign}(w^T x + b)$$

그러나 선형으로 즉, 초평면으로 분리하기가 어려운 경우가 더 많다. 이런 경우에는 각 데이터를 보다 고차원으로 보낸 후 해당 고차원에서 평면으로 분리하는 방법을 생각할 수가 있다. 즉, 저차원에서는 매우 혼잡(crowd)하여 분리할 수 없지만 고차원으로 갈수록 관측값 사이의 공간이 늘어나므로 보다 쉽게 분리할 수가 있다.

예를 들어,

$$x=[x_1,x_2]\Rightarrow\phi(x)=[x_1^2,x_2^2,\sqrt{2}x_1x_2]$$

와 같이 변환하고 나면 2차원에서는 선형으로 분리할 수 없지만 3차원에서는 선형으로 분리가 가능할 수도 있다. 이 때

$$\phi(x)^T\phi(z)=x_1^2z_1^2+x_2^2z_2^2+2x_1x_2z_1z_2$$

이므로

$$k(x,z)=(x^Tz)^2$$

으로 커널을 정의하면 굳이 고차원으로 변환하지 않더라도 변환 후 내적을 구할 수가 있는 것이다. 이 때 변환 후 내적을 직접 정의할 수 있는데 이를 커널이라고 한다.

선형 분류기 함수를 α으로 치환하면

$$f(x)=\mathrm{sign}\left(\sum_{i=1}^{n}\alpha_i y_i x_i^T x+b\right)$$

가 되면 관측값은 단지 차원이 늘어나든 상관없이 내적으로만 표현되면 된다. 이를 일반적으로 표현하게 되면

$$f(x)=\mathrm{sign}\left(\sum_{i=1}^{n}\alpha_i y_i k(x_i,x)+b\right)$$

와 같이 표현할 수 있다.

사용 가능한 커널은 다음과 같이 정의된다.

커널	수식	비고
LINEAR	$k(x_1,x_2) = \langle x_1,x_2 \rangle$	< ,>: 내적. KERNEL 문의 기본값.
POLYNOMIAL	$k(x_1,x_2) = (\langle x_1,x_2 \rangle + 1)^p$	DEGREE 옵션으로 차수 설정. 기본값은 2.
RBF (Radial Basis Function, Gaussian)	$k(x_1,x_2) = \exp\left(-\frac{\lVert x_1 - x_2 \rVert^2}{2\sigma^2}\right)$	σ값은 0.0001보다 큰 값이며 K_PAR 옵션으로 지정. 기본값은 $\sqrt{입력변수개수}$
SIGMOID	$k(x_1,x_2) = \tanh(p_1 \langle x_1,x_2 \rangle + p_2)$	K_PAR1, K_PAR2 옵션으로 지정. 기본값은 각각 1, -1.

2.8.1.1.5.4 지지벡터

지지벡터는 결정 경계선을 구성하는데 관여하는 모든 벡터를 의미한다. 즉, 여백 경계 위에 있는 점, 여백 안에 있는 점 그리고 잘못 분류된 점을 모두 포함한다.

쌍대 문제 제약 조건 관점에서는

$$0 < \alpha_i \leq C$$

를 만족하는 관측값이다.

- 여백 바깥에 있는 잘 분류된 점 → $\alpha_i=0$ → 지지벡터 아님
- 여백 경계선 위에 있는 점 → $\alpha_i>0$ → 지지벡터
- 여백 안쪽이거나 오분류된 점 → $\alpha_i=C$ → 지지벡터

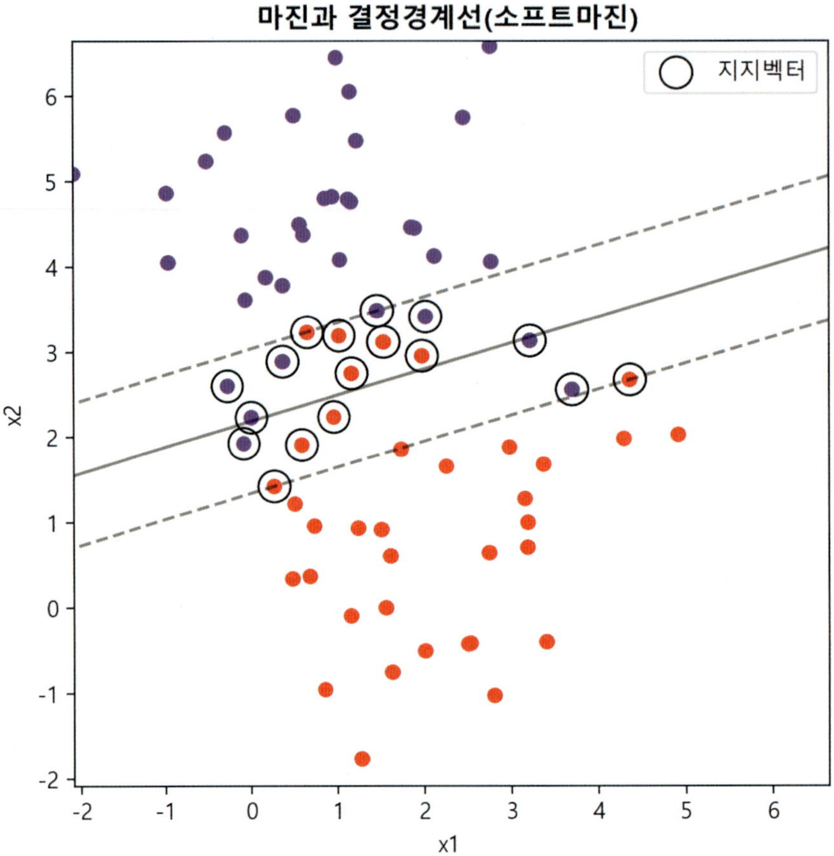

[그림2-124] 지지벡터

2.8.1.1.5.5 결정 경계선

결정 경계선은 선형 커널인 경우는 평면으로 표현되지만 아닌 경우는 곡선으로 시각화된다.

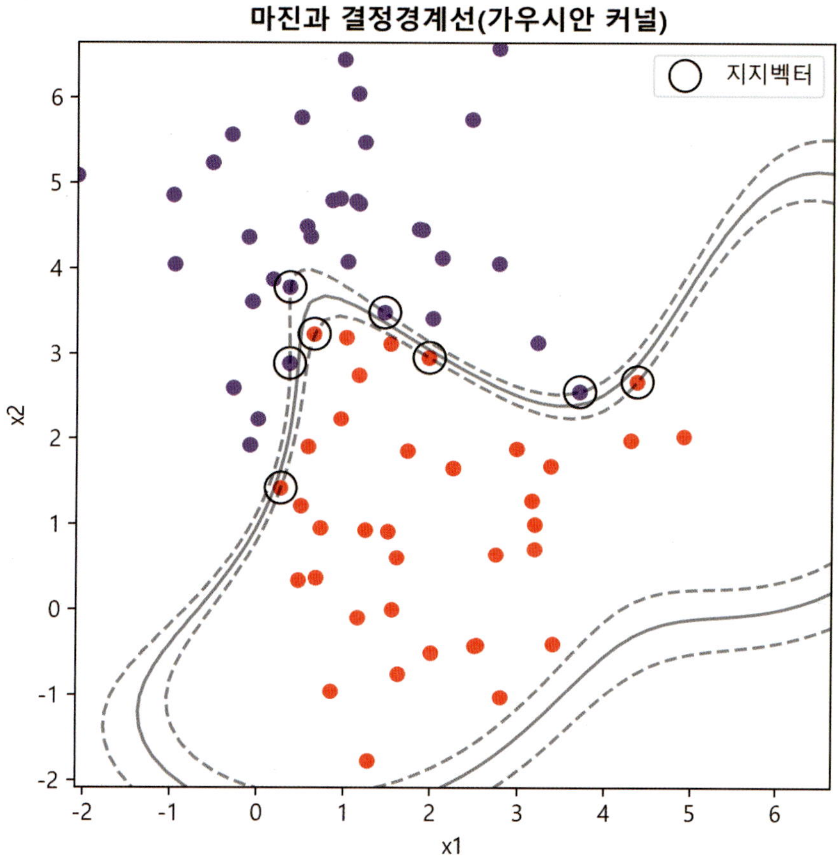

[그림2-125] 비선형 결정 경계선

2.8.1.1.5.6 초모수

사전에 정의해야 할 몇 가지 초모수에 대하여 알아보자.

초모수	옵션	기본값
벌점값	C	1.0
최적화 방법	METHOD	ACTIVESET | CD | IPOINT 중 IPOINT
쓰레드 개수	NTHREDS	CPU 개수
조기 중단	EARLYSTOP	검증 데이터 기준 더 이상 개선이 없는 경우
반복 리포트	ITERATIONREPORT	훈련 데이터 기준 정확도 리포트이지만 PARTITION 문에 의한 검증, 평가가 지정되면 해당 데이터에도 적용
반복 최대 횟수	MAXITER	25. CD 방법인 경우는 100.
지지벡터 최대 개수	MAXSV	3500
입력 데이터 표준화	SCALE	분류 문제에서는 기본값으로 모든 입력 변수가 0과 1사이의 값으로 표준화됨
RIDGE 규제 모수값	REG2	0, CD 방법인 경우만 지정
LASSO 규제 모수값	REG1	1, CD 방법인 경우만 지정

2.8.1.1.5.7 적용 예시

2.8.1.1.5.7.1 모델 적합

대부분 기본 옵션으로 정의한 후 실행해보자.

```
/* SVM 모델 적합 */
/* 선형 커널 */
/* 1) 모델 저장용 라이브러리 지정 */
libname model '/workspaces/bnn/model';
```

```
/* 2) SVMachine 프로시저 호출: SVM 모델 적합 시작 */
/*   - DATA=hmeq_partn       : 파티션된 학습 데이터 사용 */
proc SVMACHINE
   data=hmeq_partn
   ;

/* 3) 명목형(범주형) 입력 변수 지정 */
input &cats / level=nominal;

/* 4) 연속형 입력 변수 지정 */
input &nums / level=interval;

/* 5) 목표(종속) 변수 지정 — 분류용 명목형 */
target &target / level=nominal;

/* 6) 커널함수 지정 — 선형 커널 사용 */
kernel linear;

/* 7) 데이터 분할: _partind_ 값으로 학습/검증/테스트 분할 */
/*    train='0'    → 학습 데이터 */
/*    validate='1' → 검증 데이터 */
/*    test='2'     → 테스트 데이터 */
partition rolevar=_partind_(train='0' validate='1' test='2');

/* 8) 스코어링용 DATA step 코드 생성 */
code file='/workspaces/bnn/model/code_svm_hmeq.sas';

/* 9) 학습된 모델 상태 저장 (Analytic Store) */
savestate rstore=model.astore_SVM_hmeq;

/* 10) 모델 적합 통계치(Accuracy, AUC 등)를 out_fitstatistics_svm에 저장 */
ods output fitstatistics=out_fitstatistics_svm;

/* 11) 프로시저 종료 */
quit;
```

Model Information	
Task Type	C_CLAS
Optimization Technique	Interior Point
Scale	YES
Kernel Function	Linear
Penalty Method	C
Penalty Parameter	1
Maximum Iterations	25
Tolerance	1e-06

[그림2-126] 모델 기본 정보

모델 기본 정보를 보면 커널함수는 선형함수고 벌점값은 1으로 설정되어 있다.

Training Results	
Inner Product of Weights	7.32891035
Bias	1.54550246
Total Slack (Constraint Violations)	398.588143
Norm of Longest Vector	2.04969009
Number of Support Vectors	2348
Number of Support Vectors on Margin	0
Maximum F	1.60395912
Minimum F	-0.6559547
Number of Effects	12
Columns in Data Matrix	18

[그림2-127] 훈련 결과 종합

가중값 내적 즉, $\|w\|^2$ 값이 계산되어 있다. 이 값이 작을수록 여백이 크다고 할 수 있다. $f(x) = w^T x + b$, 결정 함수의 편향 값인 b가 계산되어 있다. 훈련 데이터 중 가장 큰 벡터의 크기 즉, $\|x_i\|$ 이 계산되어 있으며 이는 입력 변수의 표준화에 유용한 정보를 제공한다.

지지 벡터의 개수 즉, $\alpha_i > 0$인 데이터 건수가 계산되어 있다. 결정 함수의 최대값(Maximum F), 즉, $f(x_i) = w^T x_i + b$의 최대값이 계산되어 있다.

Iteration History		
Iteration	Complementarity	Feasibility
1	1002145.8189	1945253.4298
2	595.85442447	187.0207597
3	66.103439446	16.95478485
4	2.189225304	0.5307897156
5	2.0835696913	0.468968144
6	1.8565456582	0.276319783
7	0.5914029344	0.0561466354
8	0.2708867144	0.0153510826
9	0.0921908188	0.0041090911
10	0.0669805894	0.0021719686
11	0.0466747253	0.0012948125
12	0.0331977522	1.295675E-11
13	0.0262093339	9.01057E-12
14	0.0189754031	4.589218E-12
15	0.0135659577	1.314504E-13
16	0.0087830224	1.927347E-13
17	0.0070490055	1.021405E-13
18	0.0058979062	8.526513E-14
19	0.0046554621	1.963707E-14
20	0.0030677622	2.664535E-14
21	0.0025755196	2.012973E-14
22	0.0022418705	2.750751E-14
23	0.0020432792	1.678657E-13
24	0.0018398743	1.31257E-13
25	0.0008836156	3.446809E-14

[그림2-128] 반복 이력

반복 이력은 상보성 조건(complementarity)과 적합도(feasibility) 값이 출력되어 있다.

상보성 조건은 $\alpha_i(y_i(w^T x_i + b) - 1) = 0$ 와 같은 조건을 만족하는 즉, $\alpha_i(y_i(w^T x_i + b) - 1)$ 값이 얼마나 0에 가까운지를 살펴보는 것이다.

적합도 조건은 $y_i(w^T x_i + b) \geq 1$ 조건을 만족하는지 여부이다. $1 - y_i(w^T x_i + b)$의 값이 0에 가까울수록 적합 조건을 만족하는 것이다.

결국 표의 2개 기준 값이 0에 가까울수록 모델 적합이 좋다는 것을 의미한다.

Misclassification Matrix									
	Training Prediction			Validation Prediction			Testing Prediction		
Observed	1	0	Total	1	0	Total	1	0	Total
1	3	199	202	1	64	65	1	32	33
0	0	2146	2146	0	602	602	0	316	316
Total	3	2345	2348	1	666	667	1	348	349

Fit Statistics			
Statistic	Training	Validation	Testing
Accuracy	0.9152	0.9040	0.9083
Error	0.0848	0.0960	0.0917
Sensitivity	0.0149	0.0154	0.0303
Specificity	1.0000	1.0000	1.0000

[그림2-129] 모델 적합 통계량

모델의 적합 정도를 판별하기 위해서 오분류 행렬과 적합 통계량 값이 출력되었다.

2.8.1.1.5.7.2 커널

커널함수를 3차 다항식으로 정의해보자.

```
libname model '/workspaces/bnn/model';
proc SVMACHINE data=hmeq_partn
  ;
```

```
    input &cats / level=nominal;
    input &nums / level=interval;
libname model '/workspaces/bnn/model';
proc SVMACHINE data=hmeq_partn
    ;
    input &cats / level=nominal;
    input &nums / level=interval;
    target &target / level=nominal;
    kernel polynomial / degree=3;
    partition rolevar=_partind_(test='2' validate='1' train='0');
    code file='/workspaces/bnn/model/code_svm_hmeq.sas';
    savestate rstore=model.astore_forest_hmeq;
    ods output iterhistory=out_iterhistory_svm;
quit;
```

Training Results	
Inner Product of Weights	62.9789723
Bias	0.32758761
Total Slack (Constraint Violations)	263.72038
Norm of Longest Vector	11.8620301
Number of Support Vectors	398
Number of Support Vectors on Margin	275
Maximum F	3.94391603
Minimum F	-7.1811617
Number of Effects	12
Columns in Data Matrix	18
Columns in Kernel Matrix	1330

[그림2-130] 훈련 결과

훈련 결과 중에 추가로 알아야 되는 부분을 살펴보자.

편향은 다항 커널이므로 $f(x) = \sum \alpha_i y_i K(x_i, x) + b$에서의 편향을 의미한다.

총 여유(total slack)는 $\sum_i \xi_i$ 값을 의미한다. 즉, 여백을 위반한 정도의 총합이다.

Misclassification Matrix									
	Training Prediction			Validation Prediction			Testing Prediction		
Observed	1	0	Total	1	0	Total	1	0	Total
1	74	128	202	16	49	65	7	26	33
0	0	2146	2146	0	602	602	0	316	316
Total	74	2274	2348	16	651	667	7	342	349

Fit Statistics			
Statistic	Training	Validation	Testing
Accuracy	0.9455	0.9265	0.9255
Error	0.0545	0.0735	0.0745
Sensitivity	0.3663	0.2462	0.2121
Specificity	1.0000	1.0000	1.0000

[그림2-131] 적합 통계량

적합된 정도를 보면 선형 커널 보다는 좋은 결과를 보여주고 있다.

2.8.1.1.5.7.3 모델 안정성

모델의 안정성은 훈련 데이터의 상보성 조건과 적합성 조건을 어느 만큼 만족하는 지로 평가하였다.

```
/* 모델 안정성: 상보성, 적합성 평가 */
proc sgplot data=out_iterhistory_svm;
   title "반복수에 따른 상보성과 적합성 평가";

   /* 각각 다른 선 패턴과 색상 적용 */
   series x=iteration y=complementarity /
      lineattrs=(color=green pattern=shortdash thickness=2)
      legendlabel="상보조건";
```

```
    series x=iteration y=feasibility /
        lineattrs=(color=red pattern=dot thickness=2)
        legendlabel="적합조건";

    xaxis label="반복수";
    yaxis label="상보/적합값";
    keylegend / location=inside position=topright across=1;
run;
```

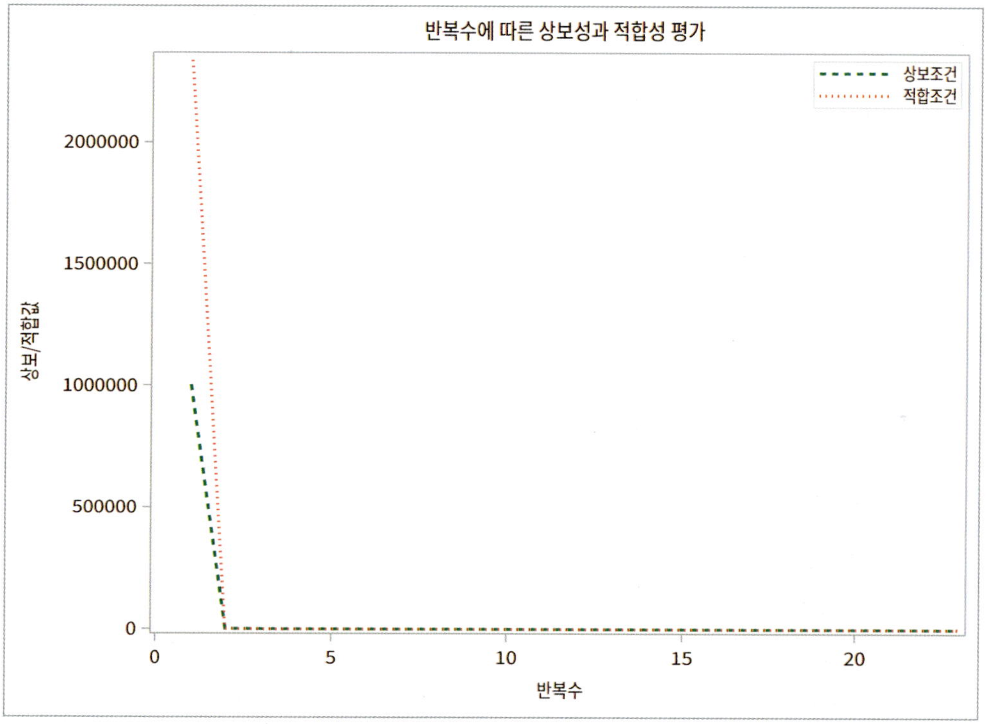

[그림2-132] 모델 안정성

그림을 보면 상보성과 적합성 조건을 안정적으로 충족함을 확인할 수가 있다.

2.8.1.1.5.7.4 스코어링

ASTORE 방식으로 스코어링 작업을 진행해보자.

```
/* 모델 정보 */
proc astore;
   describe rstore=model.astore_SVM_hmeq;
quit;
/* 스코어 생성 */
proc astore;
   score data=hmeq_partn
      out=hmeq_score_svm
      rstore=model.astore_SVM_hmeq
      copyvars=(_all_);
quit;
```

Input Variables					
Name	**Length**	**Role**	**Type**	**RawType**	**FormatName**
CLAGE	8	Input	Interval	Num	
CLNO	8	Input	Interval	Num	
DEBTINC	8	Input	Interval	Num	
DELINQ	8	Input	Interval	Num	
DEROG	8	Input	Interval	Num	
LOAN	8	Input	Interval	Num	
MORTDUE	8	Input	Interval	Num	
NINQ	8	Input	Interval	Num	
VALUE	8	Input	Interval	Num	
YOJ	8	Input	Interval	Num	
REASON	7	Input	Classification	Character	
JOB	7	Input	Classification	Character	

Output Variables			
Name	**Length**	**Type**	**Label**
_P_	8	Num	Decision Function
P_BAD1	8	Num	Predicted: BAD=1
P_BAD0	8	Num	Predicted: BAD=0
I_BAD	12	Character	Into: BAD
WARN	4	Character	Warnings

[그림2-133] 모델 메타 정보

다른 프로시저와 동일한 구조의 출력 데이터이다. 즉, P_출력변수_이벤트 형식이다.

2.8.1.1.5.7.5 모델 평가

검증 데이터 기준으로 모델을 평가해보자.

```
/* 모델 평가 */
proc assess
   data=hmeq_score_SVM(where=(_partind_=1)) /* 검증 데이터 기준 */
   ncuts=100 /* ROC 그래프의 빈 개수 */
   nbins=20 /* LIFT의 빈 개수 */
   rocout=out_roc_SVM
   liftout=out_lift_SVM
   fitstatout=out_stat_SVM
   ;
  input P_BAD1;                  /* 예측 확률 변수 */
  target BAD / level=nominal event='1';   /* 목표변수 */
  fitstat pvar=P_BAD0 / pevent='0';     /* 나머지 클래스 확률 */
run;
/* AUC 값 */
proc sql noprint;
   select round(_c_, 0.0001) into :auc_SVM
   from out_roc_SVM;
```

```
quit;
%put &auc_SVM;

/* ROC 그래프 그리기 */
proc sgplot data=out_roc_SVM;
   series x=_FPR_ y=_Sensitivity_ / lineattrs=(thickness=2 color=steelblue) name="ROC"
legendlabel="SVM Model ROC Curve";
   lineparm x=0 y=0 slope=1 / lineattrs=(pattern=shortdash color=gray) legendlabel=""
name="none";
   inset "SVM AUC = &auc_SVM" / position=bottomright border;
   keylegend "ROC" / location=outside position=bottom;
   xaxis label="False Positive Rate";
   yaxis label="True Positive Rate (Sensitivity)";
run;
```

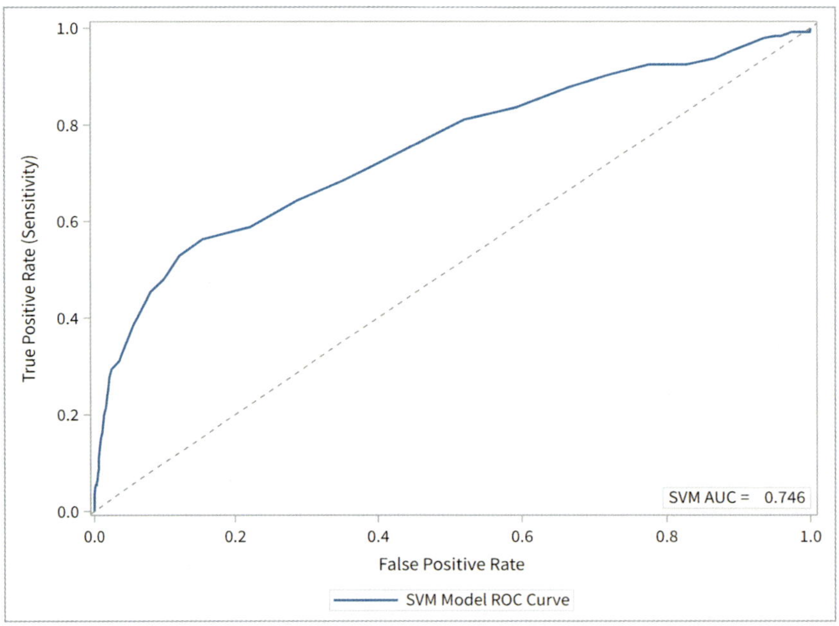

[그림2-134] ROC 기준 모델 평가

ROC 기준 모델을 평가한 결과 AUC 값 0.746이 산출되었다.

2.8.1.1.5.8 필수 문장

PROC SVMACHINE, TARGET, INPUT 문이 필수적이다.

INPUT 문은 중복 지정 가능하다.

2.8.1.1.6 베이즈 망

베이즈 망(Bayesian Network)이란 변수들 간의 조건부 의존 관계를 방향 비순환 그래프(DAG: Directed Acyclic Graph)로 표현하고, 전체 변수의 결합 확률 분포를 조건부 확률들의 곱으로 나타내는 확률 모델이다.

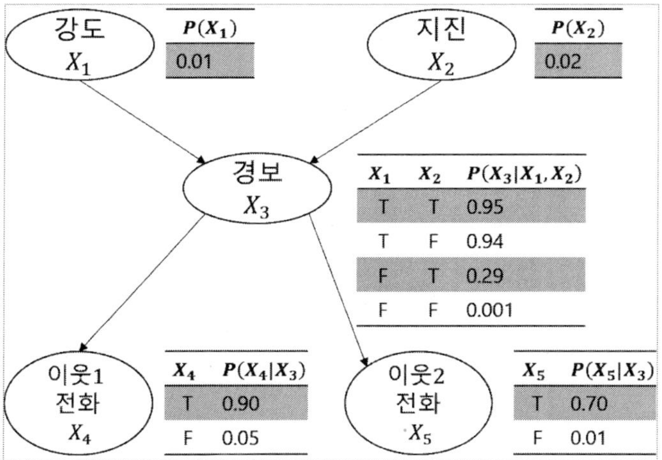

[그림2-135] 베이즈 망 예시

그림 2-135을 보면 각 변수는 노드(node)를 생성하고 →, 간선(edge)은 변수 간의 관련성을 표현하며 각 노드는 조건부 확률표(CPT: Conditional Probability Table)를 갖고 있다. 즉, 베이즈 망은 노드, 간선 및 조건부 확률표로 구성된 그래프이다.

베이즈 정리에 의하여 결합확률 분포는 다음과 같이 표현할 수 있다.

$$P(X_1,X_2,\ldots,X_n) = \prod_{i=1}^{n} P(X_i|\pi(X_i))$$

여기서 $P(X_i|\pi(X_i))$는 부모 노드 집합 $\pi(X_i)$이 주어졌을 때 X_i의 조건부 확률이다.

즉, 베이즈 정리에 의하여 부모 노드가 주어지면 자식 노드들은 서로 독립임을 표시해주고 이들의 곱으로 전체 결합확률 분포를 만드는 것이다.

그림 2-135의 예를 통하여 결합확률 분포는 다음과 같이 조건부 확률로 표시된다.

$$P(X_1,X_2,\ldots,X_5)=P(X_1)P(X_2)P(X_3|X_1,X_2)P(X_4|X_3)P(X_5|X_3)$$

베이즈 망을 만들기 위해서는 각 변수 간의 의존성 즉, 독립성을 검증하고 의존의 방향을 결정해야 한다. 이 부분이 완성되고 나면 그 때 조건부 확률표를 만들어 낼 수 있다.

2.8.1.1.6.1 변수 간 의존성

변수 간 독립성 여부를 검증할 때는 다음과 같은 통계량을 이용한다.

기준	계산식	비고
카이제곱 (CHISQUARE)	$\chi^2=\sum_{i=1}^{r}\sum_{j=1}^{c}\frac{(O_{ij}-E_{ij})^2}{E_{ij}}$	· r×c: 분할표 크기 · O_{ij}: 관측 빈도 · E_{ij}: 기대 빈도 · 지정된 유의수준(ALPHA)보다 크면 독립 · 독립성 검증의 기본 값임
지제곱 (GSQUARE)	$G^2=2\sum_{i=1}^{r}\sum_{j=1}^{c}O_{ij}\log\left(\frac{O_{ij}}{E_{ij}}\right)$	· 지정된 유의수준보다 크면 독립
표준화상호정보 (MI)	$NI(X,Y)=\sqrt{1-e^{-2I(X,Y)}}$	· 지정된 유의수준(MIALPHA)보다 작으면 독립

위 통계량을 이용하여 모든 변수의 상호 의존성을 검증한다. 만약 모든 기준을 선택

하면(ALL) 모든 기준을 통과해야 독립이 된다.

2.8.1.1.6.2 변수 선택

변수 선택은 2가지 방식으로 진행한다.

첫째는 모든 입력변수와 목표변수의 독립성 검증을 통하여(PRESCREENING=1) 진행한다.

둘째는 검증 대상 입력변수에 대하여 해당 입력변수를 제외한 모든 입력 변수를 조건부로 하여 목표변수와의 독립성 검증이다.

첫째는 목표변수와의 독립성 검증만으로 진행하므로 보다 단순하지만, 두번째는 입력변수의 부모 역할을 하는 다른 입력 변수의 존재도 생각해야 한다.

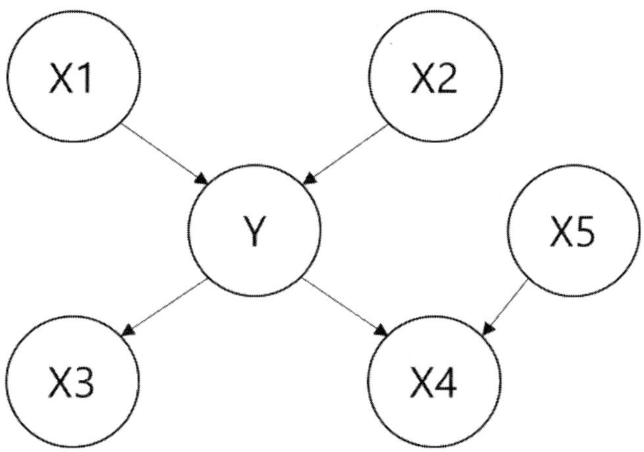

[그림2-136] 변수 선택

그림 2-136을 보면 X5변수는 Y와 독립이지만 X4와 의존성이 있으므로 따라서 선택이 될 수 있다.

2.8.1.1.6.3 망 구조 학습

만약 독립성 검증을 통하여 다음과 같은 망이 생성되었다고 하자.

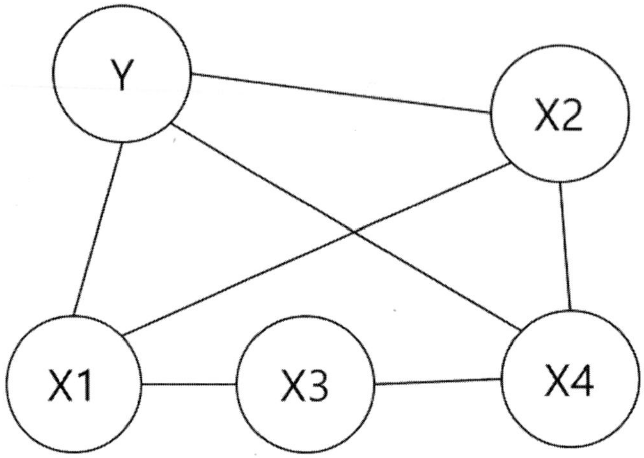

[그림2-137] 무방향 베이즈 망

그림 2-137은 어떠한 망에 대한 기본 구조 유형을 제시하지 않을 때 나타나는 일반적인 그림이다. 그럼에도 불구하고 최대 부모 개수(MAXPARENTS) 등은 지정되어야 한다. 기본 값은 5이다.

만약 기본 구조 유형이 일반(GENERAL)이면 간선이 없는 상태로 출발하여 독립성 검증을 하면서 하나씩 간선을 추가하고 이후 방향 검증 과정을 거쳐서 베이즈 망을 완성하는 것이다.

그러나 계산의 효율성을 위하여 다음과 같은 기본 구조 유형을 정의한다.

구조	내용	비고
일반 (GENERAL)	임의 연결	
마코브 담요 (MB: Markov Blanket)	목표 변수의 부모, 자식 그리고 자식에 대한 또 다른 부모로 구성된 망으로 여기에 나타나지 않은 다른 변수는 고려할 필요가 없음. 즉, 목표 변수와 관련된 변수만 있는 담요를 구성함	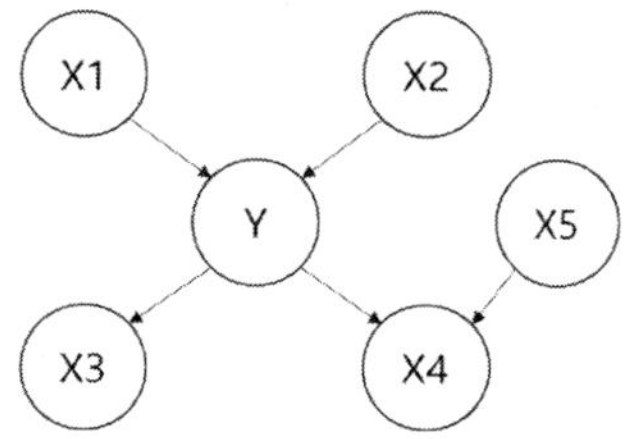
나이브 (NAÏVE)	목표변수가 각 입력변수와 직접 연결됨	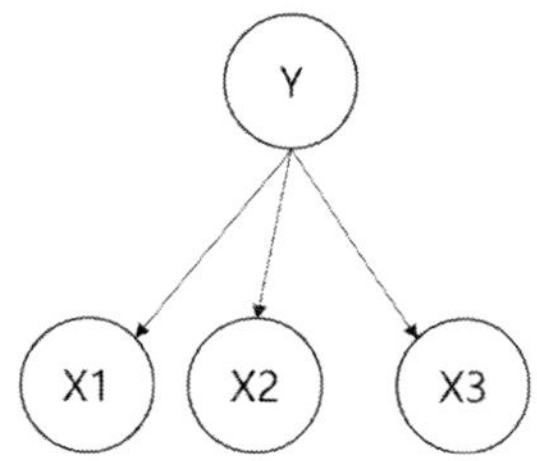
부모자식 (PC: Parent-Child)	기본 구조는 나이브이지만 어떤 입력변수는 목표변수의 부모 노드와 연결되고 자식 노드 사이에도 부모 관계로 연결됨	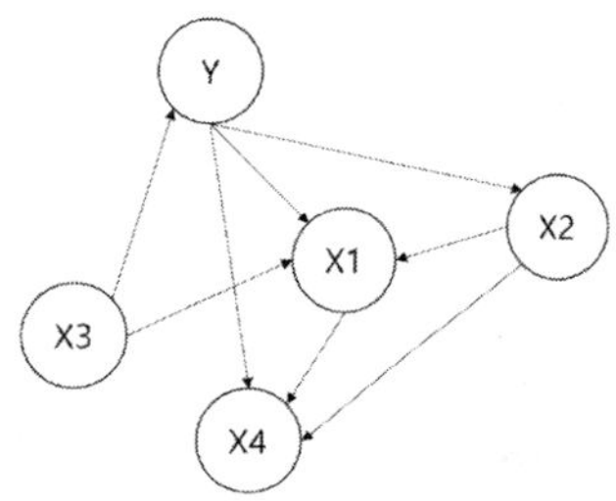
나무추가 나이브 (TAN: Tree Augmented Naive)	기본 구조는 나이브이지만 자식 노드 사이에 나무 구조로 연결됨	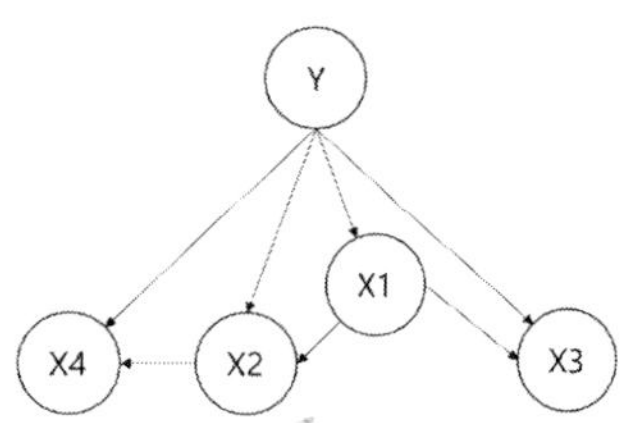

구조 유형 중에 마코브 담요가 변수 선택을 위한 기본 구조임을 확인할 수가 있다.

변수 간의 무방향 간선이 결정되고 구조가 결정되고 나면 이에 맞춰 간선을 정해야 한다. 어떤 기준으로 정할까?

만약 X, Y, Z 변수가 있다고 하자. 이런 경우 생각할 수 있는 구조를 살펴보자.

유형	형상	비고
사슬형(chain)	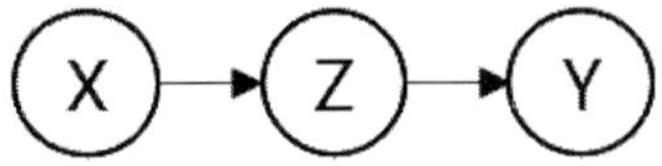	v-구조 아님
충돌형(collider)	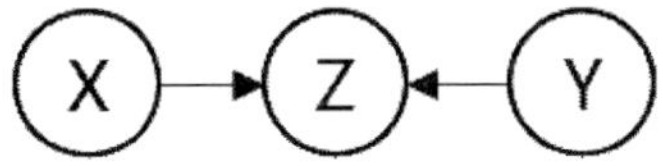	X와 Y는 서로 독립이지만 Z를 조건으로 주면 종속. 이런 경우 모습의 형상이 v이므로, v-구조(structure)라고 함
분기형(fork)	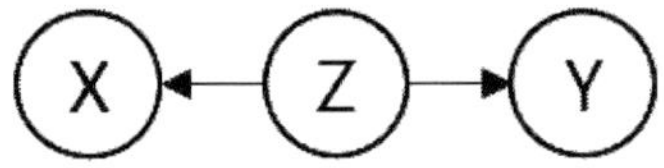	v-구조 아님
사슬형(chain)	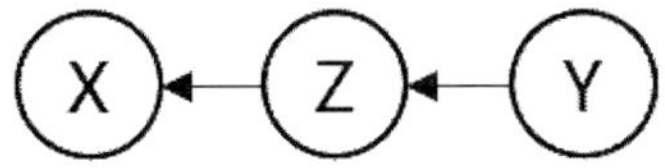	v-구조 아님

방향을 결정하기 위해서는 v-구조를 파악해야 하며 즉, 독립과 조건부 종속이라는 2개의 조건을 파악해야 한다. 만약 v-구조가 아니라면 사슬형과 분기형이 있는데 이는 다음과 같은 점수 기반 통계량을 통하여 파악을 한다.

만약 사슬형이면 $P(X,Y,Z) = P(X)P(Z|X)P(Y|Z)$이고, 분기형이면 $P(Z)P(X|Z)P(Y|Z)$가 된다. 이러한 결합분포의 차이점을 이용하여 다음의 베이즈 정보 기준 값을 구한다.

$$BIC(G, D) = N\sum_{i}^{n}\sum_{j}^{q_i}\sum_{k}^{r_i} Pr(\pi_{ij})\, Pr(X_i = v_{ik}|\pi_{ij})\, \ln Pr(X_i = v_{ik}|\pi_{ij}) \; - M\frac{\ln N}{2}$$

여기서

- G: 베이즈 망
- D: 훈련 데이터
- N: 훈련 데이터 개수, n: 변수의 개수, X_i: 확률변수, r_i: X_i의 수준의 개수

- v_{ik}: X_i의 k번째 값, q_i: X_i의 부모들의 값 조합의 수
- π_{ij}: X_i의 부모들의 값 조합의 j번째 값
- $M = \sum_{i}^{n} (r_i - 1) q_i$ 확률분포의 모수의 개수

이다.

구조는 모델 적합도 - 벌점항으로 구성되어 있다. 즉, 모델 적합도를 높이면서 모수의 개수를 적게 쓰면 값이 높게 되어있다. 이런 의미에서 이 값이 크면 즉, BIC 점수값이 크면 해당 베이즈 망이 데이터 기준으로 볼 때 더 적합하다고 할 수가 있다.

2.8.1.1.6.4 모수 학습

베이즈 망의 모수(parameter)는 조건부 확률표의 각 값이다. 모든 숫자형 변수는 구간화(binning)됨으로 모든 범주형 변수와 동일한 취급을 받기 때문이다.

모수를 구한다는 것은 베이즈 망이 이미 결정된 상태에서 조건부 확률표를 구성하는 것이다.

구조가 주어져 있기 때문에 $U=\{X_1,\cdots,X_n\}$ 이라고 하면

$$P(U) = \prod_{i=1}^{n} P(X_i | \pi(X_i))$$

이다. 따라서 각 노드마다 $P(X_i | \pi(X_i))$를 구해야 한다.

$$\hat{P}(X_i = x | \pi(X_i) = u) = \frac{N(x,u) + \alpha}{N(u) + \alpha \cdot r_i}$$

여기서

- $N(x,u)$: $X_i=x$ 이고 $\pi(X_i)=u$인 관측 수

• N(u): $\pi(X_i)$=u인 총 관측 수

• α: 평탄화(smoothing) 계수. 기본값은 1

• r_i: X_i의 가능한 범주의 수

이다.

2.8.1.1.6.5 초모수

베이즈 망 학습을 위한 초모수를 살펴보자.

초모수	옵션	기본값
변수 사전 선별	PRESCREENING	• PRESCREENING=0 | 1 • 0: 모든 입력변수 • 1: 목표변수와 관련 있는 변수
변수 선택		• VARSELECT=0 | 1 | 2 | 3 • 0: 모든 입력변수 • 1: 타 변수 조건하에 입력변수와 목표변수 • 2: 입력 변수의 임의의 부분집합 조건하에 입력변수와 목표변수 • 3: 마코브 담요 변수만 • 기본 값: 1
독립검증 통계량	INDEPTEST	• INDEPTEST=ALL | CHIGSQUARE | CHISQUARE | GSQUARE | MI • 기본값: CHISQUARE
유의수준	ALPHA	• 카이제곱, 지제곱 통계량 유의수준 • 기본값: 0.05
MI 유의수준	MIALPHA	• 표준화상호정보 유의수준 • 기본값: 0.05
최대 부모	MAXPARENTS	• 기본값: 5
망 구조	STRUCTURE	• GENERAL, MB, NAÏVE, PC, TAN • 기본값: PC

최고 모델	BESTMODEL	· 검증 데이터 기준 최고 모델 선정 · ALPHA, PRESCREENING, VARSELECT, STRUCTURE PARENTING에 대하여 복수 값 지정 가능
결측값 대체 (숫자형)	MISSINGINT	· MISSINGINT=IGNORE | IMPUTE · IMPUTE 지정 시 평균값 대체 · 기본값: IGNORE(제외)
결측값 대체 (범주형)	MISSINGNOM	· MISSINGNOM=IGNORE | IMPUTE | LEVEL · IMPUTE: 최빈값 대체 · LEVEL: 새로운 범주로 할당 · 기본값: IGNORE(제외)

2.8.1.1.6.6 적용 예시

2.8.1.1.6.6.1 모델 적합

다양한 베이즈 망을 적합해보자.

```
/* 1) 모델 저장용 라이브러리 지정 */
libname model '/workspaces/bnn/model';

/* 2) BNET 프로시저 실행 시작: 베이즈 네트워크 구조 학습 및 파라미터 학습 */
proc bnet
   /* 분석에 사용할 데이터 지정: 파티션 된 hmeq_partn */
   data=hmeq_partn
   /* 구조 학습 알고리즘 지정:
      GENERAL, Markov Blanket(MB), Naive Bayes, PC, Tree-Augmented Naive (TAN) */
   structure=GENERAL MB NAIVE PC TAN
   /* 각 노드당 최대 부모 개수 제한: 5 */
   maxparents=5
   /* 사전 필터링(변수 후보 축소) 단계에서 사용할 인덱스: 0, 1 */
   prescreening=0 1
   /* 변수 선택 방법 인덱스 지정: 0, 1, 2, 3 */
   varselect=0 1 2 3
```

```
    /* 최종 네트워크를 저장할 테이블명 지정 */
    outnet=out_net_hmeq
    /* 결측값 처리 방식: 연속형 변수(impute), 명목형 변수(impute) */
    missingint=impute
    missingnom=impute
    /* 최적 모델 선택 활성화: BESTMODEL */
    BESTMODEL
    ;

/* 3) 명목형(범주형) 입력 변수 지정 */
input &cats / level=nominal;

/* 4) 연속형 입력 변수 지정 */
input &nums / level=interval;

/* 5) 목표(종속) 변수 지정 */
target &target;

/* 6) 데이터 분할할: _partind_ 값으로 학습/검증/테스트 분할 */
partition rolevar=_partind_(
    train='0'      /* 학습 세트: _partind_=0 */
    validate='1'  /* 검증 세트: _partind_=1 */
    test='2'       /* 테스트 세트: _partind_=2 */
);

/* 7) 스코어링용 DATA step 코드 생성 */
code file='/workspaces/bnn/model/code_bnet_hmeq.sas';

/* 8) 학습된 모델 상태(Analytic Store) 저장 */
savestate rstore=model.astore_bnet_hmeq;

/* 9) 프로시저 종료 */
quit;
```

Model Information	
Significance Threshold	0.05
Prescreening	0
Variable Selection	0
Structure	PC
Parenting Method	BestSet
Maximum Number of Parents	1
Missing Interval Variable Handling	Impute
Missing Nominal Variable Handling	Impute
Number of Bins	5
Independence Test	ChiGSquare

[그림2-138] 모델 정보

프로그램에서 BESTMODEL 옵션을 주었기 때문에 검증 데이터에 대하여 복수의 PRESCREENING, VARSELECT, STRUCTURE의 조합에 대하여 최고의 모델은 각각 0, 0, PC인 모델을 선택하였다.

Validation Information									
Best Model	Misclassification Rate	Misclassification Errors	N Observations for Assessment	Significance Threshold	Prescreening	Variable Selection	Structure	Parenting Method	Max N Parents
Yes	0.16107	192	1192	0.05	0	0	PC	BestSet	1
	0.16107	192	1192	0.05	1	0	PC	BestSet	1
	0.16443	196	1192	0.05	0	1	PC	BestSet	1
	0.16443	196	1192	0.05	1	1	PC	BestSet	1
	0.16527	197	1192	0.05	0	0	PC	BestSet	2
	0.16527	197	1192	0.05	0	0	PC	BestSet	3

[그림2-139] 최고 모델 선택 정보(일부)

그림은 선택된 모델의 조합 정보와 오분류 기준 적합도를 보여주고 있다.

Variable Levels			
Variable	**Index**	**Value**	**Frequency**
BAD	0	1	832
BAD	1	0	3340
JOB	0	Mgr	542
JOB	1	Office	671
JOB	2	Other	1881
JOB	3	ProfExe	866
JOB	4	Sales	77
JOB	5	Self	135
REASON	0	DebtCon	2923
REASON	1	HomeImp	1249
CLAGE	0	<130.339	1370
CLAGE	1	<260.191	2117
CLAGE	2	<390.043	637
CLAGE	3	<519.895	37
CLAGE	4	>=519.895	11
CLNO	0	<13	728
CLNO	1	<26	2305

[그림2-140] 변수 구간화 정보(일부)

연속형 변수인 경우는 분할 구간화 개수(NUMBINS) 기본값이 5이므로 이에 맞춰 분할하였다.

Variable Order		
Variable	**Order**	**Score**
DELINQ	1	-878.46802
DEROG	2	-909.85074
NINQ	3	-1240.88908
VALUE	4	-1382.57544
DEBTINC	5	-1985.56063
CLAGE	6	-2048.08698
JOB	7	-2078.02570
LOAN	8	-2088.06661
CLNO	9	-2089.72059
REASON	10	-2090.49113
YOJ	11	-2095.83481
MORTDUE	12	-2098.56724

[그림2-141] 변수 중요도 순위

그림 2-141은 전진 선택 방식에 의하여 로그 우도함수를 최대로 하는 변수가 일단 선택되고 난 이후에는 해당 변수를 제외한 나머지 변수의 추가에 의한 로그 우도함수의 변화를 확인 후 그 기여도가 가장 큰 변수를 순서에 의하여 선택한다.

$$Score_j = \ell(\beta | \text{Current Model}) - \ell(\beta | \text{Current Model} + X_j)$$

Variable Selection								
Variable	Selected	Chi-Square	Pr > ChiSq	G-Square	Pr > GSq	Mutual Information	DF	Conditional Variables
JOB	Yes	62.96496	<.0001	62.66047	<.0001	0.12209	5	
REASON	Yes	4.44443	0.0350	4.38502	0.0363	0.03241	1	
CLAGE	Yes	105.44382	<.0001	114.20176	<.0001	0.16432	4	
CLNO	Yes	33.60778	<.0001	30.93454	<.0001	0.08595	4	
DEBTINC	Yes	219.60243	<.0001	239.25447	<.0001	0.23608	4	
DELINQ	Yes	330.29310	<.0001	262.67797	<.0001	0.24702	4	
DEROG	Yes	249.92179	<.0001	195.15272	<.0001	0.21377	4	
LOAN	Yes	33.00260	<.0001	34.24251	<.0001	0.09041	4	
MORTDUE	Yes	13.05756	0.0110	13.24125	0.0102	0.05629	4	
NINQ	Yes	109.97708	<.0001	91.68693	<.0001	0.14743	4	
VALUE	Yes	7.76931	0.0510	8.33014	0.0397	0.04466	3	
YOJ	Yes	18.02723	0.0012	18.70611	0.0009	0.06689	4	

[그림2-142] 변수 선택

그림 2-142는 변수를 선택하는 기준인 카이제곱, 지제곱, 표준화 상호정보의 기준에 의한 각 변수의 기준 값을 산출하였다.

2.8.1.1.6.6.2 베이즈 망 구조

BNET 산출물을 이용하여 망 구조를 살펴보자.

```
/* 망 구조 확인 */
proc print data=out_net_hmeq noobs label;
   var _parentnode_ _childnode_;
   where _type_="STRUCTURE";
run;
```

Parent Node	Child Node
DELINQ	BAD
BAD	JOB
BAD	REASON
BAD	CLAGE
BAD	CLNO
BAD	DEBTINC
BAD	DEROG
BAD	LOAN
BAD	MORTDUE
BAD	NINQ
BAD	VALUE
BAD	YOJ

[그림2-143] 망 구조

선택된 구조는 PC이므로 PC에 맞는 망 구조임을 알 수가 있다. BAD의 부모는 DELINQ이고 나머지는 모두 BAD의 자식인 구조이다

2.8.1.1.6.6.3 스코어링

ASTORE 방식으로 스코어링 해보자.

```
/* 모델 정보 */
proc astore;
   describe rstore=model.astore_BNET_hmeq;
quit;
/* 스코어 생성 */
proc astore;
   score data=hmeq_partn
      out=hmeq_score_BNET
      rstore=model.astore_BNET_hmeq
      copyvars=(_all_);
quit;
```

Input Variables					
Name	**Length**	**Role**	**Type**	**RawType**	**FormatName**
JOB	7	Input	Classification	Character	
REASON	7	Input	Classification	Character	
CLAGE	8	Input	Interval	Num	
CLNO	8	Input	Interval	Num	
DEBTINC	8	Input	Interval	Num	
DELINQ	8	Input	Interval	Num	
DEROG	8	Input	Interval	Num	
LOAN	8	Input	Interval	Num	
MORTDUE	8	Input	Interval	Num	
NINQ	8	Input	Interval	Num	
VALUE	8	Input	Interval	Num	
YOJ	8	Input	Interval	Num	

Output Variables			
Name	**Length**	**Type**	**Label**
_P_	8	Num	Decision Function
P_BAD1	8	Num	Predicted: BAD=1
P_BAD0	8	Num	Predicted: BAD=0
I_BAD	12	Character	Into: BAD

[그림2-144] 모델 메타 데이터

이전 모델들과 동일한 구조를 갖고 있다.

2.8.1.1.6.6.4 모델 평가

검증 데이터를 ROC 관점에서 모델 평가를 해보자.

```
/* 모델 평가 */
proc assess
    data=hmeq_score_bnet(where=(_partind_=1)) /* 검증 데이터 기준 */
    ncuts=100 /* ROC 그래프의 빈 개수 */
    nbins=20 /* LIFT의 빈 개수 */
    rocout=out_roc_bnet
    liftout=out_lift_bnet
    fitstatout=out_stat_bnet
    ;
  input P_BAD1;                    /* 예측 확률 변수 */
  target BAD / level=nominal event='1';   /* 목표변수 */
  fitstat pvar=P_BAD0 / pevent='0';     /* 나머지 클래스 확률 */
run;
/* AUC 값 */
proc sql noprint;
   select round(_c_, 0.0001) into :auc_bnet
   from out_roc_bnet;
quit;
%put &auc_bnet;

/* ROC 그래프 그리기 */
proc sgplot data=out_roc_bnet;
   series x=_FPR_ y=_Sensitivity_ / lineattrs=(thickness=2 color=steelblue) name="ROC"
legendlabel="bnet Model ROC Curve";
   lineparm x=0 y=0 slope=1 / lineattrs=(pattern=shortdash color=gray) legendlabel=""
name="none";
   inset "BNET AUC = &auc_bnet" / position=bottomright border;
   keylegend "ROC" / location=outside position=bottom;
   xaxis label="False Positive Rate";
   yaxis label="True Positive Rate (Sensitivity)";
run;
```

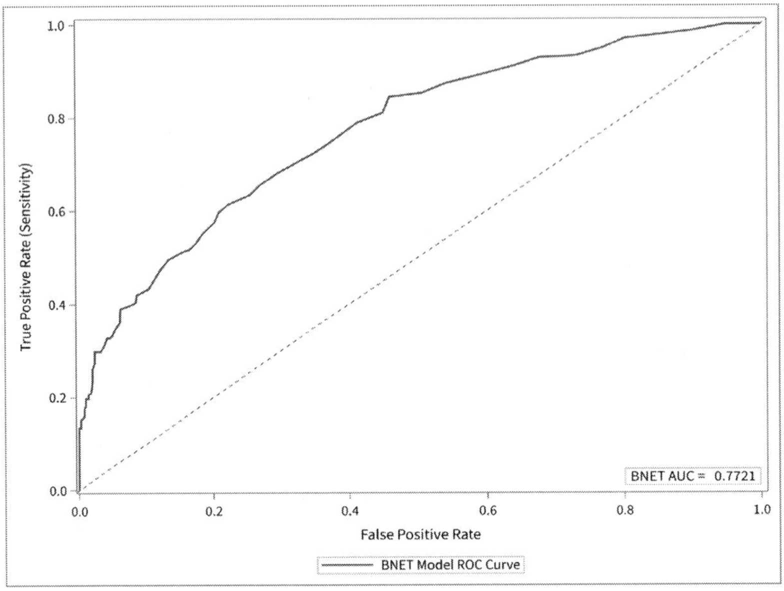

[그림2-145] ROC 그래프

검증 데이터에 의한 ROC 그래프이다. AUC는 0.7721으로 평가되었다.

2.8.1.1.6.7 필수 문장

PROC BNET, TARGET, INPUT 문이 필수적이다. INPUT 문은 중복 지정할 수 있다.

2.8.1.1.7 로지스틱 회귀

로지스틱 회귀(logistic regression)는 목표변수가 이진형(binary)인 경우에 사용하는 확률 기반의 회귀 모델이다. 예를 들어 어떤 사람이 질병에 걸릴 확률, 대출을 상환할 확률, 이메일이 스팸일 확률 등을 예측할 때 사용된다. 이진 값을 갖는 목표변수인 경우는 일반적으로 {1, 0}으로 인코딩하며 이벤트 값을 1 비이벤트 값을 0으로 정의한다. 이 때 입력변수를 통하여 추정하고자 하는 값은

$$p_i = f(x_i) = \Pr(Y = 1 | x_i)$$

이다.

여기서 $x_i = [1, x_{i1}, x_{i2}, \ldots, x_{ip}]^T$이다. 즉, 입력변수의 개수가 p이다.

이 때 다음과 같이 로그-오즈(log-odds) 모델을 정의한다.

$$\log \frac{p_i}{1-p_i} = \beta_0 + \beta_1 x_{i1} + \cdots + \beta_p x_{ip}$$

오즈의 값은 0보다 큰 값이고 $\log \frac{p_i}{1-p_i} \in (-\infty, +\infty)$ 이므로, 로그-오즈에 대하여 입력변수의 선형모델로 적합할 수 있다.

이 때 모수가 추정된다면

$$p_i = \frac{1}{1+\exp(-x_i^T\beta)} = \frac{1}{1+\exp(-z_i)}$$

으로 표현된다. 여기서 $z_i = \beta_0 + \beta_1 x_{i1} + \cdots + \beta_p x_{ip}$, $\beta = [\beta_0, \beta_1, \beta_2, \ldots, \beta_p]^T$이다. 어떤 함수가 $f(z) = \frac{1}{1+\exp(-z)}$인 경우 이 함수를 로지스틱 함수라고 한다.

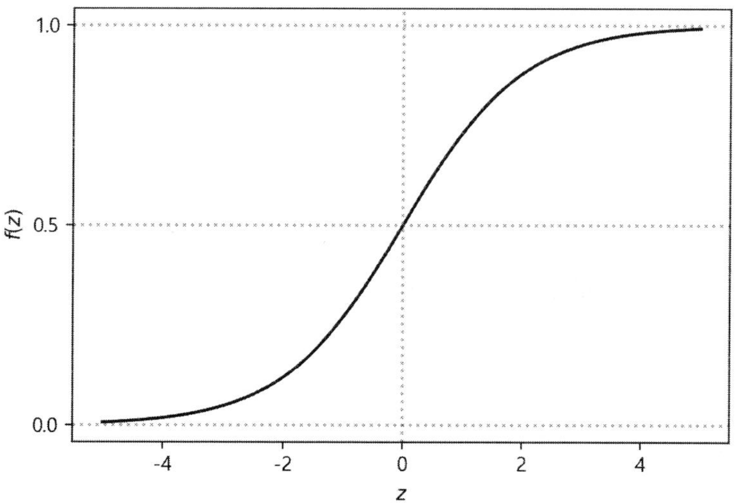

[그림2-146] 로지스틱 함수

2.8.1.1.7.1 모수 추정

로지스틱 회귀 모델의 모수인 β를 어떻게 추정하는지 살펴보자.

일반적으로 통계적 모델은 우도를 최대화하는 모수 값을 선택하는 최대우도 추정법(maximum likelihood estimation)에 의하여 추정하게 된다. y_i가 성공 확률이 p_i인 베르누이(Bernoulli)분포를 따르므로 최대우도를 추정하기 위한 우도함수는 다음과 같이 정의할 수 있다.

$$L(\beta) = \prod_{i=1}^{n} p_i^{y_i}(1-p_i)^{1-y_i}$$

우도 함수와 로그-우도 함수는 동일한 최대값을 갖기 때문에 보다 처리하기 쉬운 로그-우도 함수로 전환해보자.

$$\ell(\beta) = \sum_{i=1}^{n} [y_i \log(p_i) + (1-y_i)\log(1-p_i)]$$

로그-우도 함수의 β에 대한 미분 결과는 다음과 같다.

$$\frac{\partial \ell(\beta)}{\partial \beta} = \sum_{i=1}^{n} (y_i - p_i)x_i$$

이므로 $\sum_{i=1}^{n}(y_i - p_i)x_i = 0$ 를 만족하는 β를 찾아야 한다. 그런데 $p_i = \frac{1}{1+\exp(-x_i^T\beta)}$ 이기 때문에 이를 만족하는 해를 해석적으로 구할 수 없으므로 수치 최적화 알고리즘으로 이를 구해야 한다.

이러한 알고리즘 중에서 기본으로 제공하는 NRRIDG(Newton-Raphson with ridging)에 대하여 살펴보자.

NRRIDG 알고리즘은 Newton-Raphson방법을 기반으로 하되, 헤시안(Hessian) 행렬이 양정치가 아닐 경우 이를 릿지(ridge) 보정하여 안정성을 확보하는 알고리즘이다.

고전적인 Newton-Raphson 반복식은 다음과 같다.

$$\beta^{(k+1)} = \beta^{(k)} - H^{-1}(\beta^{(k)})\nabla\ell(\beta^{(k)})$$

점수 함수, 즉, $\nabla\ell(\beta) = \sum_{i=1}^{n}(y_i - p_i)x_i$ 이므로 헤시안 행렬은 다음과 같다.

$$H(\beta) = -\sum_{i=1}^{n} p_i(1 - p_i)x_i x_i^T$$

문제는 H가 양정치(positive definite)가 아니면 역행렬이 불안정하거나 존재하지 않기 때문에 릿지(ridge) 보정이 필요하다.

$$H_{ridge} = H + \lambda I$$

즉, 양정치가 아니면 릿지 보정 헤시안 행렬을 사용한다.

따라서 최종 갱신 식은 다음과 같다.

$$\beta^{(k+1)} = \beta^{(k)} - H_{ridge}^{-1}\nabla\ell(\beta^{(k)})$$

이때 다음의 조건 중 하나 이상 만족 시 수렴 판정을 내린다.

- 그래디언트 기반 수렴 조건(ABSGCONV): $\|\nabla\ell(\beta^{(k)})\| < \epsilon$, 기본값: 1E-5
- 모수 변화 기반 수렴 조건(ABSXCONV): $\|\beta^{(k+1)} - \beta^{(k)}\| < \delta$, 기본값: 1E-8
- 로그우도 값 변화 기반 수렴 조건(ABSFCONV): $|\ell(\beta^{(k+1)}) - \ell(\beta^{(k)})| < \eta$, 기본값: 0

2.8.1.1.7.2 목표변수 분포

현재까지는 목표변수가 이진(binary) 분포인 경우를 중심으로 살펴보았으나 목표변수의 분포를 이항 및 다항분포까지 확장할 수 있다.

분포	로그우도	비고
이진분포 (binary)	$\ell_i = y_i \log(p_i) + (1-y_i)\log(1-p_i)$	각 관측치가 성공(1) 또는 실패(0)를 가질 때 사용
이항분포 (binomial)	$\ell_i = y_i \log(p_i) + (n_i - y_i)\log(1-p_i)$	하나의 관측치가 여러 번의 시도(trials)를 포함하고, 그 중 성공 횟수 y_i, 시도 횟수 n_i가 주어진 경우
다항분포 (multinomial)	$\ell_i = \sum_{j=1}^{J} y_{ij} \log(p_{ij})$	응답 값이 J개의 범주 중 하나를 가질 수 있는 경우 단, $\sum_{j=1}^{J} p_{ij} = 1$ 이어야 함

2.8.1.1.7.3 연결함수

연결함수(link function)는 확률 변수의 평균(또는 확률)을 선형 예측식과 연결하는 함수이다.

$$g(\mu_i) = \eta_i = \beta_0 + \beta_1 x_{i1} + \cdots + \beta_p x_{ip}$$

여기서

- μ_i: 관측값 i의 기대값 또는 확률(예: p_i)
- η_i: 선형 예측식
- $g(\cdot)$: 연결함수(link function)

이다.

대표적인 연결함수는 다음과 같다.

연결함수	식	비고
Logit (LOGIT)	$\log\left(\frac{p}{1-p}\right)$	성공 확률과 실패 확률의 비율 (odds)에 대한 로그
Probit (PROBIT)	$\Phi^{-1}(p)$	누적 정규분포의 역함수 (quantile function)
Complementary Log-Log (CLOGLOG)	$\log(-\log(1-p))$	생존분석에서 자주 사용
Log-Log (LOGLOG)	$-\log(-\log(p))$	극단값 분석 등에서 사용
Generalized Logit (GLOGIT)	$\log\left(\frac{p_j}{p_J}\right)$	명목형 범주에서 참조 범주 대비 log-odds 비교

2.8.1.1.7.4 목표변수 분포와 연결함수 관계

목표변수의 분포와 연결함수의 관계는 다음과 같이 정리할 수 있다.

연결함수	식	비고
이진분포 (binary)	$g(p_i)=\beta^T x_i$	LOGIT, PROBIT, CLOGLOG, LOGLOG
이항분포 (binomial)	$g(p_i)=\beta^T x_i,\ y_i \sim B(n_i,p_i),\ p_i=\frac{y_i}{n_i}$	LOGIT, PROBIT, CLOGLOG, LOGLOG
다항분포 (multinomial)	$\log\left(\frac{p_{ij}}{p_{iJ}}\right)=\eta_{ij}$	명목형 범주변수: GLOGIT
다항분포 (multinomial)	$g(P(Y\leq j))=\theta_j-\beta^T x_i$	순서형 범주변수: LOGIT, PROBIT, CLOGLOG

2.8.1.1.7.5 변수 선택

LOGSELECT 프로시저는 자체적으로 변수를 선택할 수 있는 기능이 있다. 선택하는 방법은 다음과 같다.

선택 방법	설명
NONE	변수 선택 없이 전체 모델 적합
FORWARD	전진 선택(변수가 하나씩 추가됨)
BACKWARD	후진 제거(전체 변수에서 시작하여 하나씩 제거)
STEPWISE	단계별 선택(전진선택 후 후진제거 진행), 기본 값임
LASSO (Least Absolute Shrinkage and Selection Operator)	$\min_{\beta}\{\ell(\beta)+\lambda\|\beta\|_1\}$, λ는 규제 모수, $\|x\|_q=\left(\sum_{j=1}^{p}\|x_j\|^q\right)^{1/q}$
ELASTICNET	$\min_{\beta}\{\ell(\beta)+\lambda[(1-\alpha)\|\beta\|_2^2+\alpha\|\beta\|_1]\}$, λ는 전체 규제 모수, α는 비율 라쏘 규제와 릿지 규제를 탄력(elastic) 적용

여기서 라쏘(lasso)와 탄력망(elastic net)은 어떻게 변수를 선택하는지 알아보자.

라쏘에서 규제 모수 값을 크게 주면 모든 계수 값이 0이므로 어떤 변수도 선택이 안될 것이며 규제 모수 값을 줄이게 되면, 그 때마다 0이 아닌 계수들이 등장하여 해당 계수의 변수들이 선택된다.

규제 모수의 값은 각 단계별로 다음과 같은 값을 갖는다.

$$\lambda_i = \text{LASSORHO}^i \quad (i = 0,1,2,\ldots,s-1)$$

즉, λ_{start}=1 값에서 시작하여 지수적으로 점진적으로 값을 낮추게 되면 그때마다 1개 또는 그 이상의 변수들이 선택된다. 라쏘 규제 모수 감소율인 LASSORHO의 기본값은 0.8이며 LASSOSTEPS는 20이다.

변수를 선택하는 방법과 더불어 어떤 변수를 선택할 것인지(SELECT), 언제 멈출 것인지(STOP)와 어떤 모델을 선택할 것인지(CHOOSE)를 결정하는 기준이 필요하다.

옵션	역할 요약	적용 시점	기준
SELECT=	각 단계에서 어떤 변수를 추가/제거할지 판단	모든 단계에서 반복적으로 사용됨	SL, BIC, AIC, SBC, ADJRSQ 등
STOP=	언제 모델 선택을 중지할지 판단	선택 과정 도중 평가	SL, BIC, NONE, AIC, CP 등
CHOOSE=	최종적으로 어떤 모델을 선택할지 판단	모든 단계 종료 후 적용	BIC, AIC, SL, ADJRSQ, CP, RMSE 등

각 기준은 다음과 같이 정리할 수 있다.

기준	설명	수식
AIC	Akaike Information Criterion	$\mathrm{AIC} = -2\,\ell + 2k$
BIC / SBC	Bayesian (or Schwarz) Information Criterion	$\mathrm{BIC} = -2\,\ell + k\log(n)$
CP	Mallow's Cp	$C_p = \frac{SSE}{\hat{\sigma}^2} - n + 2k$
ADJRSQ	Adjusted R-squared	$R^2_{adj} = 1 - \frac{SSE/(n-k)}{SST/(n-1)}$
RSQUARE	R-squared(결정계수)	$R^2 = 1 - \frac{SSE}{SST}$
AICc	Corrected AIC(소표본 보정 AIC)	$AIC_c = AIC + \frac{2k(k+1)}{n-k-1}$
GMSEP	Generalized MSE of Prediction	$\mathrm{GMSEP} = \hat{\sigma}^2 + \frac{1}{n}\sum_{i=1}^{n}\hat{e}_i^2$
JP	J Prediction Criterion	$\mathrm{JP} = \mathrm{MSE}\left(\frac{n+2k}{n-k}\right)$

MSE	Mean Squared Error	$MSE = \frac{SSE}{n-k}$
RMSE	Root Mean Squared Error	$RMSE = \sqrt{\frac{SSE}{n-k}}$
SP	Hocking's Sp Criterion	$SP = \frac{SSE}{n-k} + 2k\hat{\sigma}^2$

ADJRSQ, RSQUARE 기준을 제외하면 모든 기준은 작을 수록 모델 적합도가 좋다고 할 수 있다. 그리고 대부분의 기준은 변수의 개수(k)가 많으면 벌점을 주고 있다. 즉, 좋은 모델은 변수를 적게 갖으면서도 적합도가 비슷하게 나와야 함을 의미한다.

추가로 유의수준(SL: significance level) 기반 변수 선택 기준이 존재한다.

$$t_j = \frac{\hat{\beta}_j}{SE(\hat{\beta}_j)}$$

이라고 하면 특정 변수가 선택된다는 것은 $p_j = 2 \cdot P(T_{n-k} > |t_j|)$를 계산 후 $p_j < \alpha_{entry} \Rightarrow X_j$ 를 포함하고 $p_j > \alpha_{stay} \Rightarrow X_j$를 제거한다.

2.8.1.1.7.6 초모수

로지스틱 회귀 학습을 위한 초모수를 알아보자.

초모수	옵션	기본값
유의 수준	ALPHA	유의수준 기반 변수 선택 시 기본값: 0.05
라쏘 규제 모수 감소율	LASSORHO	i번째 단계에서 규제 모수 값: $LASSORHO^i$ 기본값: 0.8
라쏘 규제 반복 단계	LASSOSTEPS	규제 모수의 반복 단계 기본값: 20

2.8.1.1.7.7 적용 예시

2.8.1.1.7.7.1 결측값 대체

로지스틱 회귀는 자체적으로 전처리 작업 중의 하나인 결측값을 대체하는 과정이 없다.

이를 처리하기 위해서 사전에 단순 결측값 대체 후 진행하기로 하자.

```
/* 전처리: 결측값 대체 */
proc varimpute data=hmeq_partn(where=(_partind_=0)) seed=1234;
   input &cats / ntech=mode;
   input &nums / ctech=median;
   output out=impute_hmeq copyvars=(&target);
   code file='/workspaces/bnn/model/code_impute.sas';
run;

/* 구조 확인 */
proc fedsql;
   describe table impute_hmeq;
quit;
```

위 결과를 OUTPUT 창에서 확인해보면 다음의 출력 값을 얻을 수 있다.

```
CREATE TABLE "WORK"."WORK".IMPUTE_HMEQ (
   BAD    DOUBLE,
   IM_CLAGE    DOUBLE,
   IM_CLNO    DOUBLE,
   IM_DEBTINC    DOUBLE,
   IM_DELINQ    DOUBLE,
   IM_DEROG    DOUBLE,
   IM_LOAN    DOUBLE,
   IM_MORTDUE    DOUBLE,
   IM_NINQ    DOUBLE,
   IM_VALUE    DOUBLE,
   IM_YOJ    DOUBLE,
```

```
    IM_REASON     NCHAR(7),
    IM_JOB     NCHAR(7)
);
```

결측값이 대체되고 나면 IM_이라는 접두사가 붙는다. 이후 과정은 이를 바탕으로 진행하므로 사전에 정의된 변수 정의를 바꿔야 한다.

```
/* 변수 정의 */
proc sql;
   select name into :im_xvars separated by ' '
   from dictionary.columns
   where libname='WORK' and memname='IMPUTE_HMEQ'
      and name ne "&target"
   ;
quit;

proc sql;
   select name into :im_nums separated by ' '
   from dictionary.columns
   where libname='WORK' and memname='IMPUTE_HMEQ'
      and name ne "&target"
      and name not in ('IM_REASON', 'IM_JOB')
   ;
quit;

%let im_cats = IM_REASON IM_JOB;

%put &im_xvars;
%put &im_nums;
%put &im_cats;
```

```
%put &im_xvars;
IM_CLAGE IM_CLNO IM_DEBTINC IM_DELINQ IM_DEROG IM_LOAN IM_MORTDUE IM_
NINQ IM_VALUE IM_YOJ IM_REASON IM_JO
```

```
%put &im_nums;
IM_CLAGE IM_CLNO IM_DEBTINC IM_DELINQ IM_DEROG IM_LOAN IM_MORTDUE IM_
NINQ IM_VALUE IM_YOJ

%put &im_cats;
IM_REASON IM_JOB
```

결과를 확인한 후 결측값 대체 모델에 의하여 전체 데이터 스코어링 작업을 진행한다.

```
/* 스코어링 */
data impute_hmeq_partn;
   set hmeq_partn;
   %include "/workspaces/bnn/model/code_impute.sas";
run;
```

2.8.1.1.7.7.2 모델 적합

로지스틱 모델을 적합해 보자.

```
/* 모델 적합 */
/* 1) 모델 저장용 라이브러리 지정: Analytic Store를 저장할 경로 설정 */
libname model '/workspaces/bnn/model';

/* 2) LOGSELECT 프로시저 호출: 로지스틱 회귀 모델 적합 시작
    - DATA=impute_hmeq_partn: imputation 후 데이터셋 사용 */
proc logselect
   data=impute_hmeq_partn
   ;

/* 3) 명목형(imputed) 변수 지정: &im_cats 매크로에 담긴 범주형 변수들을 CLASS로 처리 */
class &im_cats;
```

```
/* 4) 모델 방정식 지정:
   - TARGET(event=›1›) = &im_xvars : 이벤트('1')에 대한 로짓 모형
   - LINK=LOGIT                  : 로지스틱 링크 함수 사용 */
model &target(event='1') = &im_xvars / link=logit;

/* 5) 변수 선택 방법 지정:
   - METHOD=FORWARD              : 전진 선택법
   - SELECT=BIC                  : BIC 기준으로 변수 추가
   - STOP=BIC                    : BIC 기준으로 중단
   - CHOOSE=BIC                  : 최종 모델 선택도 BIC 기준 */
selection method=forward(select=bic stop=bic choose=bic);

/* 6) 데이터 분할: _partind_에 따라 학습/검증/테스트 분할
   - TRAIN=›0›                   : _partind_=0 학습
   - VALIDATE=›1›                : _partind_=1 검증
   - TEST=›2›                    : _partind_=2 테스트 */
partition rolevar=_partind_(train='0' validate='1' test='2');

/* 7) 스코어링용 DATA step 코드 생성: 모델 스코어링 코드 파일로 출력 */
code file='/workspaces/bnn/model/code_logistic_hmeq.sas';

/* 8) 학습된 모델 상태 저장: Analytic Store 형태로 보관 */
store out=model.astore_logistic_hmeq;

/* 9) 프로시저 종료 */
quit;
```

Model Information	
Data Source	IMPUTE_HMEQ_PARTN
Response Variable	BAD
Distribution	Binary
Link Function	Logit
Optimization Technique	Newton-Raphson with Ridging
Predicted Response	P_BAD
Predicted Response Level	I_BAD

[그림2-147] 모델 정보

사전에 지정된 값이 제대로 되어 있는지 확인한다. 또한 이 모델에 의하여 예측된 목표변수의 값은 P_BAD임을 알려주고 있다. 타 모델은 P_BAD1, PBAD_0과 같은 확률을 출력하는데 로지스틱 회귀는 이진분포이므로 이벤트(BAD=1) 확률만 제공해주고 있다.

Selection Summary			
Step	**Effect Entered**	**Number Effects In**	**SBC**
0	**Intercept**	1	4177.0311
1	**IM_DELINQ**	2	3713.1300
2	**IM_DEROG**	3	3616.8715
3	**IM_CLAGE**	4	3488.5326
4	**IM_DEBTINC**	5	3397.0330
5	**IM_NINQ**	6	3360.4605
6	**IM_LOAN**	7	3342.4486
7	**IM_JOB**	8	3328.1897
8	**IM_CLNO**	9	3326.3667*
9	**IM_REASON**	10	3328.1972
10	**IM_YOJ**	11	3334.1995
11	**IM_MORTDUE**	12	3341.1393
*** Optimal Value Of Criterion**			

[그림2-148] 모델 선택

사전에 지정된 기준은 베이즈 정보 기준(BIC 또는 SBC)이므로 해당 기준에 의하여 변수 선택, 중단 및 모델 선택 과정을 진행하였다.

결과를 보면 BIC 값이 최소가 될 때까지의 변수이므로 IM_CLNO 변수까지 선택되었다.

Fit Statistics			
Description	Training	Validation	Testing
-2 Log Likelihood	3217.86077	965.75184	444.69709
AIC (smaller is better)	3243.86077	991.75184	470.69709
AICC (smaller is better)	3243.94831	992.06084	471.32252
SBC (smaller is better)	3326.23073	1057.83588	527.77022
Average Square Error	0.11950	0.12552	0.10901
-2 Log L (Intercept-only)	4168.69497	1191.84950	595.92475
R-Square	0.20380	0.17278	0.22410
Max-rescaled R-Square	0.32256	0.27335	0.35455
McFadden's R-Square	0.22809	0.18970	0.25377
Misclassification Rate	0.15916	0.16946	0.14430
Difference of Means	0.25328	0.23662	0.29619

[그림2-149] 적합 통계량

훈련, 검증 및 평가 데이터에 대한 다양한 기준에 의한 값을 제공해주고 있다.

Parameter Estimates					
Parameter	DF	Estimate	Standard Error	Chi-Square	Pr > ChiSq
Intercept	1	-1.888815	0.361284	27.3326	<.0001
IM_CLAGE	1	-0.006122	0.000649	88.9317	<.0001
IM_CLNO	1	-0.017578	0.005035	12.1898	0.0005
IM_DEBTINC	1	0.069690	0.007678	82.3867	<.0001
IM_DELINQ	1	0.730924	0.044609	268.4780	<.0001
IM_DEROG	1	0.608988	0.059289	105.5049	<.0001
IM_LOAN	1	-0.000024888	0.000004729	27.7040	<.0001
IM_NINQ	1	0.162109	0.025174	41.4663	<.0001
IM_JOB Mgr	1	-0.834052	0.251602	10.9890	0.0009
IM_JOB Office	1	-1.471363	0.258822	32.3175	<.0001
IM_JOB Other	1	-0.820463	0.231087	12.6057	0.0004
IM_JOB ProfExe	1	-0.905962	0.246365	13.5227	0.0002
IM_JOB Sales	1	0.226866	0.360761	0.3955	0.5294
IM_JOB Self	0	0	.	.	.

[그림2-150] 모수 추정값

로그-오즈에 대한 선형 모델의 모수 추정값이다. 여기서 범주형 변수의 가변수 변환에서는 마지막 범주를 기준으로 하기 때문에 IM_JOB의 Self 값의 계수가 0이다. 이 기준을 변경하고자 하면 CLASS 문의 옵션 REF를 참조한다.

2.8.1.1.7.7.3 스코어링

ASTORE 방식 스코어링을 진행해보자.

```
/* 모델 정보 */
proc astore;
   describe rstore=model.astore_LOGISTIC_hmeq;
quit;
/* 스코어 생성 */
proc astore;
   score data=impute_hmeq_partn
      out=hmeq_score_logistic
      rstore=model.astore_LOGISTIC_hmeq
      copyvars=(_all_);
quit;
```

모델 메타 정보는 타 모델과 동일하다.

2.8.1.1.7.7.4 모델 평가

검증 데이터 기준으로 모델 평가를 진행해보자.

```
/* 모델 평가 */
proc assess
   data=hmeq_score_logistic(where=(_partind_=1)) /* 검증 데이터 기준 */
   ncuts=100 /* ROC 그래프의 빈 개수 */
   nbins=20 /* LIFT의 빈 개수 */
   rocout=out_roc_logistic
   liftout=out_lift_logistic
   ;
```

```
  input P_BAD;                /* 예측 확률 변수 */
  target BAD / level=nominal event='1';   /* 목표변수 */
run;
/* AUC 값 */
proc sql noprint;
   select round(_c_, 0.0001) into :auc_logistic
   from out_roc_logistic;
quit;
%put &auc_logistic;

/* ROC 그래프 그리기 */
proc sgplot data=out_roc_logistic;
   series x=_FPR_ y=_Sensitivity_ / lineattrs=(thickness=2 color=steelblue) name="ROC"
legendlabel="Logistic Model ROC Curve";
   lineparm x=0 y=0 slope=1 / lineattrs=(pattern=shortdash color=gray) legendlabel=""
name="none";
   inset "Logistic AUC = &auc_logistic" / position=bottomright border;
   keylegend "ROC" / location=outside position=bottom;
   xaxis label="False Positive Rate";
   yaxis label="True Positive Rate (Sensitivity)";
run;
```

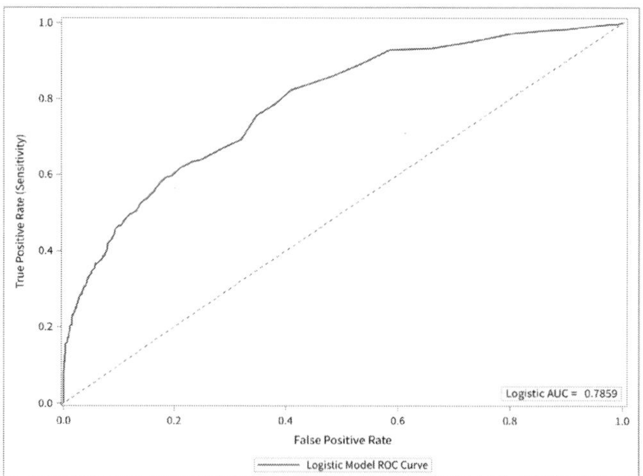

[그림2-151] ROC 그래프

모델은 AUC 기준 0.7859값으로 평가되었다.

2.8.1.1.7.8 필수 문장

PROC LOGSELECT, MODEL 문은 필수적이다. CLASS 문은 사용하고자 하면 반드시 MODEL 문 앞에 있어야 한다.

2.8.1.1.8 다층 신경망

신경망은 인간의 뇌 구조에서 영감을 얻어 만든 계산 모델로, 입력과 출력 사이의 복잡한 비선형 관계를 학습할 수 있도록 설계되었다.

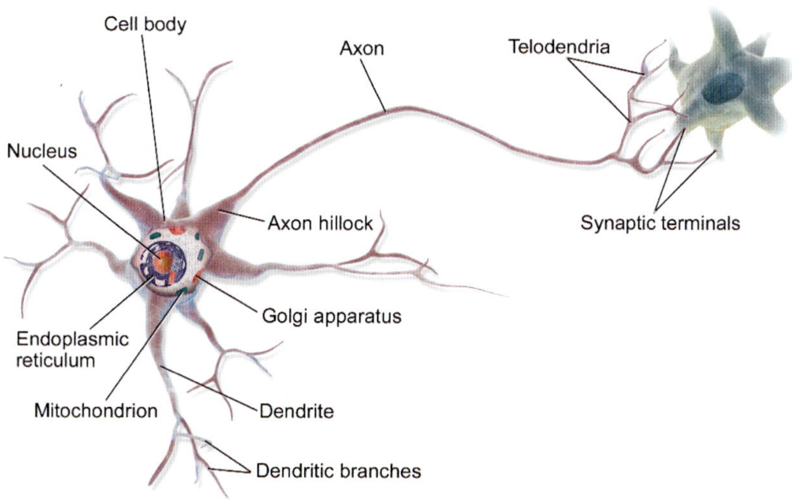

[그림2-152] 생물학적 신경망 구조

생물학적 신경망의 각 신경세포(neuron)는 연접(synapse)으로 연결되며 연결된 부위를 시작점으로 하여 수상돌기(dendrite: 나뭇가지 모양의 돌출된 부분)로부터 연결되어 자극을 받고 활성화되며 축삭언덕(axon hillock)에서 신호를 합산 및 변환을 통하여 축삭돌기(axon: 긴 줄 모양의 돌출 부분)를 통하여 새로운 신호를 전달한다.

이러한 1개의 신경망을 그대로 본 뜬 것이 인식기(퍼셉트론, perceptron)다.

인식기는 여러 개의 입력값에 대해 가중 합(weighted sum)을 계산한 후, 활성화 함수를 적용하여 이진 출력을 생성하는 가장 단순한 형태의 신경망이다.

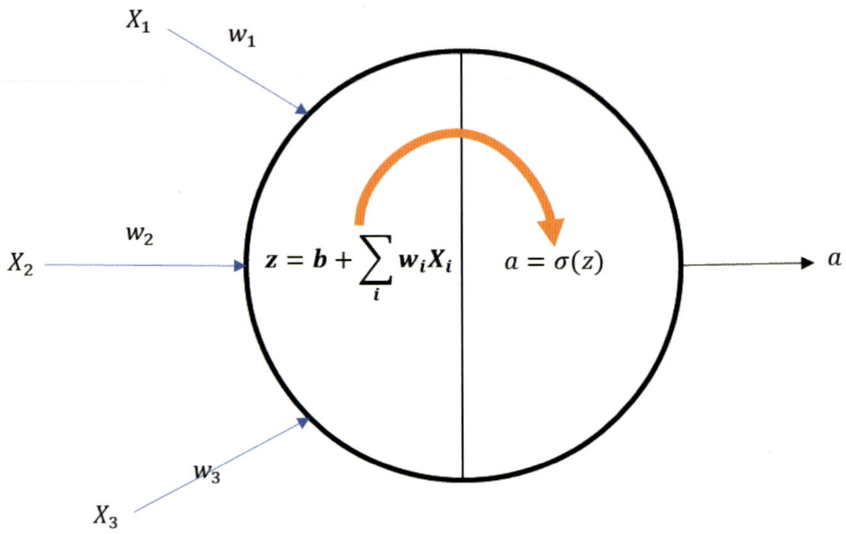

[그림2-153] 인식기 구조

인식기의 기본 구조는 입력층(input layer), 은닉층(hidden layer) 및 출력층(output layer)으로 구성되어 있다. 인식기의 핵이 되는 계산기를 유닛(unit)이라고 한다. 유닛은 입력을 받은 후 출력을 만들어 내는 핵이다.

다층 인식기(MLP: multi-layer perceptron)는 은닉 층의 개수가 많아지고, 은닉 층 내의 유닛이 많아지는 것을 의미한다. 물론 출력 층의 유닛도 많아질 수 있다.

2.8.1.1.8.1 활성함수

앞 층의 모든 유닛으로부터 받은 값과 내부적으로 갖고 있는 가중 값과의 선형 결합 후 편향을 더한 값을 $z = b + \sum_i w_i x_i$ 이라고 하면, 이 값을 다음 인식기에 넘겨줄 때 그대로 넘겨주기 보다는 활성화되는 조건을 갖고 있는 함수를 통과하게 된다.

$$a = \sigma\left(b + \sum_{i=1}^{d} w_i x_i\right)$$

이 때 σ를 활성함수(activation function)이라고 한다.

다음은 많이 사용되는 활성함수의 예이다.

이름	활성함수	도함수
항등(IDENTITY)	$\sigma(z) = z$	$\sigma'(z) = 1$
로지스틱(LOGISTIC)	$\sigma(z) = \frac{1}{1 + e^{-z}}$	$\sigma'(z) = \sigma(z)(1 - \sigma(z))$
쌍곡탄젠트(TANH: hyperbolic tangent)	$\sigma(z) = \frac{e^z - e^{-z}}{e^z + e^{-z}}$	$\sigma'(z) = 1 - \sigma^2(z)$
교정선형단위(RECTIFIER: rectified linear unit)	$\sigma(z) = \max(0, z)$	$\sigma'(z) = 1 \text{ if } z \geq 0 \text{ else } 0$
지수(EXP)	$\sigma(z) = e^z$	$\sigma'(z) = \sigma(z)$
싸인(SIN)	$\sigma(z) = \sin(z)$	$\sigma'(z) = \cos(z)$
소프트맥스(SOFTMAX)	$\sigma_j(z) = \frac{e^{z_j}}{\sum_{k=1}^{K} e^{z_k}}$	$\frac{\partial \sigma_j}{\partial z_i} = \sigma_j(\delta_{ij} - \sigma_i)$, $\delta_{ij} = \begin{cases} 1, & \text{if } i = j \\ 0, & \text{if } i \neq j \end{cases}$

2.8.1.1.8.2 모수 추정

일반적인 다층 인식기는 다음과 같은 수학적 구조를 갖는다.

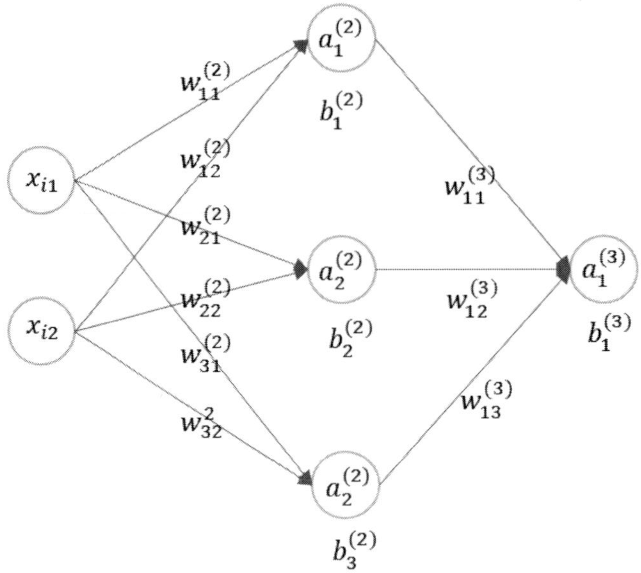

[그림2-154] 다층 인식기 구조

그림 2-154는 2개의 유닛을 갖는 입력층, 3개의 유닛을 갖는 은닉층 그리고 1개의 유닛을 갖는 다층 인식기이다. 다층 인식기는 하나의 유닛이 앞 층과 뒷 층의 모든 유닛과 연결된(fully connected) 구조이다.

추정해야 할 모수는 모든 가중값(w)과 편향(b)이다.

필요한 표기법을 먼저 정리해보자.

- l=1, ⋯, L: 층(layer)을 나타내는 첨자이며 1은 입력층을 의미하며, L은 출력층을 의미
- n_l: l층의 노드의 개수
- $w_{ij}^{(l)}$: l층의 i노드가 직전 노드인 (l-1)층의 j노드로부터 받는 가중값
- $b_j^{(l)}$: l층의 j노드가 갖는 편향(bias)이다. 일종의 절편(intercept)항
- $z_j^{(l)}$: l층의 j노드가 갖는 입력값
- $a_j^{(l)}$: l층의 j노드가 갖는 출력값

- $\sigma^{(l)}(\cdot)$: 활성함수(activation function)
- $W^{(l)}$: l층의 가중값 행렬
- $b^{(l)}$: l층의 절편값 벡터
- $z^{(l)}$: l층의 입력값 벡터

이러한 표기법으로부터

- $a^{(2)} = \sigma^{(2)}(W^{(2)}a^{(1)} + b^{(2)})$
- $a^{(3)} = \sigma^{(3)}(W^{(3)}a^{(2)} + b^{(3)}) = \sigma^{(3)}(W^{(3)}\sigma^{(2)}(W^{(2)}a^{(1)} + b^{(2)}) + b^{(3)})$

이다.

이런 식으로 값을 계산하는 과정은 전진 전파(forward propagation)라고 한다. 만약 임의의 초기 모수 값들이 있다면 계산 과정은 순서에 따라 순차적으로 계산하면 된다.

최종적으로 구한 값이 $a^{(3)}$인데 만약 이 값이 0.5라고 해보자. 이 때 지도학습이라면 이 값에 대응하는 참값이 존재한다. 만약 이 값이 1이라고 하면 값이 같지 않으므로 오차가 발생하고 그에 따른 비용이 발생한다.

비용을 정의하기 위해서는 기준이 되는 손실 함수를 정해야 한다.

손실 함수	수식	사용 조건
교차 엔트로피 (ENTROPY: Cross-Entropy)	$\ell = -\sum_{j} y_j \log \hat{y}_j$	LEVEL=NOM(범주형 분류 문제)
감마 오차 함수(GAMMA)	$\ell = \frac{(y-\hat{y})^2}{\hat{y}^2}$	ACT=EXP만 허용됨. 주로 이벤트 간 시간 예측
정규 오차 함수(NORMAL)	$\ell = \frac{1}{2}(y-\hat{y})^2$	LEVEL=INT(연속형 회귀 문제)
포아송 오차 함수 (POISSON)	$\ell = \hat{y} - y \log \hat{y}$	ACT=EXP만 허용됨. 단위 시간당 사건 수 예측

교차 엔트로피를 가정하면

$$\text{cost} = -1 \times \log 0.5 = 0.6932$$

와 같은 비용이 발생한다. 이 비용의 책임은 제대로 설정하지 않은 모수 값에 의하여 발생한 것이라고 판단하여 오차를 거꾸로 신경망에 전달해주어야 한다. 이를 역전파(back propagation) 또는 후진 전파(backward propagation)라고 한다.

즉, 전달 대상은 오차이며 해당 오차를 가장 많이 주는 유닛이 있다면 그 유닛을 결정짓는 모수 값들이 적절히 조정되는 과정을 갖는다.

특정 유닛의 오차가 무엇인지를 정의해보자.

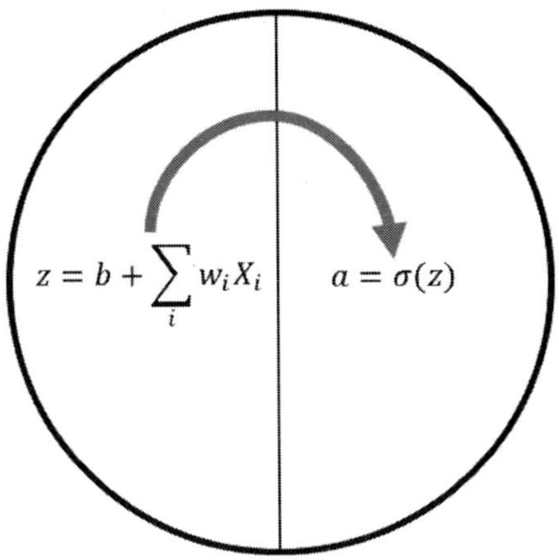

[그림2-155] 유닛 구조

유닛은 입력을 받은 후 특정 값을 출력(activation)한다.

오차는 입력 값을 받은 후 잘못된 값을 출력하여 이것이 계속 다음 유닛으로 전달되고 최종적으로 비용을 초래한 것이다. 이런 의미에서 이 노드가 갖고 있는 오차를 유닛 입력 값에 대한 비용함수의 기울기(gradient)로 다음과 같이 정의할 수 있다.

$$\delta = \frac{\partial C}{\partial z}$$

그런데 만약 이 유닛이 출력층에 있다면 $\delta = \frac{\partial C}{\partial z} = \frac{\partial C}{\partial a}\frac{\partial a}{\partial z} = \frac{\partial C}{\partial a}\sigma'(z)$이 되지만 은닉층인 경우는 다음과 같이 오차가 역 전파된다.

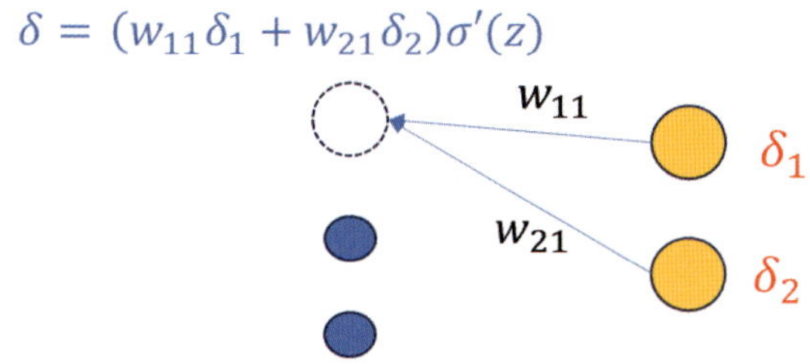

[그림2-156] 역 전파

그림 2-156에서 점선 유닛은 앞 유닛으로부터 오차를 $w_{11}\delta_1 + w_{21}\delta_2$ 만큼을 받고 있으면 자체 오차는 해당 오차를 만들어낸 z에 의하여 $\delta = (w_{11}\delta_1 + w_{21}\delta_2)\sigma'(z)$가 된다.

이러한 오차는 해당 유닛의 가중 값을 갱신하는데 사용된다. 예를 들어 δ_1의 오차를 갖고 있는 유닛의 w_{11}의 기울기(gradient)값은 점선 유닛으로부터 입력 받는 값을 a 이라고 하면

$$\frac{\partial C}{\partial w_{11}} = \delta_1 \cdot a$$

이 된다.

이를 이용하여 이후 갱신되는 값은

$$w_{11}^{[t]} = w_{11}^{[t-1]} - \eta \frac{\partial C}{\partial w_{11}^{[t-1]}}$$

이다. 여기서 η는 학습률(learning rate)이다.

오차를 계산하기 위해서는 활성함수의 미분 값이 필수적으로 사용되기 때문에 이런

의미에서 활성함수 표에 미분 값도 같이 수록하였다.

이 때 얼마나 빨리 비용함수 또는 목적 함수를 최소화시킬 것인가에 따라 최적화 알고리즘의 종류가 다양하게 존재한다.

비용함수 또는 목적함수를 다음과 같이 정의해보자.

$$f(w) = \frac{1}{n}\sum_{i=0}^{n} L(w; x_i, y_i) + R(w)$$

R(w)는 규제 항이며 다음과 같이 정의한다.

$$R(w) = \lambda_1 \|w\|_1 + \frac{\lambda_2}{2}\|w\|_2^2$$

여기서 λ_1는 L_1 규제 모수, λ_2는 L_2 규제 모수이다.

가중 값을 포함한 모수를 갱신할 때 모든 데이터를 신경망에 통과한 후 오차를 계산할 수도 있지만, 이는 너무 많은 자원이 들어가므로 모수 갱신 절차를 단축할 필요가 있다. 극단적으로 관측값 1개에 모수를 갱신할 수도 있다. 이 때 적절한 배치 건수를 지정해 줄 필요가 있다. 이를 미니 배치 크기(MINIBATCHSIZE: mini batch size)이라고 한다. 기본 값은 10이다.

최적화 알고리즘은 LBFGS(limited-memory Broyden-Fletcher-Goldfarb-Shanno), SGD(stochastic gradient descent), ADAM(adaptive moments), HF(Hessian-free) 등이 있으며 기본 값은 LBFGS이다.

SGD에서는 모수의 다음 방향을 정할 때 기울기를 이용하지만 BFGS는 곡률(얼마나 빨리)도 고려한 2차 미분인 헤시안(Hessian) 행렬을 이용한다.

$$w^{(k+1)} = w^{(k)} - \eta d^{(k)}$$

여기서 $d^{(k)} = H_k \nabla\mathcal{L}(w^{(k)})$, $\mathcal{L}$은 손실 함수이다. 그런데 LBFGS는 매 반복마다

H_k를 저장하지 않고 과거 몇 개의(NUMCORRECTIONS) 필요한 값만을 저장하여 $d^{(k)}$를 계산한다. NUMCORRECTIONS의 기본값은 6이다.

2.8.1.1.8.3 훈련 모수

훈련 단계에서 고려해야 할 몇 가지 사항을 정리해보자.

옵션	설명	기본값
OUTMODEL=	학습된 최종 모델 저장 경로	필수
VALIDATION=	별도의 검증(validation) 데이터 지정	없음
PARTITION	학습/검증 분할 지정 시 사용되며, VALIDATION=이 우선	
DROPOUTINPUT=ratio	입력층 드롭아웃 비율 (0~1)	0
DROPOUTHIDDEN=ratio	은닉층 드롭아웃 비율 (0~1)	0
NUMTRIES=n	서로 다른 초기값으로 학습 반복 수행 횟수 (1~20000)	1
STAGNATION=n	검증 성능이 향상되지 않아도 대기할 반복 횟수	3
VALIDGOAL=number	검증 오차가 목표보다 작아지면 조기 종료	0
RESUME	기존 학습된 모델로부터 이어서 학습 (INMODEL= 필요)	없음
WSEED= or SEED=	초기 가중치 무작위 씨앗 값	시스템 시계 사용

훈련 시 드롭아웃(dropout)은 각 층별로 일부 뉴런을 무작위로 비활성화 하는 것을 의미한다. 이렇게 함으로써 규제 모수와 함께 과적합을 방지할 수 있다. 드롭아웃 대상은 입력층과 은닉층이다. 입력층의 드롭아웃은 일부 중요한 변수의 과적합을 방지하는 것이며 은닉층의 드롭아웃은 유닛과 공적응(co-adaption)을 방지하여 일반화 성능을 향상시키고자 하는 것이다.

공적응은 신경망의 여러 유닛들이 특정 패턴에 함께 적응해서 서로 없이는 제대로 작동하지 못하게 되는 현상이다. 이런 상황에서 특정 유닛을 비활성화함으로써 각 유닛이 독립적이고 강건해진다.

가령, 특정 유닛의 값이 h_i인 경우 다음의 확률을 곱한 값으로 대체된다.

$$\widetilde{h}_i = r_i \cdot h_i, \quad r_i \sim \text{Bernoulli}(p)$$

즉, 베르누이 분포에서 무작위 선택 값(1 또는 0)을 곱해서 얻는 값이므로 p의 확률로 활성화된다.

2.8.1.1.8.4 초모수

다중 인식기의 초모수는 다음의 표로 정리하였다.

정책	기본값	비고
결측값 보정	MISSING	MISSING=MAX |MEAN |MIN 지정하면 숫자형 변수는 지정된 값으로 결측값 대체하고 범주형 변수는 신규 범주로 지정됨 기본: 결측값 모두 제거
표준화	STANDARDIZE	STANDARDIZE=NONE |STD |MIDRANGE 기본값: MIDRANGE

표준화 초모수의 중앙범위(MIDRANGE)의 계산식은 다음과 같다.

$$x_{midrange} = \frac{2x - (\max x_i + \min x_i)}{\max x_i - \min x_i}$$

2.8.1.1.8.5 적용 예시

2.8.1.1.8.5.1 모델 적합

기본 옵션 중심으로 모델을 적합해 보자.

```
/* 모델 적합 */
libname model '/workspaces/bnn/model';
/* 1) 모델 저장용 라이브러리 지정: Analytic Store를 저장할 경로 설정 */
libname model '/workspaces/bnn/model';

/* 2) NNET 프로시저 호출: 다층 퍼셉트론 신경망 모델 적합 시작
   - DATA=hmeq_partn          : 파티션된 학습 데이터 사용
   - MISSING=MEAN             : 결측치는 평균으로 대체
   - STANDARDIZE=MIDRANGE     : 입력 변수는 중간값-범위 방식 표준화 */
proc nnet
  data=hmeq_partn
  missing=mean
  standardize=midrange
  ;

/* 3) 명목형(범주형) 입력 변수 지정 */
input &cats / level=nominal;

/* 4) 연속형 입력 변수 지정 */
input &nums / level=interval;

/* 5) 목표표(종속) 변수 지정 — 분류용 명목형 */
target &target / level=nominal;

/* 6) 신경망 구조 설정 — 다층 퍼셉트론(MLP) */
architecture mlp;

/* 7) 최적화 알고리즘 및 반복횟수 설정
   - ALGORITHM=LBFGS          : L-BFGS 알고리즘 사용
   - MAXITER=100              : 최대 100회 반복 */
```

```
optimization algorithm=lbfgs maxiter=100;

/* 8) 은닉층 구성: 첫 번째 은닉층 4유닛, 활성함수 TANH */
hidden 4 / act=tanh;
/*    두 번째 은닉층층 4유닛, 활성함수 TANH */
hidden 4 / act=tanh;

/* 9) 훈련 제어 설정
    - NUMTRIES=1            : 초기값 시도 1회
    - SEED=1234             : 랜덤 시드 고정
    - OUTMODEL=…            : 학습된 모델을 모델라이브러리에 저장 */
train numtries=1 seed=1234 outmodel=model.outmodel_nnet_hmeq;

/* 10) 데이터 분할할: _partind_ 값으로 학습(0), 검증(1), 테스트(2) 분할 */
partition rolevar=_partind_(train='0' validate='1' test='2');

/* 11) 스코어링용 DATA step 코드 생성 */
code file='/workspaces/bnn/model/code_nnet_hmeq.sas';

/* 12) 학습된 모델 상태 저장 (Analytic Store) */
savestate rstore=model.astore_nnet_hmeq;

/* 13) 최적화 반복 이력(Iteration History)을 out_OptIterHistory_nnet에 저장 */
ods output OptIterHistory=out_OptIterHistory_nnet;

/* 14) 프로시저 종료 */
quit;
```

결측값 처리를 위하여 MISSING 옵션을 사용하였다. 이런 경우 범주형 변수는 자동으로 결측값을 새로운 범주로 처리한다.

은닉층은 2개이며 각각 유닛이 4개이고 활성함수는 TANH를 사용하였다.

OUTMODEL 옵션에 의한 산출물은 현재까지 실행한 모델 가중값을 저장한다. 따라서 이후 INMODEL 옵션으로 해당 모델 가중값을 호출하면 이어서 학습이 가능

하게 된다.

씨앗 값을 다르게 주는 초기값 횟수를 1으로 정했는데 만약 이 값이 1 보다 크면 반복 이력 정보가 출력이 안된다.

Model Information	
Model	Neural Net
Number of Observations Used	4172
Number of Observations Read	4172
Target/Response Variable	BAD
Number of Nodes	30
Number of Input Nodes	20
Number of Output Nodes	2
Number of Hidden Nodes	8
Number of Hidden Layers	2
Number of Weight Parameters	100
Number of Bias Parameters	10
Architecture	MLP
Seed for Initial Weight	1234
Optimization Technique	LBFGS
Number of Neural Nets	1
Objective Value	1.5853915742
Misclassification Rate for Validation	0.1686

[그림2-157] 모델 정보

모델 학습을 위한 사전 지정한 초모수 정보와 모델 적합 결과 검증 데이터의 오분류 값 등이 출력된다.

Iteration History									
Iteration Number	Objective Function	Norm of Gradient	Loss	Validate Error	Step Size	Norm			Fit Error
						L1	L2	Maximum	
1	2.776576	1.302089	2.776576	0.655201	0	4.765373	0.685410	0.232260	0.663471
2	2.034410	0.267356	2.034410	0.199664	0.767996	4.980886	0.708354	0.227115	0.199425
3	1.997191	0.018725	1.997191	0.199664	1	5.420963	0.797945	0.317010	0.199425
4	1.920481	0.579621	1.920481	0.199664	193.0265	28.33951	3.952943	1.120960	0.199425
5	1.904134	0.727280	1.904134	0.196309	0.016040	39.40183	5.500843	1.571324	0.194391
6	1.864912	0.595916	1.864912	0.191275	1	46.67062	6.528432	1.880258	0.184084
7	1.817006	0.205510	1.817006	0.211409	0.341765	53.82208	7.546013	2.200442	0.190796
8	1.800380	0.106905	1.800380	0.197987	1	47.40462	6.646084	1.951792	0.183605
9	1.791905	0.091563	1.791905	0.200503	1	48.84712	6.848272	2.014333	0.185043
10	1.753322	0.181581	1.753322	0.208893	1	50.99882	7.162640	2.124011	0.181687

[그림2-158] 반복 이력(일부)

모델 적합을 위한 반복 과정이다. 검증 데이터 기준으로 하여 목적 함수 값이 어떻게 변하는지를 보여준다.

목적 함수의 값이 안정화되거나 기울기(gradient) 크기가 0에 가깝거나 검증 데이터가 다시 증가하거나 등이 발생하면 멈추게 된다.

여기서 걸음 크기(step size)는 학습율과 비슷하게 다음 단계로 넘어갈 때 기울기 크기를 조정하는 값이다.

적합 오차(Fit Error)는 훈련 데이터에 대한 예측오차로써 모델 출력과 실제 값 간 평균 오차이다.

Score Information for Training	
Number of Observations Read	4172
Number of Observations Used	4172
Misclassification Rate	0.1659

Score Information for Validation	
Number of Observations Read	1192
Number of Observations Used	1192
Misclassification Rate	0.1686

Score Information for Testing	
Number of Observations Read	596
Number of Observations Used	596
Misclassification Rate	0.1443

[그림2-159] 점수 정보

훈련, 검증 및 평가 데이터에 대하여 점수화 한 후 각각의 오분류율을 출력하였다.

2.8.1.1.8.5.2 모델 안정성

모델이 충분히 학습되었는지 확인해보자.

```
/* 모델 안정성 평가 */
proc sgplot data=out_OptIterHistory_nnet;
   title "반복수에 따른 목적함수 및 검증 오분류율 변화";

   /* 목적함수 - 왼쪽 Y축 */
   series x=progress y=objective /
      lineattrs=(color=green pattern=shortdash thickness=2)
      legendlabel="목적함수";

   /* 검증 오분류율 - 오른쪽 Y2축 */
   series x=progress y=validerror /
      y2axis
      lineattrs=(color=red pattern=dot thickness=2)
      legendlabel="검증 오분류율";

   xaxis label="반복수";
   yaxis label="목적함수";
   y2axis label="검증 오분류율";

   keylegend / location=inside position=topright across=1;
run;
title;
```

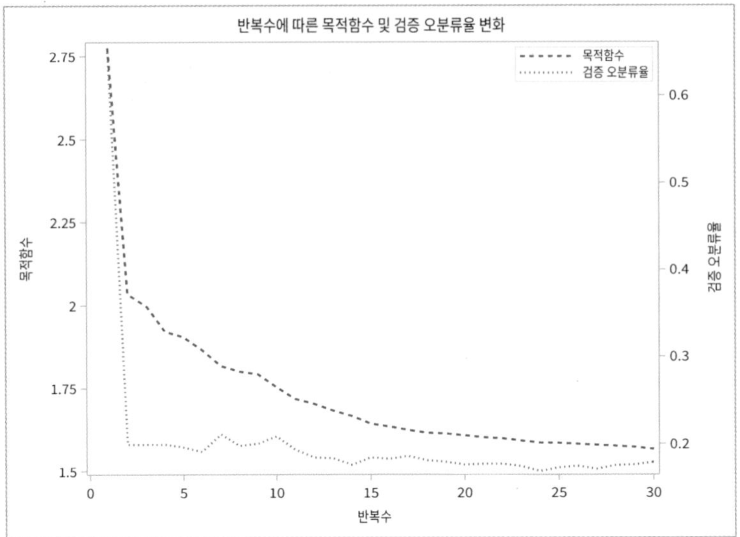

[그림2-160] 모델 안정 그래프

목적함수는 지속적으로 감소, 즉, 과적합이 되지만 검증 데이터에 의하여 반복수 30에서 정지하였다.

2.8.1.1.8.5.3 스코어링

ASTORE 방식으로 스코어링을 진행해보자.

```
/* 모델 정보 */
proc astore;
   describe rstore=model.astore_nnet_hmeq;
quit;
/* 스코어 생성 */
proc astore;
   score data=hmeq_partn
      out=hmeq_score_nnet
      rstore=model.astore_nnet_hmeq
      copyvars=(_all_);
quit;
```

타 모델과 동일한 메타데이터 구조임이 확인된다. 스코어링 결과 예측 확률인 P_BAD1, P_BAD0이 생성되었다.

2.8.1.1.8.5.4 모델 평가

검증 데이터에 대한 ROC 기준 모델 평가를 해보자.

```
/* 모델 평가 */
proc assess
   data=hmeq_score_nnet(where=(_partind_=1)) /* 검증 데이터 기준 */
   ncuts=100 /* ROC 그래프의 빈 개수 */
   nbins=20 /* LIFT의 빈 개수 */
   rocout=out_roc_nnet
   liftout=out_lift_nnet
   fitstatout=out_stat_nnet
   ;
  input P_BAD1;                    /* 예측 확률 변수 */
  target BAD / level=nominal event='1';   /* 목표변수 */
  fitstat pvar=P_BAD0 / pevent='0';     /* 나머지 클래스 확률 */
run;
/* AUC 값 */
proc sql noprint;
   select round(_c_, 0.0001) into :auc_nnet
   from out_roc_nnet;
quit;
%put &auc_nnet;

/* ROC 그래프 그리기 */
proc sgplot data=out_roc_nnet;
   series x=_FPR_ y=_Sensitivity_ / lineattrs=(thickness=2 color=steelblue) name="ROC"
legendlabel="NNET Model ROC Curve";
   lineparm x=0 y=0 slope=1 / lineattrs=(pattern=shortdash color=gray) legendlabel=""
name="none";
   inset "NNET AUC = &auc_nnet" / position=bottomright border;
   keylegend "ROC" / location=outside position=bottom;
   xaxis label="False Positive Rate";
   yaxis label="True Positive Rate (Sensitivity)";
run;
```

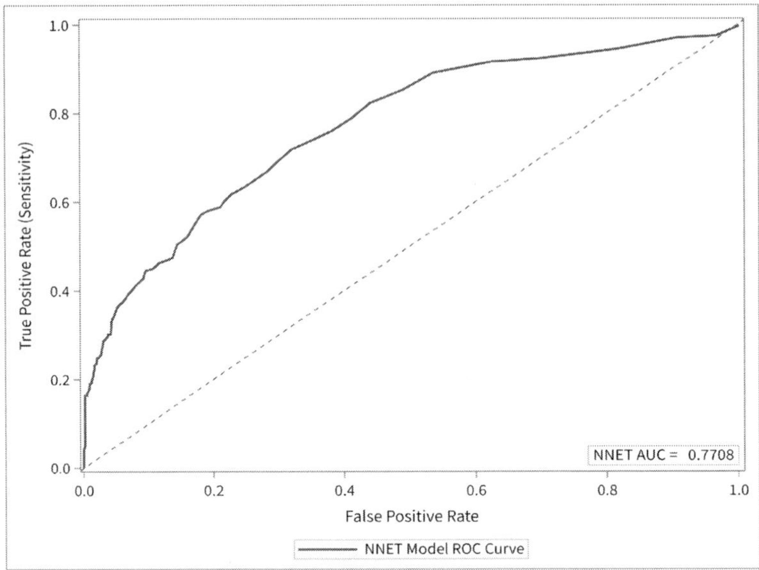

[그림2-161] ROC 그래프

신경망 모델에 의한 AUC는 0.7708으로 평가되었다.

2.8.1.1.8.6 필수 문장

PROC NNET, INPUT, TARGET, TRAIN 문은 필수적이다. 은닉층이 필요한 경우는 HIDDEN 문을 필수적으로 사용해야 한다.

2.8.1.1.9 K 최근접 이웃

K 최근접 이웃(KNN: K-nearest Neighbors)은 비모수(non-parametric) 방식의 인스턴스 기반 학습(instance-based learning) 기법이다. 모델 훈련 과정에서 별도의 모수 추정이 없고, 새로운 관측값 x에 대해 훈련 데이터 중 가장 가까운 K 최근접 이웃의 목표변수의 값을 이용해 예측을 수행한다. 예측은 다음과 같은 방법으로 수행한다.

- 분류 문제: $\hat{y}(x) = \arg\max_{c} \sum_{i \in N_k(x)} 1(y_i = c)$

- 회귀 문제: $\hat{y}(x) = \frac{1}{k} \sum_{i \in N_k(x)} y_i$

여기서 $N_k(x)$는 x의 최근접 이웃을 인식할 수 있는 색인(index) 집합이고 c는 범주값을 의미한다.

이웃의 개수는 사전에 지정해야 한다.

그러나 0과 1의 분류 문제에서는 반드시 위와 같은 방식으로 하지 않고, 예를 들어 회귀문제와 같이 0과 1의 값의 평균을 이용하여 예측 확률로 정의할 수도 있다. 이러한 예측 확률 점수를 이용하여 특정한 값 이상이면 분류 결과를 1로 정의하기도 한다.

2.8.1.1.9.1 이웃

KNN을 적용하기 위해서는 최근접 이웃을 정의해야 한다. 이웃을 수학적으로 정의하면 다음과 같다.

거리 기준	수식	비고
유클리드 (L2)	$D = \sqrt{\sum_{i=1}^{d} (p_i - q_i)^2}$	기본값
내적 (IP)	$D = 1 - \sum_{i=1}^{d} p_i q_i$	
코사인 (COSINE)	$D = 1 - \frac{\sum_{i=1}^{d} p_i q_i}{\sqrt{\sum_{i=1}^{d} p_i^2} \sqrt{\sum_{i=1}^{d} q_i^2}}$	$\lvert \cos(\theta) \rvert \le 1$ 를 이용

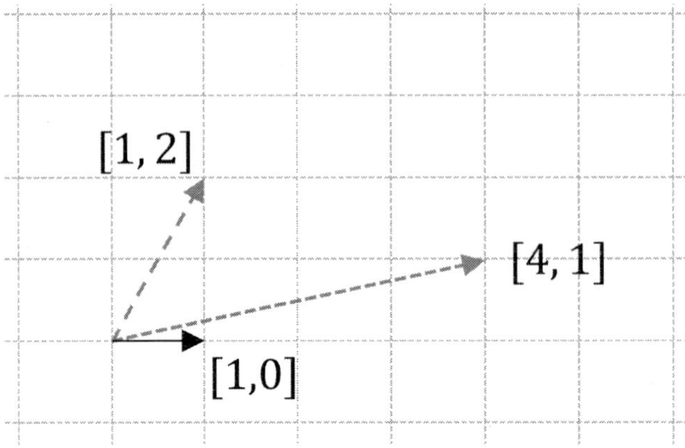

[그림2-162] 3개의 관측값

거리 기준에 따른 그림의 실선 벡터와 다른 벡터 사이의 거리를 구해보자.

[1, 0]와 [1, 2] 인 경우의 거리:

$$D_E(a,b) = \sqrt{(1-1)^2 + (0-2)^2} = 2$$

$$D_{cos}(a,b) = 1 - \frac{1 \cdot 1 + 0 \cdot 2}{\sqrt{1^2+0^2}\sqrt{1^2+2^2}} = 1 - \frac{1}{\sqrt{5}} \approx 0.55279$$

[1, 0]와 [4, 1] 인 경우의 거리:

$$D_E(a,c) = \sqrt{(1-4)^2 + (0-1)^2} = \sqrt{10} \approx 3.162$$

$$D_{cos}(a,c) = 1 - \frac{1 \cdot 4 + 0 \cdot 1}{\sqrt{1^2+0^2}\sqrt{4^2+1^2}} = 1 - \frac{4}{\sqrt{17}} \approx 0.02986$$

유클리드 관점에서 실선과 가까운 이웃은 [1, 2]이지만 코사인 거리 관점에서는 [4, 1]이다. 즉, 코사인 관점의 이웃은 방향이 보다 중요한 것을 알 수 있다.

2.8.1.1.9.2 초모수

KNN에서 사전에 지정할 모수를 정리해보자.

초모수	옵션	기본값
거리 기준	DISTANCEMETRIC	DISTANCEMETRIC=COSINE | IP | L2 기본값: L2
이웃 개수	K	기본값: 2
최대 이웃 개수	M	기본값: 16
이웃 탐색	METHOD	METHOD=APPROXIMATE | EXACT 이웃 지정 시 모든 짝 별 조합별 구할 것인지 아니면 근사 방법으로 구할 것인지 지정 기본: EXACT
질의 데이터	QUERY	최근접 이웃을 구하고자 하는 질의 데이터

2.8.1.1.9.3 적용 예시

2.8.1.1.9.3.1 결측값 대체

FASTKNN 프로시저는 결측값 대체 옵션이 없으므로 사전에 결측값을 대체한다.

```
/* 전처리: 결측값 대체 */
proc varimpute data=hmeq_partn(where=(_partind_=0)) seed=1234;
   input &cats / ntech=mode;
   input &nums / ctech=median;
   output out=impute_hmeq copyvars=(&target);
   code file='/workspaces/bnn/model/code_impute.sas';
run;

/* 스코어링 */
data impute_hmeq_partn;
   set hmeq_partn;
```

```
   %include "/workspaces/bnn/model/code_impute.sas";
run;
```

2.8.1.1.9.3.2 원핫 인코딩

거리를 측정하기 위한 입력 변수는 모두 숫자형 변수이어야 한다. 이런 이유로 범주형 변수는 원핫 인코딩 같은 방식으로 변환해주어야 한다.

```
/* 원핫 인코딩 */
proc fedsql;
   drop table impute_hmeq_partn_enc force;

   create table impute_hmeq_partn_enc as
   select *,
      case when im_job is null or im_job = '' then null
          when im_job = 'Mgr'     then 1.0 else 0.0 end as im_job_MGR,
      case when im_job is null or im_job = '' then null
          when im_job = 'Office'  then 1.0 else 0.0 end as im_job_OFFICE,
      case when im_job is null or im_job = '' then null
          when im_job = 'ProfExe' then 1.0 else 0.0 end as im_job_PROFEXE,
      case when im_job is null or im_job = '' then null
          when im_job = 'Sales'   then 1.0 else 0.0 end as im_job_SALES,
      case when im_job is null or im_job = '' then null
          when im_job = 'Self'    then 1.0 else 0.0 end as im_job_SELF,
      case when im_job is null or im_job = '' then null
          when im_job = 'Other'   then 1.0 else 0.0 end as im_job_OTHER,
      case when im_reason is null or im_reason = '' then null
          when im_reason = 'DebtCon'   then 1.0 else 0.0 end as im_reason_DebtCon,
      case when im_reason is null or im_reason = '' then null
          when im_reason = 'HomeImp'   then 1.0 else 0.0 end as im_reason_HomeImp
   from impute_hmeq_partn
   ;
quit;
```

이렇게 변환되고 나면 숫자형 변수만 선택하여 KNN 입력변수로 사용한다.

```
/* 변수 지정 */
proc sql;
   select name into :knn_nums separated by ' '
   from dictionary.columns
   where libname='WORK' and memname='IMPUTE_HMEQ_PARTN_ENC'
      and name ne "&target"
      and name not in ('IM_REASON', 'IM_JOB')
      and upcase(name) like 'IM_%'
      and type ='num'
   ;
quit;
%put &knn_nums;
```

새로운 변수는 다음과 같이 정의된다.

```
%put &knn_nums;
IM_CLAGE IM_CLNO IM_DEBTINC IM_DELINQ IM_DEROG IM_LOAN IM_MORTDUE IM_
NINQ IM_VALUE IM_YOJ IM_JOB_MGR IM_JOB_OFFICE IM_JOB_PROFEXE
IM_JOB_SALES IM_JOB_SELF IM_JOB_OTHER IM_REASON_DEBTCON IM_REASON_
HOMEIMP
```

2.8.1.1.9.3.3 ID 변수 지정

KNN 알고리즘은 각 객체를 인식할 수 있는 색인 일종의 ID가 필요하다. 이를 위하여 다음과 같은 처리를 한다.

```
/* 색인 변수 생성 */
/* 입력 데이터 */
data hmeq_knn;
   set impute_hmeq_partn_enc;
   where _partind_=0;
   id=_n_;
run;
```

```
/* 질의 데이터 */
data query;
   set impute_hmeq_partn_enc;
   where _partind_=1;
   id=_n_;
run;
```

2.8.1.1.9.3.4 ID 모델 적합

이웃 개수를 7로 하고 쓰레드 병렬화 대상을 질의 데이터로 하여 모델을 적합해 보자

```
/* 1) K-최근접 이웃(FASTKNN) 모델 적합 시작 */
proc fastknn
   /* 학습 데이터 지정: 최근접 이웃 후보로 사용할 데이터 테이블 */
   data            = hmeq_knn
   /* 쿼리 데이터 지정: 이 관측치들에 대해 이웃을 탐색 */
   query           = query
   /* 거리값 테이블 저장: 각 쿼리에 대해 k개의 거리 값을 out_dist에 기록 */
   outdist         = out_dist
   /* 병렬화 방식 지정: QUERY 단위로 병렬 처리 수행 */
   parallelization = QUERY
   /* 거리 척도(metric) 지정: L2 (유클리드 거리) */
   distancemetric  = L2
   /* 탐색 방법 지정: EXACT (모든 관측치를 대상으로 정확 탐색) */
   method          = EXACT
   /* 최근접 이웃 수 지정: k=7 */
   k               = 7
   ;

/* 2) ID 변수 지정: 각 관측치의 고유 식별자를 결과에 포함 */
id id;
```

```
/* 3) 입력 변수 지정: 목표(쿼리 키) 및 수치형 변수 목록 */
input &target &knn_nums;

/* 4) 결과 저장 테이블 지정: 최근접 이웃 정보와 거리 기록 */
output out = out_knn;
run;

/* 결과 확인 */
proc fedsql;
   select *
   from out_knn
   limit 5
   ;
quit;
```

Model Information	
Neighbors	7
Distance Threshold	100
Search Method	Exact

[그림2-163] 모델 정보

모델 정보에는 사전 지정된 이웃의 개수와 기본 값으로 거리 임계 값과 탐색 방법이 출력된다.

거리 임계 값은 해당 값보다 작은 거리에 한해서 이웃을 지정할 수 있다는 것이다.

Query ID	id	Neighbor 1	Neighbor 2	Neighbor 3	Neighbor 4	Neighbor 5	Neighbor 6	Neighbor 7
1	1	41	85	176	192	10	43	55
2	2	8	46	790	1027	944	1028	57
3	3	13	126	181	1	50	161	114
4	4	289	294	593	330	512	760	709
5	5	70	72	134	342	2	61	23

[그림2-164] OUT_KNN 데이터셋

출력 데이터를 보면 질의 색인 번호에 대하여 최근접 이웃 7개의 입력 데이터 색인이 출력된다.

2.8.1.1.9.3.5 스코어링

각 질의 색인에 대하여 입력 색인들을 이용하여 예측 전략을 설정하면 된다. 예측을 위하여 이웃의 목표변수 값과 각 질의 색인과의 결합이 필요하다.

```
/* 먼저 7개의 이웃 id를 long format으로 변환 */
data neighbors;
   set out_knn;
   length neighbor_id 8;
   neighbor_id = neighbor1; output;
   neighbor_id = neighbor2; output;
   neighbor_id = neighbor3; output;
   neighbor_id = neighbor4; output;
   neighbor_id = neighbor5; output;
   neighbor_id = neighbor6; output;
   neighbor_id = neighbor7; output;
   keep id neighbor_id;
run;

/* 이웃 id에 해당하는 입력 데이터 BAD 값 가져오기 */
proc fedsql;
  drop table neighbor_bad force;
  create table neighbor_bad as
  select a.id, b.bad
  from neighbors as a
  left join hmeq_knn as b
  on a.neighbor_id = b.id;
quit;

/* 예측 전략: 최근접 이웃 평균값으로 점수화 */
proc fedsql;
  drop table predicted_bad force;
```

```
   create table predicted_bad as
   select id,
         mean(bad) as P_BAD1
   from neighbor_bad
   group by id;
quit;

/* 결과 확인 */
proc fedsql;
   select *
   from predicted_bad
   limit 5
   ;
quit;
```

id	P_BAD1
1	0.428571
2	0.428571
3	0.857143
4	0.142857
5	0.857143

[그림2-165] 예측 점수화 데이터셋

결과를 보면 적절히 점수화되어 있음을 확인할 수 있다.

2.8.1.1.9.3.6 모델 평가

ROC 기반으로 모델 평가를 해보자.

```
/* 모델 평가 전처리 */
/* 실제 BAD 값 조인 */
proc sql;
  create table knn_final as
  select a.id,
         a.P_BAD1,
         b.bad as BAD
  from predicted_bad as a
  left join query as b
  on a.id = b.id;
quit;

/* 모델 평가 */
proc assess
   data=KNN_FINAL /* 검증 데이터 기준 */
   ncuts=100 /* ROC 그래프의 빈 개수 */
   nbins=20 /* LIFT의 빈 개수 */
   rocout=out_roc_KNN
   liftout=out_lift_KNN
   ;
  input P_BAD1;                  /* 예측 확률 변수 */
  target BAD / level=nominal event='1';   /* 목표변수 */
run;

/* AUC 값 */
proc sql noprint;
   select round(_c_, 0.0001) into :auc_KNN
   from out_roc_KNN;
quit;
%put &auc_KNN;

/* ROC 그래프 그리기 */
proc sgplot data=out_roc_KNN;
```

```
    series x=_FPR_ y=_Sensitivity_ / lineattrs=(thickness=2 color=steelblue) name="ROC"
legendlabel="KNN Model ROC Curve";
    lineparm x=0 y=0 slope=1 / lineattrs=(pattern=shortdash color=gray) legendlabel=""
name="none";
    inset "KNN AUC = &auc_KNN" / position=bottomright border;
    keylegend "ROC" / location=outside position=bottom;
    xaxis label="False Positive Rate";
    yaxis label="True Positive Rate (Sensitivity)";
run;
```

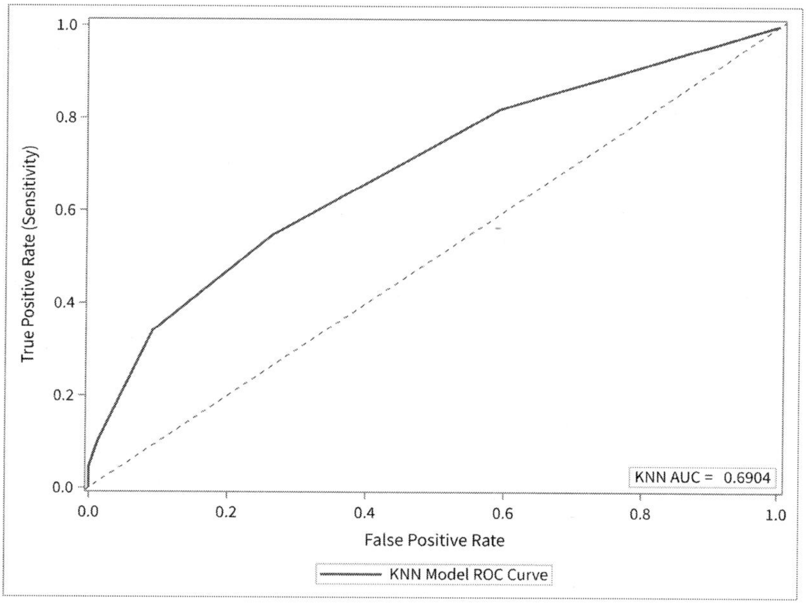

[그림2-166] ROC 그래프

모델 평가 결과 AUC=0.6904으로 평가되었다.

KNN 모델의 배포를 위해서는 모델 저장이 되고 질의 데이터가 오면 바로 예측이 되야 하는데 그런 과정이 없다. 즉, 항상 거리를 구성하기 위한 입력 데이터가 준비된 후 예측되어야 하므로 현실적으로 예측 모델로 배포되기가 어렵다. 그런 의미에서 배포가 되는 모델이 되고자 한다면 병렬 연산 등 많은 과정이 필요하다.

2.8.1.1.9.4 필수 문장

PROC KNN, ID, INPUT 문은 필수적이다.

INPUT 문은 중복 지정 가능하다.

2.9 설명 가능 머신러닝

선형 회귀, 1개의 결정나무 및 로지스틱 회귀는 입력변수와 목표변수와의 관계가 명확히 수식으로 표현 가능하기 때문에 이후 추론이 가능하다. 즉, 목표변수의 값이 왜 높고 낮은 지 또는 예측 확률에 대한 결정 근거 등을 충분히 설명 가능(explainable)하다.

그러나 무수히 많은 나무로 구성된 앙상블 모델 등은 예측 확률과 입력변수와의 구체적인 예(example, case)에 대하여 설명할 수가 없다. 다만, 이러한 모델 등도 전체적으로 어떤 변수가 중요한지는 알 수가 있다.

Obs	BAD	LOAN	MORTDUE	VALUE	REASON	JOB	YOJ	DEROG	DELINQ	CLAGE	NINQ	CLNO	DEBTINC
1	1	2000	45000	55000	HomeImp	Other	3	0	0	86.066666667	2	25	.

[그림2-167] 지역 데이터 예

그림과 같이 특정한 예, 즉 지역(local) 데이터에 대하여 BAD=1으로 예측되었다고 하면 왜 그렇게 예측했는지 알 수가 없다. 머신러닝 모델 중의 대부분은 블랙박스 모델이므로 이를 지역적으로 설명할 수가 없다.

2.9.1 SHAP 모델

이에 대한 대안으로 특정 예 즉, 지역 데이터에 대한 해석 방법 중의 하나가 샤플리(SHAP: Shapley Additive Explanation) 값이다.

샤플리 게임 이론의 샤플리 값 개념을 차용하여, 모델 예측을 각 변수가 기여한 만큼 가법적으로 분해해주는 모델이다.

$$f(x) = E[f(x)] + \sum_{i=1}^{M} \phi_i$$

여기서 E[f(x)]는 전체 훈련 데이터에서의 블랙박스 모델 예측 기대 값이고, ϕ_i는 변수 i의 SHAP 값이다.

예를 들어 f(x)=Pr(BAD=1)이라고 하면 예측 확률은 각 입력변수의 영향도 합으로 표현 가능하다는 것이다.

2.9.1.1 모델 생성 필수 조건

SHAP 모델을 만들기 위해서는 다음 정보가 필수적으로 제공되어야 한다.

- 참조 데이터셋: 훈련 데이터. REFERENCEDATA 옵션으로 지정
- 입력 변수 목록: 학습을 위하여 투입된 입력 변수. INPUT 문으로 지정
- 질의 데이터: SHAP 값을 생성하고자 하는 지역 데이터셋으로 1줄의 관측값 만을 갖고 있어야 함. DATA 옵션으로 지정
- 모델: 블랙 박스 모델로 점수 생성이 가능한 모델. 일반적으로 분석 저장소(ASTORE) 모델. ASTOREMODEL 문으로 지정

2.9.1.1 샤플리 값

SHAP 값은 다음과 같이 정의된다.

$$\phi_i = \sum_{S \subseteq F \setminus \{i\}} \frac{|S|!\,(M - |S| - 1)!}{M!} \left(f_{S \cup \{i\}}(x) - f_S(x)\right)$$

여기서

- ϕ_i: 변수 i의 SHAP 값
- F: 전체 입력 변수 집합
- $S \subseteq F \setminus \{i\}$: 변수 i를 제외한 F의 모든 가능한 부분 집합으로 SHAP 값 계산을 위해 해당 변수가 없는 상태와 추가 상태를 비교할 조합을 의미
- $|S|$: 부분집합 S에 포함된 변수의 개수
- M: 전체 변수의 개수
- $\frac{|S|!(M-|S|-1)!}{M!}$: 부분집합에 대한 가중 값(w(S))으로 모든 순열에서 i가 S뒤에 위치할 경우의 수를 전체 순열 수로 나눈 비율이며 공정한 기여도를 분배하기 위한 Shapley 고유의 조합 계수
- $f_{S\cup\{i\}}(x)$: 부분집합 S와 변수 i까지 포함했을 때의 모델 예측 값
- $f_S(x)$: 부분집합 S만 사용했을 때의 모델 예측값
- $f_{S\cup\{i\}}(x) - f_S(x)$: 부분집합 S에 변수 i를 추가했을 때 예측 값의 변화
- $\phi_0 = E_{x\in X}[f(x)]$

이다.

즉, 모든 가능한 i 전후 조합별 기여 차이를 계산하고 각 조합이 등장할 가중치로 평균을 구한 공정하고(additive) 유일한 변수 기여도이다.

S,w(S)에 대하여 추가적으로 설명을 해보자.

만약 변수가 4개인 경우 $F=\{v_1,v_2,v_3,v_4\}$와 관심 변수가 v_1 경우를 가정해보자.

- $F \setminus \{v_1\} = \{v_j | j \neq 1\}$
- $S \in \{\emptyset,\{v_2\},\{v_3\},\{v_4\},\{v_2,v_3\},\{v_2,v_4\},\{v_3,v_4\},\{v_2,v_3,v_4\}\}$
- $w(\emptyset) = \frac{0!\,3!}{4!} = \frac{6}{24} = 0.25$
- $w(\{v_2\}) = \frac{1!\,2!}{4!} = \frac{2}{24} \approx 0.0833$
- $w(\{v_3\}) = \frac{1!\,2!}{4!} = \frac{2}{24} \approx 0.0833$

- $w(\{v_2,v_3\}) = \frac{2!\,1!}{4!} = \frac{2}{24} \approx 0.0833$
- $w(\{v_2,v_4\}) = \frac{2!\,1!}{4!} = \frac{2}{24} \approx 0.0833$
- $w(\{v_3,v_4\}) = \frac{2!\,1!}{4!} = \frac{2}{24} \approx 0.0833$
- $w(\{v_2,v_3,v_4\}) = \frac{3!\,0!}{4!} = \frac{6}{24} = 0.25$

가중 값을 보면 S가 양 극단인 경우 즉, 변수가 없거나 대상 변수를 제외한 모든 변수가 있는 경우에만 큰 값을 갖고 나머지는 작은 가중값을 갖는다.

$f_{S\cup\{i\}}(x)$를 계산하는 과정을 살펴보자.

각각의 조합과 가중 값에 대하여 질의 데이터가 있으므로 조합에서 출현하는 변수의 값은 질의 데이터 값으로 하고 나머지 비출현 변수는 참조 데이터에서 가져온다.

$$f_{S\cup\{i\}}(x) \approx \frac{1}{R}\sum_{r=1}^{R} f\left(x_{S\cup\{i\}}, X_{\bar{S}}^{(r)}\right)$$

여기서 $\bar{S} = F - S - \{i\}$ 이다.

각 S에 대하여 참조 데이터의 개수가 R이라고 하면 $x_{S\cup\{i\}}$는 질의 데이터의 값으로 고정하고 $f_{S\cup\{i\}}(x)$에 없는 변수 $\bar{S}$의 데이터는 참조 데이터에서 가져온 후 평균 값을 구한다.

위 방법으로 SHAP 값을 구할 때 가장 큰 문제는 변수의 수가 많아지면 변수 조합의 수가 많아지기 때문에 이를 회피할 수 있는 적절한 방법이 필요하다.

2.9.1.2.1 HyperSHAP

HyperSHAP은 Depth라는 초모수(hyper parameter) d를 사용해 부분집합 S의 크기를 제한함으로써 연산 양을 조절하는 방식이다.

전체 M개 변수 중 $|S| \leq d$ 또는 $|S| \geq M - d$인 부분집합만을 고려하여 조합 수를 획기적으로 줄인다. 앞서 가중값을 관찰해본 결과 양 극단이 거의 모든 가중 값을 차지하기 때문이다.

계산 방식은 다음과 같다.

- 허용할 부분집합: $Z_d = \{ z \in \{0,1\}^M : |z| \leq d \text{ 또는 } |z| \geq M - d \}$
- $|z|$: 1의 개수, 즉, 선택된 변수의 개수
- 초모수 샤플리 값: $\phi_i = \sum_{z \in Z_d} \omega(z) \left(f(x \odot z^{+i}) - f(x \odot z) \right)$, $\odot$는 벡터의 원소별 곱 연산, z^{+i}는 i번째 성분은 1로 설정한 벡터, z은 i번째 성분이 0로 설정한 벡터
- 가중값 함수: $\omega(z) = \dfrac{M - 1}{\binom{M}{|z|} |z| \ (M - |z|)}$
- $\binom{M}{|z|}$: 크기가 $|z|$인 부분집합의 총 개수
- $|z| \ (M - |z|)$: 변수 i가 삽입될 수 있는 상대적 위치 수
- $M - 1$: 정규화 상수

HyperSHAP은 깊이가 1과 2만 지원하며 기본 값은 1이다.

2.9.1.2.2 커널 SHAP

커널 SHAP은 각 관측 값에 대해 신규 이진(binary) 변수를 만들고 이들을 독립변수로 모델 예측값을 종속변수로 하는 가중 선형 회귀를 수행하여 샤플리 값을 근사하는 방법이다.

- 범주형 변수: $z_j = I\left(x_j = x_j^{(q)} \right)$, $x_j^{(q)}$는 질의 범주값
- 숫자형 변수: $z_j = I\left(\left| x_j - x_j^{(q)} \right| < \sigma_j \times \text{BINWIDTH} \right)$

◦ BINWIDTH 기본 값: 0.1

◦ $\sigma_j = \sqrt{\frac{1}{N-1}\sum_{r=1}^{N}\left(x_j^{(r)} - \bar{x}_j\right)^2}$

• 가중 함수(샤플리 커널): $w(z) = \frac{M-1}{\binom{M}{|z|}|z|\ (M-|z|)}$

• 경계값 처리($|z| = 0$ or $|z| = M$): $w(z) = 10^6$

• 가중 회귀 적합: $\hat{\beta} = \arg\min_{\beta} \sum_{r=1}^{R} w\left(z^{(r)}\right)\left(y^{(r)} - \sum_{j=1}^{M}\beta_j z_j^{(r)}\right)^2$

◦ $y^{(r)}$: 모델 예측값

◦ $z_j^{(r)}$: 신규 이진 변수

◦ $w(z^{(r)})$: 해당 관측 값의 가중값

이 때 여기서 구한 $\hat{\beta}$이 사플리 값 벡터가 된다.

커널 SHAP은 가중 함수로 아래와 같은 샤플리 커널을 적용한다.

$$w(z) = \frac{M-1}{\binom{M}{|z|}|z|\ (M-|z|)}$$

샤플리 커널은 선택된 특성의 개수에 따라 가중 값을 다르게 준다. 가령 전체 변수 개수가 4개인 경우에 각 가중값 계산을 다음과 같다.

• 작은 조합: $w(|z| = 1) = \frac{3}{4 \times 1 \times 3} = 0.25$

• 중간 조합: $w(|z| = 2) = \frac{3}{6 \times 2 \times 2} = 0.125$

• 큰 조합: $w(|z| = 3) = \frac{3}{4 \times 3 \times 1} = 0.25$

- 경계 조합: $w(0) = w(4) = 10^6$

큰 조합의 의미는 1로 표시된 변수의 개수가 거의 전체 변수 개수에 가까운 경우를 말한다고 할 때 경계 조합은 가장 큰 가중값을 갖으며 작은 조합과 큰 조합은 가중치가 크면 중간 조합은 절반 정도의 가중값을 갖는다.

2.9.1.3 초모수

초모수	옵션	기본값
질의 데이터	DATA	
참조 데이터	REFERENCEDATA	
결측값 대체	IMPUTE	IMPUTE=MEAN | NONE | WEIGHTEDMEAN 기본값: NONE WEIGHTEDMEAN: 숫자형 변수는 평균, 범주형 변수는 최빈값 대체
모델 지정	CODE	코드 기반 모델 지정
모델 지정	ASTOREMODEL	ASTORE 기반 모델 지정
샤플리 값 계산 방법	METHOD	HYPERSHAP | KERNELSHAP
예측 모델 변수	PREDICTEDTARGET	

2.9.1.4 적용 예시

2.9.1.4.1 질의 데이터

질의(query) 데이터는 샤플리 값을 구하고자 하는 데이터이다. 예를 들어 대출을 위하여 창구에 찾아온 고객 계약 및 행동 속성 데이터와 같은 것이다.

```
/* 질의 데이터 */
data shap_query;
   set hmeq_partn(where=(_partind_=2));
   if _n_=1;
run;
/* 결과 확인 */
proc fedsql;
   select *
   from shap_query
   ;
quit;
```

하나의 예(example)로써 평가 데이터에서 데이터를 추출하였다.

질의 데이터는 스코어링을 위한 입력 데이터와 동일한 구조를 갖고 있어야 한다.

BAD	LOAN	MORTDUE	VALUE	REASON	JOB	YOJ	DEROG	DELINQ	CLAGE	NINQ	CLNO	DEBTINC	Partition Indicator
1	1300	70053	68400	HomeImp	Other	7	0	2	121.83333333	0	14	.	2

[그림2-168] 질의 데이터

2.9.1.4.2 샤플리 값

샤플리 값을 구하기 위해서는 질의 데이터, 참조 데이터, 블랙 박스 모델 등이 지정되어야 한다.

```
/* 1) 모델 저장 위치를 "model" 라이브러리로 할당합니다. */
/*    이 경로에 ASTORE 모델 파일이 읽혀지고 저장됩니다. */
libname model '/workspaces/bnn/model';

/* 2) SHAPLEY 프로시저 시작: 개별 관측치에 대한 Shapley 값을 계산합니다. */

proc SHAPLEY
   /* 설명 대상(쿼리) 단일 행 테이블 */
```

```
    data=shap_query
    /* 참조 데이터 */
    referencedata=hmeq_partn(where=(_partind_=0))
    ;

/* 3) ASTORE 모델 불러오기: LightGBM 모델을 analytic store에서 조회합니다. */
    astoremodel rstore=model.astore_lgbm_HMEQ;

/* 4) 명목형 변수 입력 (범주형 변수) */
/*    &cats 매크로에 지정된 변수들을 모두 nominal(범주형)으로 처리 */
    input &cats / level=nominal;

/* 5) 연속형 변수 입력 */
/*    &nums 매크로에 지정된 변수들을 interval(연속)으로 처리 */
    input &nums / level=interval;

/* 6) 예측 대상 변수 지정 */
/*    p_bad1 변수에 저장된 'Bad1' 클래스(probability)를 Shapley 계산 대상으로 사용 */
    predictedtarget p_bad1;

/* 7) ODS 출력 설정 */
/*    계산된 Shapley 값 결과를 "shapleyValues_hmeq" 데이터셋에 저장 */
    ods output shapleyvalues=shapleyValues_hmeq;
run;
```

Shapley 값	
Variable	Shapley 값
Intercept	0.3642198013
CLAGE	0.0210105855
CLNO	0.0146947976
DEBTINC	0.2593420653
DELINQ	0.1018319463
DEROG	-0.008319351
LOAN	0.1095570931
MORTDUE	-0.022219203
NINQ	-0.016766965
VALUE	0.0053261015
YOJ	0.0239061101
REASON	0.0034368817
JOB	0.0356331443

[그림2-169] 샤플리 값

블랙 박스 모델이 경량 그래디언트 부스팅 모델을 사용한 결과의 샤플리 값이다. 이를 시각화 해보자.

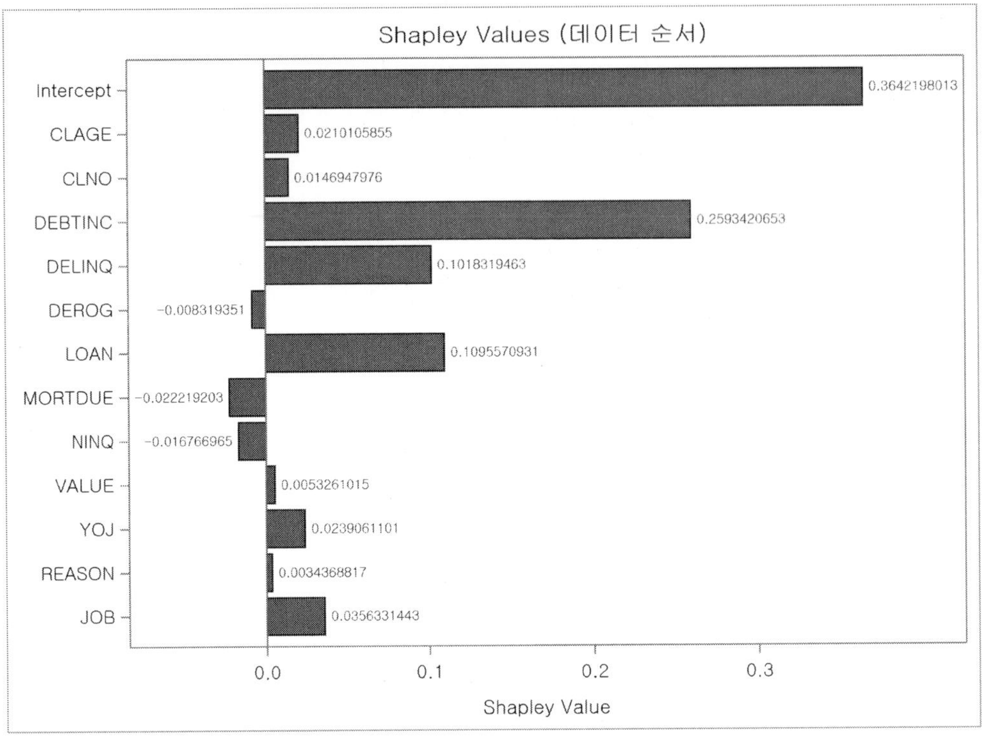

[그림2-170] 샤플리 값 시각화

각 변수가 해당 예(example)에 대하여 어느 만큼의 영향을 주는 지 구체적인 값으로 예시되었다. 즉, 지역 모델 무관(local model-agnostic) 방법으로 블랙박스 모델에 따라 그 결과를 보여주는 것이다.

2.9.1.5 필수 문장

PROC SHAPLEY, INPUT, PREDICTED TARGET 문은 필수적이다.

ASTOREMODEL과 INPUT 문은 반복적으로 지정할 수 있다.

참고 문헌

순번	문헌 또는 URL
1	강봉주(2019), 파이썬으로 실무에 바로 적용하는 머신러닝, 에이콘출판사
2	강봉주(2019), SAS Viya 기반의 실무에 바로 적용하는 머신러닝, 자유아카데미
3	강봉주(2019), R기반의 통계분석 기초부터 활용까지, 자유아카데미
4	강봉주(2020), 파이썬 기반의 AI를 위한 기초수학, 확률 및 통계, 자유아카데미
5	강봉주(2020), SAS Viya 기반의 실무에 바로 적용하는 AutoML, 자유아카데미
6	강봉주(2021), 파이썬과 주피터 노트북 기반의 SAS Viya, 자유아카데미
7	강봉주(2023), 실무에 바로 적용하는 AI 대비 파이썬 기초 입문서, 자유아카데미
8	https://documentation.sas.com/doc/en/workbenchcdc/v_001/workbenchwlcm/home.htm
9	Ke, G., Meng, Q., Finley, T., Wang, T., Chen, W., Ma, W., Ye, Q., and Liu, T. Y. (2017). "LightGBM: A Highly Efficient Gradient Boosting Decision Tree." In Proceedings of the 31st International Conference on Neural Information Processing Systems. Long Beach, CA: NIPS.
10	Hastie, T. J., Tibshirani, R. J., and Friedman, J. H. (2001). The Elements of Statistical Learning: Data Mining, Inference, and Prediction. New York: Springer-Verlag.
11	Breiman, L. (2001). "Random Forests." Machine Learning 45:5-32.
12	Van der Laan, M. J. (2006). "Statistical Inference for Variable Importance." International Journal of Biostatistics 2:1-31. Article 2.
13	Cortes, Corinna; Vapnik, Vladimir N. (1995). "Support-vector networks". Machine Learning. 20 (3): 273-297.
14	McCullagh, P., and Nelder, J. A. (1989). Generalized Linear Models. 2nd ed. London: Chapman & Hall.
15	Hastie, T. J., Tibshirani, R. J., and Friedman, J. H. (2009). The Elements of Statistical Learning: Data Mining, Inference, and Prediction. 2nd ed. New York: Springer-Verlag.

16	https://support.sas.com/documentation/onlinedoc/viya/examples.htm
17	https://support.sas.com/documentation/onlinedoc/viya/exampledatasets/usersCommunity.csv
18	Andre Perunicic. (2017). "UNDERSTANDING NEURAL NETWORK WEIGHT INITIALIZATION". https://intoli.com/blog/neural-network-initialization/

SAS Viya Workbench 기반의

SAS 머신러닝 입문

저 자 강봉주
발행인 김지영
발행처 자유아카데미
주 소 경기도 파주시 회동길 37-42
파주출판도시
전 화 031-955-1321
팩 스 031-955-1322
홈페이지 www.freeaca.com
전자우편 main@freeaca.com (대표)
editor@freeaca.com (편집)
crm@freeaca.com (영업)
등 록 제406-2003-017호, 1980. 7. 12
제1판1쇄 2025년 6월 5일 발행

ISBN 979-11-5808-714-2 93000